中华人民共和国
机动车驾驶员
培训教材

道路运输驾驶员

从业资格培训教材

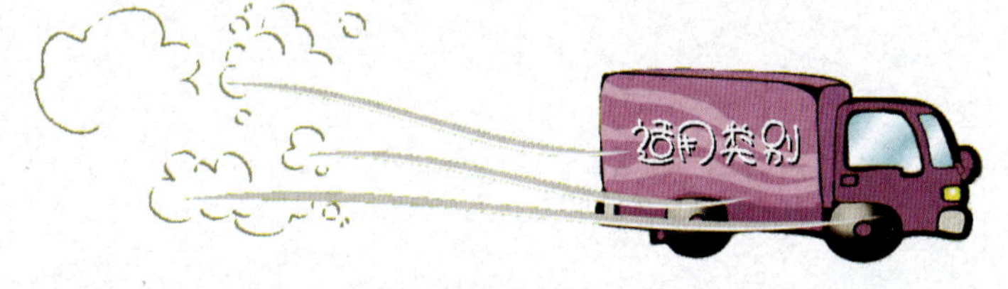

道路旅客运输驾驶员
道路货物运输驾驶员
道路危险货物运输驾驶员

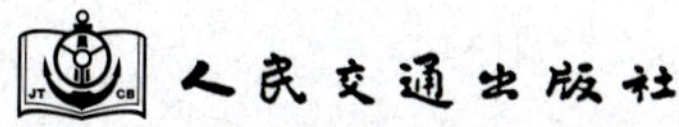
人民交通出版社

内 容 提 要

本书是根据交通部发布的《中华人民共和国机动车驾驶员培训教学大纲》编写的道路运输驾驶员从业资格培训教材，适用于道路旅客运输驾驶员、道路货物运输驾驶员、道路危险货物运输驾驶员从业资格培训使用。

图书在版编目(CIP)数据

道路运输驾驶员从业资格培训教材/编写组编．—北京：人民交通出版社，2007.3

ISBN 978-7-114-06107-3

Ⅰ.道… Ⅱ.道… Ⅲ.机动车－驾驶员－安全技术－技术培训－教材 Ⅳ.U471.3

中国版本图书馆CIP数据核字（2006）第088663号

声 明

书　　名： 道路运输驾驶员从业资格培训教材
著 作 者： 编写组
责任编辑： 王振军　翁志新　顾燏鲁　李华强
插图设计： 杨立涛
设计制作： 文思莱
出版发行： 人民交通出版社
地　　址： (100011)北京市朝阳区安定门外外馆斜街3号
网　　址： http://www.ccpress.com.cn
销售电话： (010)85285969，85285966
总 经 销： 北京金飞图书发行中心
经　　销： 各地新华书店
印　　刷： 北京盛通印刷股份有限公司
开　　本： 787×980 1/16
印　　张： 15.5
字　　数： 396千
版　　次： 2007年3月第1版
印　　次： 2012年8月第26次印刷
书　　号： ISBN 978-7-114-06107-3
定　　价： 40.00元
(有印刷、装订质量问题的图书由本社负责调换)

《道路运输驾驶员从业资格培训教材》

审定组成员

徐亚华　王水平　翁　垒　韩　敏

蔡团结　孔卫国　闫长文　谭衡鸣

欧小海　王培喜　黄智刚　邹业长

潘建兵　聂保平　李抗美　许有祥

杜光爱　李宏刚　杨　豪　金守福

陈化心　吴爱平　殷　波　殷国祥

李　鋐　刘喜盈　苗泽青　范　炜

梁　琳　隋中田

《道路运输驾驶员从业资格培训教材》
编写组成员

组　长： 王振军

副组长： 白　崤　范　立

成　员： 林炳荣　解晓玲　顾燏鲁
翁志新　李华强

主　编： 范　立

本教材使用说明

本教材适用于道路旅客运输驾驶员、道路货物运输驾驶员和道路危险货物运输驾驶员从业资格培训使用。

请在使用之前详细阅读下面的说明，让这本教材在您的学习中发挥最大作用。

■ 安全第一、预防为主

道路运输驾驶员应始终坚持“安全第一、预防为主”的方针，牢固树立“安全生产责任重于泰山”的意识，从我做起，遵章守法，规范操作，安全驾驶。

■ 诚实守信、恪尽职守

作为一名合格的道路运输驾驶员，应该自觉加强职业道德修养，不断强化服务意识，诚实守信，依法经营，公平竞争，优质服务。

●插图的说明

本教材使用了大量的插图，目的是让学员能够用最直接的方式去理解各种知识。为了帮助您更好地理解插图所表达的意思，特作如下说明。

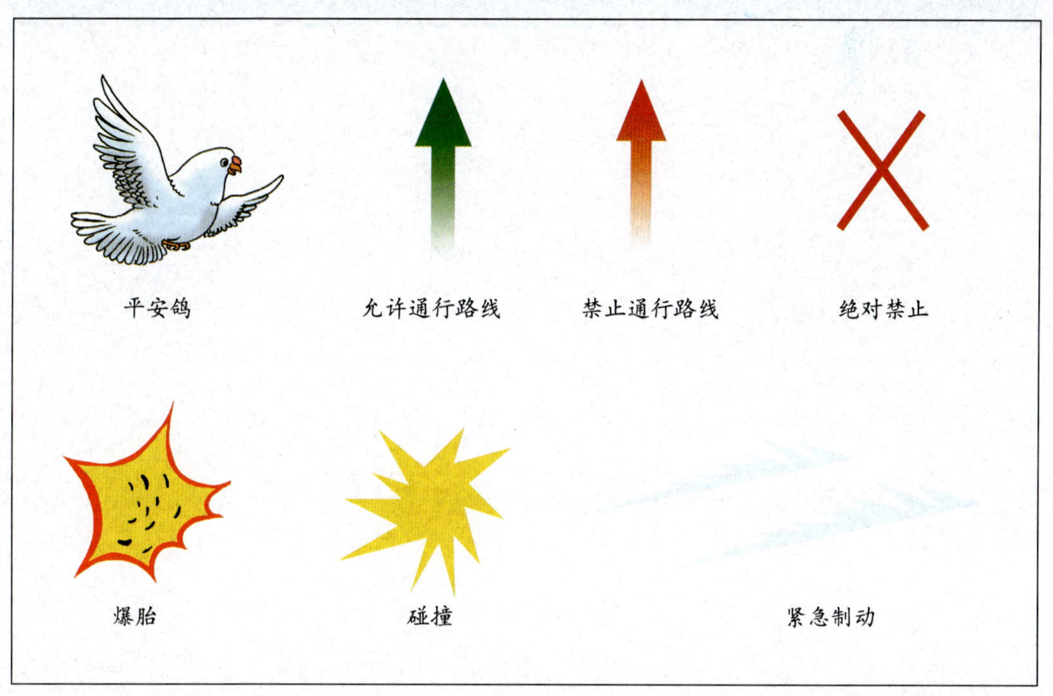

名词术语的解释说明

为了贯彻国家对语言文字规范的要求，本教材中的名词术语和计量单位都使用了国家规定的规范用语。为了方便学员使用与理解，下面列出各种常见术语与通俗叫法的对照关系。

规范术语及单位	通俗叫法
转向盘	方向盘
制动	刹车
制动踏板	脚刹　刹车踏板
加速踏板	油门
驻车制动器	手制动器　手刹
前照灯	大灯　前大灯
kg	公斤　千克
t	吨
m	米
km	公里　千米
cm	厘米
mm	毫米
r/min	转 / 分
h	小时
min	分钟
s	秒
kPa	千帕
L	升

CONTENTS

目录

第一章　道路运输法规

第一节　中华人民共和国道路运输条例……1
第二节　道路运输从业人员管理规定……10
第三节　道路旅客运输及客运站管理规定……16
第四节　道路货物运输及站场管理规定……22
第五节　道路危险货物运输管理规定……28
第六节　危险化学品安全管理条例……33
第七节　依法维护自身权益……36

第二章　职业道德与安全行车知识

第一节　职业道德规范……40
第二节　安全驾驶基本知识……44
第三节　疲劳驾驶的危害……55
第四节　高速公路安全行车……58
第五节　紧急情况的处理……73
第六节　危险化学品的基本常识及消防知识……87

第三章　汽车使用技术

第一节　汽车维护的基本知识……95
第二节　道路运输车辆技术要求……97
第三节　轮胎的合理使用……111
第四节　节约燃料的基本知识……117
第五节　汽车与环保……126
第六节　行驶记录仪和车用导航系统……129
第七节　汽车保险……133

C O N T E N T S

第四章　常见故障处理

第一节　汽车发动机常见故障……141
第二节　汽车底盘常见故障……154
第三节　汽车电气设备常见故障……162

第五章　道路旅客运输知识

第一节　旅客运输的基本知识……168
第二节　旅客运输服务规范……176
第三节　旅客急救的基本知识……181

第六章　道路货物运输知识

第一节　道路货物运输的基本知识……191
第二节　普通货物运输……194
第三节　特种货物运输……198

第七章　道路危险货物运输知识

第一节　危险货物的基本知识……204
第二节　道路危险货物运输车辆、设备和标志……209
第三节　道路危险货物运输包装标识和要求……214
第四节　道路危险货物运输安全质量要求……217
第五节　道路危险货物运输事故的预防和应急措施……219

第八章　专业知识应用能力

第一节　车辆安全检视……224
第二节　轮胎更换……228
第三节　旅客急救……229

第一章 道路运输法规

道路运输法规包括《中华人民共和国道路运输条例》、《道路运输从业人员管理规定》、《道路旅客运输及客运站管理规定》、《道路货物运输及站场管理规定》、《道路危险货物运输管理规定》等一系列相关的条例、规章和规定。道路运输驾驶员通过对道路运输法规的学习，应做到知法守法，依法经营，并能运用所学的知识有效地维护自己的合法权益。

第一节 中华人民共和国道路运输条例

道路运输作为覆盖领域最广、线路最多、与人民群众生产生活联系最为紧密的运输方式，长期以来主要依据部门规章和地方性道路运输条例进行管理，而各地制定的有关道路运输管理的地方性法规、规章规定的道路运输的准入条件、管理制度不一致，致使客运、货运跨行政区域运输出现人为障碍，个别地方甚至搞地方保护、地区封锁，给经营者和人民群众的生产生活带来了极大不便。

为了规范道路运输活动，维护道路运输市场秩序，保障道路运输安全，保护道路运输各方面当事人的合法权益，促进道路运输业的健康发展，2004年4月14日国务院颁布了《中华人民共和国道路运输条例》（以下简称《道路运输条例》），自2004年7月1日起施行。

《道路运输条例》分为总则、道路运输经营、道路运输相关业务、国际道路运输、执法监督、法律责任、附则7章，共83条。

一 总则

总则共7条，主要规定了《道路运输条例》的立法目的、调整范围、道路运输管理原则和管理主体。

1 《道路运输条例》立法目的

《道路运输条例》的立法目的是维护道路运输市场秩序，保障道路运输安全，保护道路运输有关各方当事人的合法权益，促进道路运输业的健康发展。

2 《道路运输条例》的调整范围

《道路运输条例》是以运输行政法律关系为主，行政法律关系和民事法律关系二者兼有的法规。调整的范围是从事道路运输经营以及道路运输相关业务的行为和人（包括公民、法人或其他组织）。道路运输经营包括道路旅客运输经营(以下简称客运经营)和道路货物运输经营(以下简称货运经营)；道路运输相关业务包括站(场)经营、机动车维修经营、机动车驾驶员培训。

道路旅客运输

道路货物运输

道路运输站（场）经营

机动车驾驶培训

3 道路运输经营、管理的原则

从事道路运输经营以及道路运输相关业务，应当坚持依法经营、诚实信用、公平竞争的原则。道路运输管理，应当坚持公平、公正、公开和便民的原则。

国家鼓励发展乡村道路运输，并采取必要的措施提高乡镇和行政村的通班车率，满足广大农民的生活和生产需要；鼓励道路运输企业实行规模化、集约化经营。任何单位和个人不得封锁或者垄断道路运输市场。

4 道路运输的管理主体

国务院交通主管部门主管全国道路运输管理工作；县级以上地方人民政府交通主管部门负责组织领导本行政区域的道路运输管理工作；县级以上道路运输管理机构负责具体实施道路运输管理工作。

二 道路运输经营

1 审批权的划分

交通主管部门审批权划分

地市级	危险货物运输从业人员上岗资格证
交通部	跨省的客运，与运输线路目的地、省级管理机构协商不成的
	国际道路运输的备案
	外国国际道路运输经营者在中国境内设立常驻代表机构

道路运输管理机构的审批权划分

县级	地级市	省级
县级区域客运	地级区域客运	省内跨地市（县）客运
普通货运	危险货物运输	跨省的客运
站（场）经营	客运职业资格考试	国际道路运输
机动车维修	货运职业资格考试	
驾驶员培训		

2 客运经营的许可条件和程序

申请从事客运经营应当具备的条件

申请内容	具备的条件
客运经营企业（者）	●有与其经营业务相适应并经检测合格的车辆
	●有符合从事客运经营规定条件的驾驶人员
	●有健全的安全生产管理制度
	●申请从事班线客运经营的，还应当有明确的线路和站点方案
客运经营驾驶人员	●取得相应的机动车驾驶证
	●年龄不超过60周岁
	●3年内无重大以上交通责任事故记录
	●经设区的市级道路运输管理机构对有关客运法律法规、机动车维修和旅客急救基本知识考试合格

客运经营的许可程序：申请——审查——许可或不许可。

(1)向具有审批权的交通主管部门或道路运输管理机构进行申请并提交规定的材料。

(2)收到申请的道路运输管理机构，应当自受理申请之日起20日内审查完毕，作出许可或者不予许可的决定；

(3)予以许可的，向申请人颁发道路运输经营许可证，并向申请人投入运输的车辆配发车辆营运证。不予许可的，应当书面通知申请人并说明理由；

(4)客运经营者应当持道路运输经营许可证依法向工商行政管理机关办理有关登记手续。

取得道路运输经营许可证的客运经营者，需要增加客运班线的，应当依照上述规定办理有关手续。

3 货运经营的许可和程序

申请从事货运经营应当具备的条件

申请内容	具备的条件
货运经营企业（者）	●有与其经营业务相适应并经检测合格的车辆
	●有符合从事货运经营规定条件的驾驶人员

申请内容	具备的条件
	●有健全的安全生产管理制度
货运经营驾驶人员	●取得相应的机动车驾驶证 ●年龄不超过60周岁 ●经设区的市级道路运输管理机构对有关货运法律法规、机动车维修和货物装载保管基本知识考试合格
危险货物运输经营	●有5辆以上经检测合格的危险货物运输专用车辆、设备 ●有经所在地设区的市级人民政府交通主管部门考试合格，取得上岗资格证的驾驶人员、装卸管理人员和押运人员 ●危险货物运输专用车辆配有必要的通讯工具 ●有健全的安全生产管理制度

申请从事危险货物运输经营的，在具备从事货运条件的前提下，还应当具备危险货物运输经营的条件。

货运经营许可程序：申请——审查——许可或不许可。

(1)向具有审批权的交通主管部门或道路运输管理机构进行申请并提交规定的材料；

(2)收到申请的道路运输管理机构，应当自受理申请之日起20日内审查完毕，作出许可或者不予许可的决定；

(3)予以许可的，向申请人颁发道路运输经营许可证，并向申请人投入运输的车辆配发车辆营运证；不予许可的，应当书面通知申请人并说明理由；

(4)货运经营者应当持道路运输经营许可证依法向工商行政管理机关办理有关登记手续。

4 客运经营行为规范

(1)客运经营者需要终止客运经营的，应当在终止前30日内告知原许可机关。

(2)客运经营者应当为旅客提供良好的乘车环境，保持车辆清洁、卫生，并采取必要的措施防止在运输过程中发生侵害旅客人身、财产安全的违法行为。

(3)旅客应当持有效客票乘车，遵守乘车秩序，讲究文明卫生，不得携带国家规定的危险物品及其他禁止携带的物品乘车。

(4)班线客运经营者取得道路运输经营许可证后，应当向公众连续提供运输服务，不得擅自暂停、终止或者转让班线运输。

(5)从事包车客运的，应当按照约定的起

始地、目的地和线路运输。从事旅游客运的，应当在旅游区域按照旅游线路运输。

(6) 客运经营者不得强迫旅客乘车，不得甩客，不得敲诈旅客，不得擅自更换运输车辆。

(7) 客运经营者在运输过程中造成旅客人身伤亡，行李毁损、灭失，当事人对赔偿数额有约定的，依照其约定；没有约定的，参照国家有关港口间海上旅客运输和铁路旅客运输赔偿责任限额的规定办理。

5 货运经营行为规范

(1) 货运经营者不得运输法律、行政法规禁止运输的货物；法律、行政法规规定必须办理有关手续后方可运输的货物，货运经营者应当查验有关手续。

(2) 国家鼓励货运经营者实行封闭式运输，保证环境卫生和货物运输安全。运输货物应当采取必要措施，防止货物脱落、扬撒等；运输危险货物应当采取必要措施，防止危险货物燃烧、爆炸、辐射、泄漏等。

(3) 运输危险货物应当配备必要的押运人员，保证危险货物处于押运人员的监管之下，并悬挂明显的危险货物运输标志。

托运危险货物的，应当向货运经营者说明危险货物的品名、性质、应急处置方法等情况，并严格按照国家有关规定包装，设置明显标志。

6 客、货运共同的经营行为规范

(1) 客、货运经营者应当加强对从业人员的安全教育、职业道德教育，确保道路运输安全。道路运输从业人员应当遵守道路运输操作规程，不得违章作业。

(2) 生产（改装）客运车辆、货运车辆的企业应当按照国家规定标定车辆的核定人数或者载质量，严禁多标或者少标车辆的核定人数或者载质量。客、货运经营者应当使用符合国家规定标准的车辆从事道路运输经营。

(3) 客、货运经营者应当加强对车辆的维护和检测，确保车辆符合国家规定的技术标准；不得使用报废的、擅自改装的和其他不符合国家规定的车辆从事道路运输经营。

(4) 客、货运经营者应当制定有关交通事故、自然灾害以及其他突发事件的道路运输应急预案。应急预案应当包括报告程序、应急指挥、应急车辆和设备的储备以及处置措施等内容。

(5) 发生交通事故、自然灾害以及其他突发事件，客、货运经营者应当服从县级以上人民政府或者有关部门的统一调度、指挥。

(6) 道路运输车辆应当随车携带车辆营运证，车辆营运证不得转让、出租。

(7) 客运、危险货物运输经营者应当分别为旅客或者危险货物投保承运人责任险。

(8) 客、货运经营者违反下列规定的，由公安机关交通管理部门依照《中华人民共和国道路交通安全法》的有关规定进行处罚：

- 道路运输车辆运输旅客的，超过核定的人数，或违反规定载货的；
- 运输货物的车辆运输旅客，运输的货物不符合核定的载质量，超载的；
- 载物的长、宽、高违反装载要求的。

三 国际道路运输

1 国际道路运输的许可条件

申请从事国际道路运输经营的，应当具备下列条件：

(1) 依照规定取得国内客、货道路运输经营许可证的企业法人。

(2) 在国内从事道路运输经营满3年，且未发生重大以上道路交通责任事故。

2 国际道路运输经营许可程序

(1) 申请从事国际道路运输的，应当向省、自治区、直辖市道路运输管理机构提出申请并提交符合许可规定条件的相关材料。

(2) 省、自治区、直辖市道路运输管理机构应当自受理申请之日起20日内审查完毕，作出批准或者不予批准的决定。

(3) 予以批准的，应当向国务院交通主管部门备案；不予批准的，应当向当事人说明理由。

(4) 国际道路运输经营者应当持批准文件依法向有关部门办理相关手续。

3 经营行为规范

(1) 中国国际道路运输经营者应当在其投入运输车辆的显著位置，标明中国国籍识别标志。

(2) 外国国际道路运输经营者的车辆在中国境内运输，应当标明本国国籍识别标志，并按照规定的运输线路行驶；不得擅自改变运输线路，不得从事起止地都在中国境内的道路运输经营。

(3) 在口岸设立的国际道路运输管理机构应当加强对出入口岸的国际道路运输的监督管理。

(4) 外国国际道路运输经营者经国务院交通主管部门批准，可以依法在中国境内设立常驻代表机构；常驻代表机构不得从事经营活动。

四 执法监督

1 对道路运输管理机构的监督

(1) 县级以上人民政府交通主管部门应当加强对道路运输管理机构实施道路运输管理工作的指导监督；上级道路运输管理机构应当对下级道路运输管理机构的执法活动进行监督。

(2) 道路运输管理机构应当建立健全内部监督制度，对其工作人员执法情况进行监督检查；任何单位和个人都有权对道路运输管理机构工作人员滥用职权、徇私舞弊的行为进行举报；交通主管部门、道路运输管理机构及其他有关部门收到举报后，应当依法及时查处。

(3) 道路运输管理机构应当加强执法队伍建设，提高其工作人员的法制、业务素质；道路运输管理机构的工作人员应当接受法制和道路运输管理业务培训、考核，考核不合格的，不得上岗执行职务。

(4) 道路运输管理机构及其工作人员执行职务时，应当自觉接受社会和公民的监督。

2 执法监督的行为规范

（1）道路运输管理机构的工作人员应当重点在道路运输及相关业务经营场所、客货集散地进行监督检查。道路运输管理机构的工作人员在公路路口进行监督检查时，不得随意拦截正常行驶的道路运输车辆。

（2）道路运输管理机构的工作人员应当严格按照职责权限和程序进行监督检查，不得乱设卡、乱收费、乱罚款。道路运输管理机构的工作人员实施监督检查时，应当有2名以上人员参加，并向当事人出示执法证件。道路运输管理机构应当建立道路运输举报制度，公开举报电话号码、通信地址或者电子邮件信箱。

（3）道路运输管理机构的工作人员实施监督检查时，可以向有关单位和个人了解情况，查阅、复制有关资料。但是，应当保守被调查单位和个人的商业秘密。被监督检查的单位和个人应当接受依法实施的监督检查，如实提供有关资料或者情况。

（4）道路运输管理机构的工作人员在实施道路运输监督检查过程中，发现车辆超载行为的，应当立即予以制止，并采取相应措施安排旅客改乘或者强制卸货。

（5）道路运输管理机构的工作人员在实施道路运输监督检查过程中，对没有车辆营运证又无法当场提供其他有效证明的车辆予以暂扣的，应当妥善保管，不得使用，不得收取或者变相收取保管费用。

五 法律责任

（1）有违反《道路运输条例》行为的，由县级以上道路运输管理机构责令停止经营或改正，按有关规定进行处罚。处罚的方式有没收违法所得、罚款、警告、吊销许可证、没收非法财物。

违法内容	处罚规定
未取得道路运输经营许可，擅自从事道路运输经营的	责令停止经营；有违法所得的，没收违法所得，处违法所得2倍以上10倍以下的罚款；没有违法所得或者违法所得不足2万元的，处3万元以上10万元以下的罚款；构成犯罪的，依法追究刑事责任
客、货运经营者非法转让、出租道路运输许可证件的	责令停止违法行为，收缴有关证件，处2000元以上1万元以下的罚款；有违法所得的，没收违法所得

违法内容	处罚规定
不符合规定条件的人员驾驶道路运输经营车辆的	责令改正，处200元以上2000元以下的罚款；构成犯罪的，依法追究刑事责任
客运、危险货物运输经营者未按规定投保承运人责任险的	责令限期投保；拒不投保的，由原许可机关吊销道路运输经营许可证
客、货运经营者不按照规定携带车辆营运证的	责令改正，处警告或者20元以上200元以下的罚款
不按批准的客运站点停靠或者不按规定的线路、公布的班次行驶的	责令改正，处1000元以上3000元以下的罚款；情节严重的，由原许可机关吊销道路运输经营许可证
强行招揽旅客、货物的	责令改正，处1000元以上3000元以下的罚款；情节严重的，由原许可机关吊销道路运输经营许可证
在旅客运输途中擅自变更运输车辆或者将旅客移交他人运输的	责令改正，处1000元以上3000元以下的罚款；情节严重的，由原许可机关吊销道路运输经营许可证
未报告原许可机关，擅自终止客运经营的	责令改正，处1000元以上3000元以下的罚款；情节严重的，由原许可机关吊销道路运输经营许可证
没有采取必要措施防止货物脱落、扬撒等的	责令改正，处1000元以上3000元以下的罚款；情节严重的，由原许可机关吊销道路运输经营许可证
客、货运经营者不按规定维护和检测运输车辆的	责令改正，处1000元以上5000元以下的罚款
客、货运经营者擅自改装已取得车辆营运证的车辆的	责令改正，处5000元以上2万元以下的罚款

(2) 外国国际道路运输经营者未按照规定的线路运输，擅自从事中国境内道路运输或者未标明国籍识别标志的，由省、自治区、直辖市道路运输管理机构责令停止运输。

违法内容	处罚规定
有违法所得的	没收违法所得，处违法所得2倍以上10倍以下的罚款
没有违法所得	处3万元以上6万元以下的罚款
违法所得不足1万元的	处3万元以上6万元以下的罚款

(3) 道路运输管理机构的工作人员有下列情形之一的，依法给予行政处分；构成犯罪的，依法追究刑事责任：

- 不依照本条例规定的条件、程序和期限实施行政许可的；
- 参与或者变相参与道路运输经营以及道路运输相关业务的；
- 发现违法行为不及时查处的；
- 违反规定拦截、检查正常行驶的道路运输车辆的；

- 违法扣留运输车辆、车辆营运证的；
- 索取、收受他人财物，或者谋取其他利益的；
- 其他违法行为。

第二节 道路运输从业人员管理规定

为了加强道路运输从业人员管理，提高道路运输从业人员综合素质，交通部根据《中华人民共和国道路运输条例》、《危险化学品安全管理条例》以及相关法律、行政法规，制定了《道路运输从业人员管理规定》（以下简称《从业人员管理规定》），于2007年3月1日起施行。

《从业人员管理规定》中明确了道路运输从业资格考试和认定、从业资格管理、从业人员行为规范、法律责任等有关条款，规定共6章57条。

一 总则

1 《从业人员管理规定》调整的范围

《从业人员管理规定》调整的范围是经营性道路客货运输驾驶员、道路危险货物运输从业人员、机动车维修技术人员、机动车驾驶培训教练员、道路运输经理人和其他道路运输从业人员。

2 道路运输从业人员经营、管理原则

道路运输从业人员应当坚持守法经营，诚实信用，行为规范，文明从业的原则。道路运输从业人员管理工作，应当坚持公平、公正、公开和便民的原则。

3 道路运输从业人员的管理主体

交通部主管全国道路运输从业人员管理工作。县级以上地方人民政府交通主管部门负责组织领导本行政区域的道路运输从业人员的管理工作；县级以上道路运输管理机构具体负责本行政区域内经营性道路运输从业人员的管理工作。

二 从业资格考试和认定

国家对道路运输从业人员实行从业资格考试制度，经营性道路客货运输驾驶员和危险货物运输从业人员必须取得相应从业资格，方可从事相应的道路运输活动。道路运输从业人员从业资格考试按照交通部编制的考试大纲、考试题库、考核标准、考试工作规范和程序组织实施。经营性道路客货运输驾驶员从业资格考试由设区的市级道路运输管理机构组织实施，每月组织一次考试。

1 从业基本条件

（1）经营性道路旅客运输驾驶员应当符合下列条件：

经营性道路旅客运输驾驶员

- 取得相应的机动车驾驶证1年以上；
- 年龄不超过60周岁；
- 3年内无重大以上交通责任事故；
- 掌握相关道路运输法规、机动车维修和旅客急救基本知识。
- 经考试合格，取得相应的从业资格证件。

（2）经营性道路货物运输驾驶员应当符合下列条件：

经营性道路货物运输驾驶员

- 取得相应的机动车驾驶证；
- 年龄不超过60周岁；
- 掌握相关道路货物运输法规、机动车维修和货物装载保管基本知识。
- 经考试合格，取得相应的从业资格证件。

（3）道路危险货物运输驾驶员应当符合下列条件：

道路危险货物运输驾驶员

- 取得相应的机动车驾驶证；
- 年龄不超过60周岁；
- 3年内无重大以上交通责任事故；
- 取得经营性道路旅客运输或者货物运输驾驶员从业资格2年以上；
- 接受相关法规、安全知识、专业技术、职业卫生防护和应急救援知识的培训，了解危险货物性质、危害特征、包装容器的使用特性和发生意外时的应急措施。
- 经考试合格，取得相应的从业资格证件。

2 考试申请

（1）申请参加经营性道路客货运输驾驶员从业资格考试的人员，应当向户籍地或者暂住地设区的市级道路运输管理机构提出申请。

填写《经营性道路客货运输驾驶员从业资格考试申请表》，并提供下列材料：

● 身份证明及复印件；

● 机动车驾驶证及复印件；

● 申请道路旅客运输驾驶员从业资格考试的，还应当提供道路交通安全主管部门出具的3年内无重大以上交通责任事故记录证明。

(2) 申请参加道路危险货物运输驾驶员从业资格考试的，应当向户籍地或者暂住地设区的市级交通主管部门提出申请。

填写《道路危险货物运输从业人员从业资格考试申请表》，并提供下列材料：

● 身份证明及复印件；

● 机动车驾驶证及复印件；

● 道路货物运输驾驶员从业资格证件或者道路旅客运输驾驶员从业资料证及复印件；

● 参加道路危险货物运输相关法规、安全知识、专业技术、职业卫生防护和应急救援知识培训的证明及复印件。

● 道路交通安全主管部门出具的3年内无重大以上交通责任事故记录证明。

3 考试发证

(1) 交通主管部门和道路运输管理机构对符合申请条件的申请人，应当安排考试。

(2) 交通主管部门和道路运输管理机构应当在考试结束10日内公布考试成绩。对考试合格人员，应当自公布考试成绩之日起10日内颁发相应的道路运输从业人员从业资格证件。

(3) 道路运输驾驶员从业资格考试成绩有效期为1年，考试成绩愈期作废。

(4) 申请人在从业资格考试中有舞弊行为的，取消当次考试资格。

三 从业资格管理

1 从业资格证管理

(1) 经营性道路客货运输驾驶员从业资格证件全国通用，由交通部统一式样印制并编号。

(2) 经营性道路客货运输驾驶员从业资格证件由设区的市级道路运输管理机构发放和管理。道路危险货物运输驾驶员的从业资格证件由设区的市级交通主管部门发放和管理。

(3) 已获得从业资格证件的人员需要增加其他从业资格类别的，应当向原发证机关提出申请并按照规定参加相应培训和考试。

(4) 经营性道路运输从业资格证件使用全国统一的管理软件。

2 从业资格证换证、补证和变更

(1) 道路运输从业人员从业资格证件有效期为6年。道路运输从业人员应当在从业资格证件有效期届满30日前到原发证机关办理换证手续。

(2) 道路运输从业人员从业资格证件遗失、毁损的，应当向原发证机关办理证件补发手续。道路运输从业人员服务单位变更的，应当到交通主管部门或者道路运输管理机构办理从业资格证件变更手续。

(3) 道路运输从业人员从业资格档案应

当由原发证机关在变更手续办结后30日内移交户籍迁入地或者现居住地的交通主管部门或者道路运输管理机构。

(4)道路运输从业人员办理换证、补证和变更手续，应当填写《道路运输从业人员从业资格证件换发、补发、变更登记表》。

(5)交通主管部门和道路运输管理机构应当对符合要求的从业资格证件换发、补发、变更申请予以办理。

(6)换证申请人违反相关从业资格管理规定且尚未接受处罚的，受理机关应当在其接受处罚后换发、补发、变更相应的从业资格证件。

(7)经营性道路客货运输驾驶员、道路危险货物运输从业人员在发证机关所在地以外从业，且从业时间超过3个月的，应当到服务地管理部门备案。

3 违章处理

道路运输驾驶员有违章行为的，交通主管部门和道路运输管理机构应当将其违章行为记录在《中华人民共和国道路运输从业人员从业资格证》的违章记录栏内，并通报发证机关。发证机关应当将该记录作为道路运输从业人员诚信考核和计分考核依据，并存入管理档案。

4 诚信考核和计分考核

道路运输从业人员诚信考核和计分考核周期为12个月，从初次领取从业资格证件之日起计算。诚信考核等级分为优良、合格、基本合格和不合格，分别用AAA级、AA级、A级和B级表示。在考核周期内，累计计分超过规定的，诚信考核等级为B级。

5 从业资格注销

经营性道路客货运输驾驶员、道路危险货物运输驾驶员有下列情形之一的，由发证机关注销其从业资格证件：

(1)持证人死亡的；

(2)持证人申请注销的；

(3)年龄超过60周岁的；

(4)机动车驾驶证被注销或者被吊销的；

(5)超过从业资格证件有效期180日未换证的。

凡被注销的从业资格证件，应由发证机关予以回收，公告作废并登记归档。无法收回的，从业资格证件自行作废。

6 档案管理

(1)交通主管部门和道路运输管理机构应当建立道路运输从业人员从业资格管理档案，向社会提供道路运输从业人员相关从业信息的查询服务。

（2）道路运输从业人员从业资格管理档案包括：从业资格考试申请材料，从业资格考试及从业资格证件记录，从业资格证换（补）发、变更记录，违章、事故及诚信考核、继续教育记录等。

（3）交通主管部门和道路运输管理机构应当建立道路运输从业人员从业资格证件管理数据库，使用全国统一的管理软件换发从业资格证件，逐步采用电子存取和防伪技术，确保有关信息实时输入、存储和输出。

四 从业行为规定

（1）经营性道路客货运输驾驶员以及道路危险货物运输从业人员应当在从业资格证件许可的范围内从事道路运输活动。

（2）道路危险货物运输驾驶员除可以驾驶道路危险货物运输车辆外，还可以驾驶原从业资格证件许可的道路旅客运输车辆或者道路货物运输车辆。

（3）道路运输从业人员在从事道路运输活动时，应当携带相应的从业资格证件，并应当遵守国家相关法规和道路运输安全操作规程，不得违法经营、违章作业。

（4）经营性道路客货运输驾驶员和道路危险货物运输驾驶员不得超限、超载运输，连续驾驶时间不得超过4h。

（5）经营性道路旅客运输驾驶员和道路危险货物运输驾驶员应当按照规定填写行车日志。行车日志式样由省级道路运输管理机构统一制定。

（6）道路运输从业人员应当按照规定参加国家相关法规、职业道德及业务知识培训。

（7）经营性道路旅客运输驾驶员应当采取必要措施保证旅客的人身和财产安全，发生紧急情况时，应当积极进行救护。经营性道路货物运输驾驶员应当采取必要措施防止货物脱落、扬撒等。严禁驾驶道路货物运输车辆从事经营性道路旅客运输活动。

（8）道路危险货物运输驾驶员应当按照道路交通安全主管部门指定的行车时间和路线运输危险货物。道路危险货物运输押运人员应当对道路危险货物运输进行全程监管。

（9）在道路危险货物运输过程中发生燃烧、爆炸、污染、中毒或者被盗、丢失、流散、泄漏等事故，道路危险货物运输驾驶员、押运人员应当立即向当地公安部门和所在运输企业或者单位报告，说明事故情况、危险货物品名和特性，并采取一切可能的警示措施和应急措施，积极配合有关部门进行处置。

五 法律责任

（1）经营性道路客货运输驾驶员有下列行为之一的，由县级以上道路运输管理机构责令改正，处200元以上2000元以下的罚款；构成犯罪的，依法追究刑事责任：

- 未取得从业资格证件，驾驶道路客货运输车辆的；
- 使用失效、伪造、变造的从业资格证件，驾驶道路客货运输车辆的；
- 超越从业资格证件核定的范围，驾驶道路客货运输车辆的。

（2）道路危险货物运输驾驶员有下列行为之一的，由设区的市级人民政府交通主管部门处2万元以上10万元以下的罚款；构成犯罪的，依法追究刑事责任：

- 未取得相应从业资格证件，从事道路危险货物运输活动的；
- 使用失效、伪造、变造的从业资格证件，从事道路危险货物运输活动的；
- 超越从业资格证件核定范围，从事道路危险货物运输活动的。

（3）经营性道路客货运输驾驶员、道路危险货物运输驾驶员不具备安全条件，有下列情形之一的，由发证机关吊销其从业资格证件，被吊销的从业资格证件应当由发证机关公告作废并登记归档：

- 身体健康状况不符合有关机动车驾驶和相关从业要求且没有主动申请注销从业资格的；
- 发生重大以上交通事故，且负主要责任的；
- 发现重大事故隐患，不立即采取消除措施，继续作业的。

（4）交通主管部门及道路运输管理机构工作人员有下列情形之一的，依法给予行政处分；构成犯罪的，依法追究刑事责任：

- 不按规定的条件、程序和期限组织从业资格考试的；
- 发现违法行为未及时查处的；
- 索取、收受他人财物及谋取其他不正当利益的；
- 其他违法行为。

第二节 道路旅客运输及客运站管理规定

为规范道路旅客运输及道路旅客运输站经营活动，维护道路旅客运输市场秩序，保障道路旅客运输安全，保护旅客和经营者的合法权益，交通部依据《中华人民共和国道路运输条例》及有关法律、行政法规的规定，制定了《道路旅客运输及客运站管理规定》，于2005年7月12日颁布，自2005年8月1日起施行。

《道路旅客运输及客运站管理规定》分为总则、经营许可、客运车辆管理、客运经营管理、客运站经营、监督检查、法律责任、附则8章共100条。

一 总则

1 调整范围

从事道路旅客运输（以下简称道路客运）经营以及道路旅客运输站（以下简称客运站）经营的，应当遵守《道路旅客运输及客运站管理规定》。

道路客运经营，是指用客车运送旅客、为社会公众提供服务、具有商业性质的道路客运活动，包括班车（加班车）客运、包车客运、旅游客运。

2 经营、管理原则

道路客运和客运站管理应当坚持以人为本、安全第一的宗旨，遵循公平、公正、公开、便民的原则，打破地区封锁和垄断，促进道路运输市场的统一、开放、竞争、有序，满足广大人民群众的出行需求。道路客运及客运站经营者应当依法经营，诚实信用，公平竞争，优质服务。

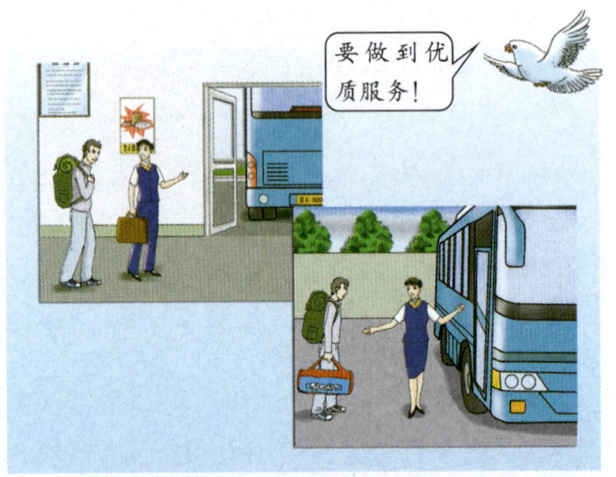

国家实行道路客运企业等级评定制度和质量信誉考核制度，鼓励道路客运经营者实行规模化、集约化、公司化经营，禁止挂靠经营。

3 道路客运和客运站管理主体

交通部主管全国道路客运及客运站管理工作。县级以上地方人民政府交通主管部门负责组织领导本行政区域的道路客运及客运站管理工作。县级以上道路运输管理机构负责具体实施道路客运及客运站管理工作。

二 道路客运经营许可

1 申请条件

(1)有与从事客运经营业务相适应并经检测合格的客车。

(2)有符合从事客运经营条件并取得相应从业资格证的驾驶人员。

(3)有健全的安全生产管理制度，包括安全生产操作规程、安全生产责任制、安全生产监督检查、驾驶人员和车辆安全生产管理的制度。

(4)申请从事道路客运班线经营，还应当有明确的线路和站点方案。

2 受理申请机构

(1)从事县级行政区域内客运经营的，向县级道路运输管理机构提出申请。

(2)从事省、自治区、直辖市行政区域内跨2个县级以上行政区域客运经营的，向其共同的上一级道路运输管理机构提出申请。

(3)从事跨省、自治区、直辖市行政区域客运经营的，向所在地的省、自治区、直辖市道路运输管理机构提出申请。

3 经营许可

(1)县级以上道路运输管理机构应当定期向社会公布本行政区域内的客运运力投放、客运线路布局、主要客流流向和流量等情况。

(2)客运经营申请人应向具有审批权的交通主管部门或道路运输管理机构进行申请并提交规定的材料。

(3)道路运输管理机构在审查客运申请时，应当考虑客运市场的供求状况、普遍服务和方便群众等因素。

(4)道路运输管理机构应当按照《中华人民共和国道路运输条例》和《交通行政许可实施程序规定》以及本规定规范的程序实施道路客运经营、道路客运班线经营和客运站经营的行政许可。

(5)道路运输管理机构对道路客运经营申请、道路客运班线经营申请予以受理的，应当自受理之日起20日内作出许可或者不予许可的决定。

(6)道路运输管理机构对符合法定条件的道路客运班线经营申请作出准予行政许可决定的，应当出具《道路客运班线经营行政许可决定书》，明确许可事项；并在10日内向被许可人发放道路运输经营许可证。

（7）道路运输管理机构对不符合法定条件的申请作出不予行政许可决定的，应当向申请人出具《不予交通行政许可决定书》。

4 被许可人（客运经营者）

（1）持道路运输经营许可证依法向工商行政管理机关办理登记手续。

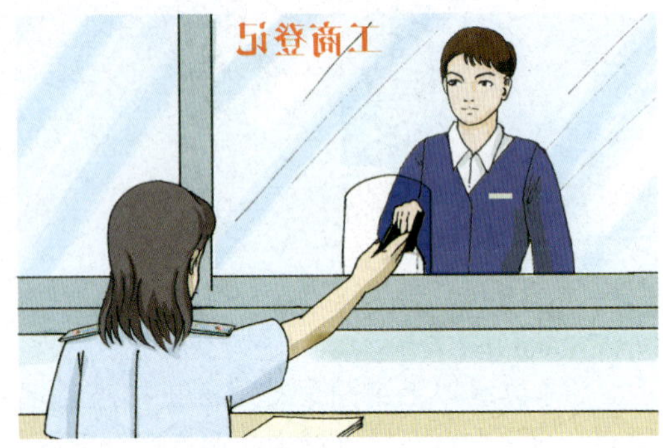

（2）已取得相应道路班车客运经营许可的经营者需要增加客运班线的，应当按规定进行申请。

（3）中外合资、中外合作、外商独资形式投资道路客运经营的，应当同时遵守《外商投资道路运输业管理规定》。

（4）道路客运经营者设立子公司的，应当按规定向设立地道路运输管理机构申请经营许可；设立分公司的，应当向设立地道路运输管理机构报备。

（5）需要变更许可事项或者终止经营的，应当向原许可机关提出申请，按有关规定办理。客运班线的经营主体、起讫地和日发班次变更和客运站经营主体、站址变更按照重新许可办理。

（6）在取得全部经营许可证件后无正当理由超过180天不投入运营或者运营后连续180天以上停运的，视为自动终止经营。

（7）客运班线在经营期限内暂停、终止班线经营，应当提前30日向原许可机关申请。经营期限届满，需要延续客运班线经营的，应当在届满前60日提出申请。

（8）在客运班线经营期限届满后申请延续经营，优先许可应符合的条件：

- 有与其经营业务相适应并经检测合格的客车；
- 经营者在经营该客运班线过程中，无特大运输安全责任事故；
- 经营者在经营该客运班线过程中，无情节恶劣的服务质量事件；
- 经营者在经营该客运班线过程中，无严重违规经营行为；
- 按规定履行了普遍服务的义务。

三 客运管理

1 车辆管理

（1）客运经营者应当依据国家有关技术规范对客运车辆进行定期维护，确保客运车辆技术状况良好。客运车辆的维护作业项目和程序应当按照国家标准《汽车维护、检测、诊断技术规范》（GB 18344）等有关技术标准的规定执行。

(2) 严禁任何单位和个人为客运经营者指定车辆维护企业；车辆二级维护执行情况不得作为道路运输管理机构的路检路查项目。

(3) 客运经营者应当定期进行客运车辆检测，车辆检测结合车辆定期审验的频率一并进行。县级以上道路运输管理机构应当定期对客运车辆进行审验，每年审验一次。

(4) 客运经营者和县级以上道路运输管理机构应当分别建立客运车辆技术档案和管理档案，并妥善保管。对相关内容的记载应当及时、完整和准确，不得随意更改。

(5) 客运车辆办理过户变更手续时，客运经营者应当将车辆技术档案完整移交；县级以上道路运输管理机构应当对经营者车辆技术档案的建立情况实施监督管理。

(6) 客运经营者对达到国家规定的报废标准或者经检测不符合国家强制性标准要求的客运车辆，应当及时交回道路运输证，不得继续从事客运经营；禁止使用报废的、擅自改装的、拼装的、检测不合格的客车以及其他不符合国家规定的车辆从事道路客运经营。

2 经营管理

(1) 客运经营者应当按照道路运输管理机构决定的许可事项从事客运经营活动，不得转让、出租道路运输经营许可证件。

(2) 班线客运经营者取得经营许可后，应当向公众提供连续运输服务，不得擅自暂停、终止或者转让班线运输。客运班车应当按照许可的线路、班次、站点运行，在规定的途经站点进站上下旅客，无正当理由不得改变行驶线路，不得站外上客或者沿途揽客。

(3) 客运经营者应当遵守有关运价规定，使用规定的票证，不得乱涨价、恶意压价、乱收费；不得强迫旅客乘车，不得中途将旅客交

给他人运输或者甩客，不得敲诈旅客，不得擅自更换客运车辆，不得阻碍其他经营者的正常经营活动。

（4）客运车辆驾驶员应遵守道路运输法规和道路运输驾驶员操作规程，安全驾驶，文明服务；严禁客运车辆超载运行，在载客人数已满的情况下，允许再搭乘不超过核定载客人数10%的免票儿童；客运车辆不得违反规定载货。

（5）客运经营者应当在客运车辆外部的适当位置喷印企业名称或者标识，在车厢内显著位置公示道路运输管理机构监督电话、票价和里程表。

（6）客运经营者应当为旅客提供良好的乘车环境，确保车辆设备、设施齐全有效，保持车辆清洁、卫生，并采取必要的措施防止在运输过程中发生侵害旅客人身、财产安全的违法行为。

（7）客运经营者不得在客运车辆上从事播放淫秽录像等不健康的活动；运输过程中发生侵害旅客人身、财产安全的治安违法行为时，客运经营者在自身能力许可的情况下，应当及时向公安机关报告并配合公安机关及时终止治安违法行为。

（8）客运经营者应当为旅客投保承运人责任险。客运经营者在运输过程中造成旅客人身伤亡，行李毁损、灭失，当事人对赔偿数额有约定的，依照其约定；没有约定的，参照国家有关港口间海上旅客运输和铁路旅客运输赔偿责任限额的规定办理。

（9）客运经营者应当加强对从业人员的安全、职业道德教育和业务知识、操作规程培训。并采取有效措施，防止驾驶人员连续驾驶时间超过4h。

（10）客运车辆驾驶员应随车携带道路运输证、从业资格证等有关证件，在规定位置放置客运标志牌；客运班车驾驶员还应当随车携带道路客运班线经营许可证明。

（11）客运经营者应当制定突发公共事件的道路运输应急预案，发生突发公共事件时，客运经营者应当服从县级及以上人民政府或者有关部门的统一调度、指挥。

四 法律责任

1 客运经营者的处罚规定

对客运经营者的处罚由县级以上道路运输管理机构负责执行。

（1）有下列行为之一的，责令停止经营；有违法所得的，没收违法所得，处违法所得2倍以上10倍以下的罚款；没有违法所得或者违法所得不足2万元的，处以3万元以上10万元以下的罚款；构成犯罪的，依法追究刑事责任：

- 未取得道路客运经营许可，擅自从事道路客运经营的；
- 未取得道路客运班线经营许可，擅自从事班车客运经营的；
- 使用失效、伪造、变造、被注销等无效的道路客运许可证件从事道路客运经营的；
- 超越许可事项，从事道路客运经营的。

（2）客运经营者非法转让、出租道路运输经营许可证件的，责令停止违法行为，收缴有关证件，处2000元以上1万元以下的罚款；有违法所得的，没收违法所得。

（3）有下列行为之一，责令限期投保；拒不投保的，由原许可机关吊销道路运输经营许可证或者吊销相应的经营范围：

- 未为旅客投保承运人责任险的；
- 未按最低投保限额投保的；
- 投保的承运人责任险已过期，未继续投保的。

（4）取得客运经营许可的客运经营者使用无道路运输证的车辆参加客运经营的，责令改正，处3000元以上1万元以下的罚款。

（5）客运经营者不按照规定携带道路运输证的，责令改正，处警告或者20元以上200元以下的罚款。

（6）有下列情形之一的，责令改正，处1000元以上3000元以下的罚款；情节严重的，由原许可机关吊销道路运输经营许可证或者吊销相应的经营范围：

- 客运班车不按批准的客运站点停靠或者不按规定的线路、班次行驶的；
- 加班车、顶班车、接驳车无正当理由不按原正班车的线路、站点、班次行驶的；

●客运包车不按约定的起始地、目的地和线路行驶的；

●以欺骗、暴力等手段招揽旅客的；

●在旅客运输途中擅自变更运输车辆或者将旅客移交他人运输的；

●未报告原许可机关，擅自终止道路客运经营的。

（7）已不具备开业要求的有关安全条件、存在重大运输安全隐患的，责令限期改正；在规定时间内不能按要求改正且情节严重的，由原许可机关吊销道路运输经营许可证或者吊销相应的经营范围。

（8）不按规定维护和检测客运车辆的，责令改正，处1000元以上5000元以下的罚款。

（9）使用擅自改装或者擅自改装已取得道路运输证的客运车辆的，责令改正，处5000元以上2万元以下的罚款。

2 管理机构工作人员处分规定

道路运输管理机构工作人员违反本规定，有下列情形之一的，依法给予行政处分；构成犯罪的，依法追究刑事责任：

●不依照规定的条件、程序和期限实施行政许可的；

●参与或者变相参与道路客运经营以及客运站经营的；

●发现违法行为不及时查处的；

●违反规定拦截、检查正常行驶的运输车辆的；

●违法扣留运输车辆、道路运输证的；

●索取、收受他人财物，或者谋取其他利益的；

●其他违法行为。

第四节 道路货物运输及站场管理规定

为规范道路货物运输和道路货物运输站（场）经营活动，维护道路货物运输市场秩序，保障道路货物运输安全，保护道路货物运输和道路货物运输站（场）有关各方当事人的合法权益，交通部根据《中华人民共和国道路运输条例》及有关法律、行政法规的规定，制定了《道路货物运输及站场管理规定》，于2005年6月16日颁布，自2005年8月1日起施行。

《道路货物运输及站场管理规定》分为总则、经营许可、货运车辆管理、货运经营管理、货运站经营、监督检查、法律责任、附则八章共78条。

一 总则

1 调整范围

从事道路货物运输经营和道路货物运输站（场）经营的，应当遵守《道路货物运输及站场管理规定》。

（1）道路货物运输经营，是指为社会提供公共服务、具有商业性质的道路货物运输活动，包括道路普通货运、道路货物专用运输、道路大型物件运输和道路危险货物运输。

普通货运车辆　危险货物运输车辆
专用运输车辆　大型物件运输车辆

（2）道路货物专用运输，是指使用集装箱、冷藏保鲜设备、罐式容器等专用车辆进行的货物运输。

集装箱运输车辆　冷藏运输车辆
罐式容器运输车辆

（3）道路货物运输站（场）（以下简称“货运站”），是指以场地设施为依托，为社会提供有偿服务的具有仓储、保管、配载、信息服务、装卸、理货等功能的综合货运站（场）、零担货运站、集装箱中转站、物流中心等经营场所。

2 经营、管理原则

道路货物运输和货运站经营者应当依法经营，诚实信用，公平竞争。道路货物运输管理应当公平、公正、公开和便民。

鼓励道路货物运输实行集约化、网络化经营。鼓励采用集装箱、封闭厢式车和多轴重型车运输。

3 道路货物运输和货运站管理主体

交通部主管全国道路货物运输和货运站管理工作。县级以上地方人民政府交通主管部门负责组织领导本行政区域的道路货物运输和货运站管理工作。县级以上道路运输管理机构具体实施本行政区域的道路货物运输和货运站管理工作。

二 道路货运经营许可

1 申请条件

（1）有与道路货物运输经营业务相适应并经检测合格的运输车辆。

（2）有符合从事货运经营条件并取得相应从业资格证的驾驶人员。

（3）有健全的安全生产管理制度，包括安全生产责任制度、安全生产业务操作规程、安全生产监督检查制度、驾驶员和车辆安全生产管理制度等。

2 受理申请机构

（1）申请从事道路货物运输经营的，应当向县级道路运输管理机构（不含设区的市所属区运输管理机构，下同）提出申请，并提供规定的材料。

(2)申请从事货运站经营的，应当向县级道路运输管理机构提出申请，并提供规定的材料。

3 经营许可

(1)道路运输管理机构应当按照《中华人民共和国道路运输条例》、《交通行政许可实施程序规定》和《道路货物运输及站场管理规定》规范的程序实施道路货物运输经营和货运站经营的行政许可。

(2)道路运输管理机构对道路货运经营申请予以受理的，应当自受理之日起20日内作出许可或者不予许可的决定；道路运输管理机构对货运站经营申请予以受理的，应当自受理之日起15日内作出许可或者不予许可的决定。

(3)道路运输管理机构对符合法定条件的道路货物运输经营申请作出准予行政许可决定的，应当出具《道路货物运输经营许可决定书》，明确许可事项；在10日内向被许可人颁发道路运输经营许可证。

(4)对道路货物运输经营不予许可的，应当向申请人出具《不予交通行政许可决定书》。

(5)被许可人按照承诺书的要求购置运输车辆。购置车辆或者已有车辆经道路运输管理机构核实并符合条件的，道路运输管理机构向投入运输的车辆配发道路运输证。

4 被许可人（货运经营者）

(1)持道路运输经营许可证依法向工商行政管理机关办理有关登记手续。

(2)设立子公司的，应当向设立地的道路运输管理机构申请经营许可；设立分公司的，应当向设立地的道路运输管理机构报备。

(3)需要终止经营的，应当在终止经营之日30日前告知原许可的道路运输管理机构，并办理有关注销手续。

(4)变更许可事项、扩大经营范围的，按有关许可规定办理；变更名称、地址等，应当向作出原许可决定的道路运输管理机构备案。

三 货运管理

1 车辆管理

(1) 道路货物运输经营者应当建立车辆技术管理制度，按照国家规定的技术规范对货运车辆进行定期维护，确保货运车辆技术状况良好；货运车辆的维护作业项目和程序应当按照国家标准《汽车维护、检测、诊断技术规范》(GB 18344) 等有关技术标准的规定执行。

(2) 严禁任何单位和个人为道路货物运输经营者指定车辆维护企业；车辆二级维护执行情况不得作为路检路查项目。

(3) 道路货物运输经营者应当定期进行货运车辆检测，车辆检测结合车辆定期审验的频率一并进行；县级以上道路运输管理机构应当定期对货运车辆进行审验，每年审验一次。

(4) 道路货物运输经营者和县级以上道路运输管理机构应当分别建立货运车辆技术档案和管理档案，并妥善保管。对相关内容的记载应当及时、完整和准确，不得随意更改。

(5) 道路货物运输车辆办理过户变更手续时，道路货物运输经营者应当将货运车辆技术档案完整移交；县级以上道路运输管理机构对经营者车辆技术档案建立情况实施监督管理。

(6) 道路货物运输经营者对达到国家规定的报废标准或者经检测不符合国家强制性标准要求的货运车辆，应当及时交回道路运输证，不得继续从事道路货物运输经营。禁止使用报废的、擅自改装的、拼装的、检测不合格的和其他不符合国家规定的车辆从事道路货物运输经营。

2 经营管理

(1) 道路货物运输经营者应当按照道路运输经营许可证核定的经营范围从事货物运输经营，不得转让、出租道路运输经营许可证件。

(2) 道路货物运输经营者应当对从业人员进行经常性的安全、职业道德教育和业务知识、操作规程培训。

(3) 道路货物运输经营者应当按照国家有关规定在其重型货运车辆、牵引车上安装使用行驶记录仪，并采取有效措施，防止驾驶人员连续驾驶时间超过 4h。

(4) 道路货物运输经营者应当聘用持有从业资格证的驾驶人员，要求驾驶与其从业资格类别相符的车辆，并随车携带道路运输证。道路运输证不得转让、出租、涂改、伪造。驾驶营运车辆时，应当随身携带从业资格证。

(5)运输的货物应当符合货运车辆核定的载质量，载物的长、宽、高不得违反装载要求。禁止货运车辆违反国家有关规定超限、超载运输。禁止使用货运车辆运输旅客。

(6)道路货物运输经营者运输大型物件，应当制定道路运输组织方案。涉及超限运输的应当按照交通部颁布的《超限运输车辆行驶公路管理规定》办理相应的审批手续。

(7)从事大型物件运输的车辆，应当按照规定装置统一的标志和悬挂标志旗；夜间行驶和停车休息时应当设置标志灯。

(8)道路货物运输经营者在受理法律、行政法规规定限运、凭证运输的货物时，应当查验并确认有关手续齐全有效后方可运输；不得运输法律、行政法规禁止运输的货物。

(9)道路货物运输经营者不得采取不正当手段招揽货物、垄断货源；不得阻碍其他货运经营者开展正常的运输经营活动；道路货物运输经营者应当采取有效措施，防止货物变质、腐烂、短少或损失。

(10)道路货物运输经营者应当制定有关交通事故、自然灾害、公共卫生以及其他突发公共事件的道路运输应急预案；发生交通事故、自然灾害、公共卫生以及其他突发公共事件，道路货物运输经营者应当服从县级以上人民政府或者有关部门的统一调度、指挥。

(11)道路货物运输经营者应当严格遵守国家有关价格法律、法规和规章的规定，不得恶意压价竞争。

四 法律责任

1 货运经营者的处罚规定

对货运经营者的处罚由县级以上道路运输管理机构负责执行。

(1) 有下列行为之一的，责令停止经营；有违法所得的，没收违法所得，处违法所得2倍以上10倍以下的罚款；没有违法所得或者违法所得不足2万元的，处3万元以上10万元以下的罚款；构成犯罪的，依法追究刑事责任：

● 未取得道路货物运输经营许可，擅自从事道路货物运输经营的；

● 使用失效、伪造、变造、被注销等无效的道路运输经营许可证件从事道路货物运输经营的；

● 超越许可的事项，从事道路货物运输经营的。

(2) 非法转让、出租道路运输经营许可证件的，由县级以上道路运输管理机构责令停止违法行为，收缴有关证件，处2000元以上1万元以下的罚款；有违法所得的，没收违法所得。

(3) 取得道路货物运输经营许可的道路货物运输经营者使用无道路运输证的车辆参加货物运输的，由县级以上道路运输管理机构责令改正，处3000元以上1万元以下的罚款。

(4) 不按照规定携带道路运输证的，由县级以上道路运输管理机构责令改正，处警告或者20元以上200元以下的罚款。

(5) 已不具备开业要求的有关安全条件、存在重大运输安全隐患的，限期责令改正；在规定时间内不能按要求改正且情节严重的，由原许可机关吊销道路运输经营许可证或者吊销其相应的经营范围。

(6) 有下列情形之一的，责令改正，处1000元以上3000元以下的罚款；情节严重的，由原许可机关吊销道路运输经营许可证或者吊销其相应的经营范围：

● 强行招揽货物的；

● 未采取必要措施防止货物脱落、扬撒的。

(7) 不按规定维护和检测运输车辆的，责令改正，处1000元以上5000元以下的罚款。

(8) 擅自改装或者使用擅自改装已取得道路运输证的车辆的，责令改正，处5000元以上2万元以下的罚款。

(9) 有下列行为之一的，责令限期整改，整改不合格的，予以通报：

● 没有建立货运车辆技术档案的；

● 没有按照国家有关规定在货运车辆上安装行驶记录仪的；

● 大型物件运输车辆不按规定悬挂、标明运输标志的；

● 发生公共突发性事件，不接受当地政府统一调度安排的；

● 因配载造成超限、超载的；

● 运输没有限运证明物资的；

● 未查验禁运、限运物资证明，配载禁运、限运物资的。

2 管理机构工作人员处分规定

道路运输管理机构的工作人员违反本规定，有下列情形之一的，依法给予相应的行政处分；构成犯罪的，依法追究刑事责任：

● 不依照本规定规定的条件、程序和期限实施行政许可的；

● 参与或者变相参与道路货物运输和货运站经营的；

● 发现违法行为不及时查处的；

● 违反规定拦截、检查正常行驶的道路运输车辆的；

● 违法扣留运输车辆、道路运输证的；

● 索取、收受他人财物，或者谋取其他利益的；

● 其他违法行为。

第五节 道路危险货物运输管理规定

为规范道路危险货物运输市场秩序，保障人民生命财产安全，保护环境，维护道路危险货物运输各方当事人的合法权益，交通部根据《中华人民共和国道路运输条例》和《危险化学品安全管理条例》等有关法律、行政法规，制定了《道路危险货物运输管理规定》，于2005年7月12日颁布，自2005年8月1日起施行。

《道路危险货物运输管理规定》分为总则、运输许可、专业车辆、设备管理、危险货物运输、监督检查、法律责任、附则8章共59条。

一 总则

1 调整范围

从事道路危险货物运输经营和使用自备车辆从事为本单位服务的非经营性道路危险货物运输的，应当遵守《道路危险货物运输管理规定》。军事危险货物运输除外。法律、行政法规对特定种类危险货物的道路运输另有规定的，从其规定。

(1) 危险货物，是指具有爆炸、易燃、毒害、腐蚀、放射性等特性，在运输、装卸和储存过程中，容易造成人身伤亡、财产毁损和环境污染而需要特别防护的货物。危险货物以列入国家标准《危险货物品名表》(GB 12268) 的为准，未列入《危险货物品名表》的，以有关法律、行政法规的规定或者国务院有关部门公布的结果为准。

(2) 道路危险货物运输车辆（以下简称专用车辆），是指从事道路危险货物运输的载货汽车。道路危险货物运输，是指使用专用车辆，通过道路运输危险货物的作业全过程。

(3) 危险货物的分类、分项、品名和品名编号应当按照国家标准《危险货物分类和品名编号》(GB 6944)、《危险货物品名表》(GB 12268) 执行。危险货物的危险程度依据国家标准《危险货物运输包装通用技术条件》(GB 12463)，分为Ⅰ、Ⅱ、Ⅲ等级。

2 运输、管理原则

从事道路危险货物运输应当保障安全，依法运输，诚实信用。国家鼓励技术力量雄厚、设备和运输条件好的大型专业危险化学品生产企业从事道路危险货物运输，鼓励道路危险货物运输企业实行集约化、专业化经营，鼓励使用厢式、罐式和集装箱等专用车辆运输危险货物。

3 管理主体

交通部主管全国道路危险货物运输管理工作；县级以上地方人民政府交通主管部门负责组织领导本行政区域的道路危险货物运输管理工作；县级以上道路运输管理机构负责具体实施道路危险货物运输管理工作。

二 运输许可

1 申请条件

（1）有符合从事道路危险货物运输国家标准要求并经检侧合格的专用车辆及设备。运输剧毒、爆炸、易燃、放射性危险货物的车辆应当安装行驶记录仪或定位系统。

（2）有符合安全规定并与经营范围、规模相适应的停车场地。具有运输剧毒、爆炸和Ⅰ类包装危险货物专用车辆的，还应当配备与其他设备、车辆、人员隔离的专用停车区域，并设立明显的警示标志。

（3）有符合从事道路危险货物运输经营条件并取得相应从业资格证的驾驶人员、装卸管理人员、押运人员。

（4）有健全的安全生产管理制度，包括安全生产操作规程、安全生产责任制、安全生产监督检查制度以及从业人员、车辆、设备安全管理制度。

2 受理申请机构

申请从事道路危险货物运输经营的企业和非经营性的单位，应当向所在地设区的市级道路运输管理机构提出申请，并提交规定的材料。

3 运输许可

（1）设区的市级道路运输管理机构应当按照《中华人民共和国道路运输条例》和《交通行政许可实施程序规定》以及本规定规范的程序实施道路危险货物运输行政许可，并进行实地核查。

（2）决定准予许可的，应当向被许可人出具《道路危险货物运输行政许可决定书》，注明许可事项，并在10日内向道路危险货物运输经营申请人发放道路运输经营许可证，向非经营性道路危险货物运输申请人颁发道路危险货物运输许可证。

（3）决定不予许可的，应当向申请人出具《不予交通行政许可决定书》，道路运输管理机构不得许可一次性、临时性的道路危险货物运输。

（4）被许可人应当按照限定的时间落实拟投入车辆承诺书。做出许可决定的道路运输管理机构已核实被许可人落实了拟投入车辆承诺书且专用车辆符合许可要求、罐体经质检部门检验合格后，应当为专用车辆配发道路运输证，其中对从事非经营性道路危险货物运输的，应当在其道路运输证上加盖“非经营性危险货物运输专用章”。

（5）被许可人已获得其他道路运输经营许可的，设区的市级道路运输管理机构应当为其换发道路运输经营许可证，并在经营范围中加注新许可的事项。如果原道路运输经营许可证是由省级道路运输管理机构发放的，由原发证机关按照上述要求换发。

4 被许可人（危货运输企业或单位）

（1）应当持道路运输经营许可证或者道路危险货物运输许可证依法向工商行政管理

机关办理登记手续。

(2) 中外合资、中外合作、外商独资形式投资道路危险货物运输的，应当同时遵守《外商投资道路运输业管理规定》。

(3) 设立子公司从事道路危险货物运输的，应当向设立地设区的市级道路运输管理机构申请运输许可；设立分公司的，应当向设立地设区的市级道路运输管理机构报备。

(4) 需要变更许可事项的，应当向原许可机关提出申请，按照有关许可的规定办理。

(5) 终止危险货物运输业务的，应当在终止之日的30日前告知原许可机关，并在停业后10日内将道路运输经营许可证或者道路危险货物运输许可证以及道路运输证交回原发放机关。

三 危险货物运输

1 专用车辆管理

(1) 道路危险货物运输企业或者单位应当严格按照《道路货物运输及站场管理规定》中有关车辆管理的规定，维护、检测、使用和管理专用车辆，确保专用车辆技术状况良好。

(2) 设区的市级道路运输管理机构应当定期对专用车辆进行审验，每年审验一次。禁止使用报废的、擅自改装的、检测不合格的、车辆技术等级达不到一级的以及其他不符合国家规定的车辆从事道路危险货物运输。

(3) 除铰接列车、具有特殊装置的大型物件运输专用车辆外，严禁使用货车列车从事危险货物运输；倾卸式车辆只能运输散装硫磺、萘饼、粗蒽、煤焦沥青等危险货物；禁止使用移动罐体(罐式集装箱除外)从事危险货物运输。

2 安全运输

(1) 危险货物托运人应当委托具有道路危险货物运输资质的企业承运，严格按照国家有关规定包装，并向承运人说明危险货物的品名、数量、危害、应急措施等情况。托运危险化学品的还应提交与托运的危险化学品完全一致的安全技术说明书和安全标签。

(2) 严格按照道路运输管理机构决定的许可事项从事道路危险货物运输活动，不得转让、出租道路危险货物运输许可证件；严禁非经营性道路危险货物运输单位从事道路危险货物运输经营活动。

(3) 不得使用罐式专用车辆或者运输有

毒、腐蚀、放射性危险货物的专用车辆运输普通货物；其他专用车辆可以从事食品、生活用品、药品、医疗器具以外的普通货物运输活动，但应当对专用车辆进行消除危险处理，确保不对普通货物造成污染、损害；危险货物不得与普通货物混装。

（4）专用车辆应当按照国家标准《道路运输危险货物车辆标志》（GB 13392）的要求悬挂标志；专用车辆应当根据所运危险货物的性质配备必需的应急处理器材和安全防护设施设备，并采取必要措施，防止危险货物脱落、扬撒、丢失以及燃烧、爆炸、辐射、泄漏等。

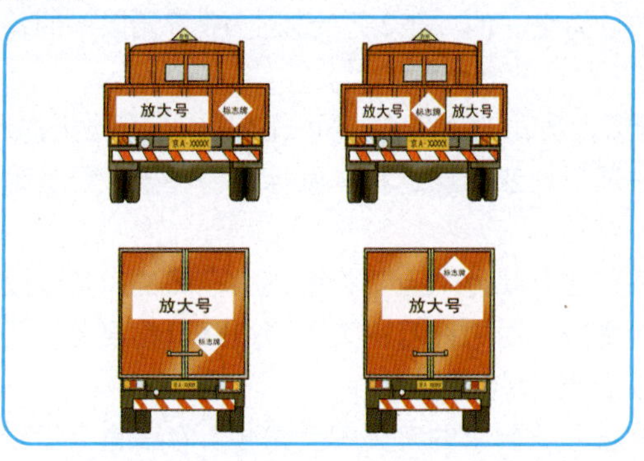

（5）不得运输法律、行政法规禁止运输的货物；法律、行政法规规定的限运、凭证运输货物，应当按照有关规定办理相关运输手续；法律、行政法规规定托运人必须办理有关手续后方可运输的危险货物，应当查验有关手续齐全有效后方可承运。

（6）道路危险货物运输企业或者单位应当聘用具有相应从业资格证的驾驶人员，驾驶人员上岗时应当随身携带从业资格证，专用车辆驾驶人员应当随车携带道路运输证。

（7）运输危险货物时，应当遵守有关部门关于危险货物运输线路、时间、速度方面的有关规定；在运输过程中，专用车辆上应当另外配备押运人员对运输全过程进行监管；严禁专用车辆违反国家有关规定超载、超限运输。

（8）道路危险货物运输从业人员必须熟悉有关安全生产的法规、技术标准和安全生产规章制度、安全操作规程，了解所装运危险货物的性质、危害特性、包装物或者容器的使用要求和发生意外事故时的处置措施。

（9）道路危险货物运输企业或者单位应当对从业人员进行经常性的安全、职业道德教育和业务知识、操作规程培训，加强安全生产管理，配备专职安全管理人员，制定突发事件应急预案，严格落实各项安全制度。

四 法律责任

对危险货物运输经营者的处罚由县级以上道路运输管理机构负责执行。

(1) 有下列情形之一的，责令停止运输，有违法所得的，没收违法所得。运输货物属于危险化学品，违法所得5万元以上的，处违法所得1倍以上5倍以下的罚款；没有违法所得或违法所得不足5万元的，处2万元以上20万元以下的罚款。运输货物属于危险化学品以外的其他危险货物，有违法所得的，处违法所得2倍以上10倍以下的罚款；没有违法所得或者违法所得不足2万元的，处3万元以上10万元以下的罚款。构成犯罪的，依法追究刑事责任：

● 未取得道路危险货物运输许可，擅自从事道路危险货物运输的；

● 使用失效、伪造、变造、被注销等无效道路危险货物运输许可证件从事道路危险货物运输的；

● 超越许可事项，从事道路危险货物运输的；

● 非经营性道路危险货物运输单位从事道路危险货物运输经营的。

(2) 道路危险货物运输企业或者单位非法转让、出租道路危险货物运输许可证件的，责令停止违法行为，收缴有关证件，处2000元以上1万元以下的罚款；有违法所得的，没收违法所得。

(3) 道路危险货物运输企业或者单位有下列行为之一，责令限期投保；拒不投保的，由原许可机关吊销道路运输经营许可证或者道路危险货物运输许可证，或者吊销相应的经营范围：

● 未投保危险货物承运人责任险的；

● 投保的危险货物承运人责任险已过期，未继续投保的。

(4) 道路危险货物运输企业或者单位未按规定维护和检测专用车辆的，责令改正，处1000元以上5000元以下的罚款。

(5) 道路危险货物运输企业或者单位不按照规定携带道路运输证的，责令改正，处警告或者20元以上200元以下的罚款。

(6) 道路危险货物运输企业或者单位有下列行为之一的，处2万元以上10万元以下的罚款，构成犯罪的，依法追究刑事责任：

● 从事道路危险化学品运输的驾驶人员、押运人员、装卸管理人员未取得从业资格证的；

● 运输危险化学品不符合国家有关法律、法规、规章的规定和国家标准，并未按照危险化学品的特性采取必要安全防护措施的。

(7) 道路危险货物运输企业或者单位没有采取必要措施防止货物脱落、扬撒的，责令改正，处1000元以上3000元以下的罚款；情节严重的，由原许可机关吊销道路运输经营许可证或者道路危险货物运输许可证，或者吊销相应的经营范围。

(8) 道路危险货物运输企业或者单位已不具备开业要求的有关安全条件、存在重大运输安全隐患的，责令限期改正；在规定时间内不能按要求改正且情节严重的，由原许可机关吊销道路运输经营许可证或者道路危险货物运输许可证，或者吊销相应的经营范围。

(9) 道路危险货物运输企业或者单位擅自改装已取得道路运输证的专用车辆及罐式专用车辆罐体的，责令改正，并处5000元以上2万元以下的罚款。

第六节 危险化学品安全管理条例

为了加强对危险化学品的安全管理，保障人民生命、财产安全，保护环境，2002年1月9日国务院第52次常务会议通过，于2002年1月26日公布了《危险化学品安全管理条例》（国务院第344号令），自2002年3月15日起施行。

《危险化学品安全管理条例》分为总则、危险化学品的生产、储存和使用、危险化学品的经营、危险化学品的运输、危险化学品的登记与事故应急救援、法律责任、附则7章共74条。

一 总则

1 适用的范围

在中华人民共和国境内生产、经营、储存、运输、使用危险化学品和处置废弃危险化学品，必须遵守《危险化学品安全管理条例》和国家有关安全生产的法律、行政法规的规定。

危险化学品，包括爆炸品、压缩气体和液化气体、易燃液体、易燃固体、自燃物品和遇湿易燃物品、氧化剂和有机过氧化物、有毒品和腐蚀品等。

2 安全责任

生产、经营、储存、运输、使用危险化学品和处置废弃危险化学品的单位（以下统称危险化学品单位），其主要负责人必须保证本单位危险化学品的安全管理符合有关法律、法规、规章的规定和国家标准的要求，并对本单位危险化学品的安全负责。

3 资格认定

危险化学品单位从事生产、经营、储存、运输、使用危险化学品或者处置废弃危险化学品活动的人员，必须接受有关法律、法规、规章和安全知识、专业技术、职业卫生防护和应急救援知识的培训，并经考核合格，方可上岗作业。

4 交通部门的职责

交通部门负责危险化学品公路、水路运输单位及其运输工具的安全管理，对危险化学品水路运输安全实施监督，负责危险化学品公路、水路运输单位、驾驶人员、船员、装卸人员和押运人员的资质认定，并负责前述事项的监督检查。

二 危险化学品道路运输相关规定

1 资质认定和许可

（1）国家对危险化学品的运输实行资质认定制度。未经资质认定，不得运输危险化学品。

危险化学品运输企业必须具备的条件由国务院交通部门规定。

(2) 用于危险化学品运输工具的槽罐以及其他容器，必须由省、自治区、直辖市人民政府经济贸易管理部门审查合格的专业生产企业定点生产，并经国务院质检部门认可的专业检测、检验机构检测、检验合格，方可使用。质检部门应当对前款规定的专业生产企业定点生产的槽罐以及其他容器的产品质量进行定期的或者不定期的检查。

(3) 危险化学品运输企业，应当对其驾驶员进行有关安全知识培训；驾驶员必须掌握危险化学品运输的安全知识，并经所在地设区的市级人民政府交通部门考核合格，取得上岗资格证，方可上岗作业。危险化学品的装卸作业必须在装卸管理人员的现场指挥下进行。

2 安全运输

(1) 运输危险化学品的驾驶员必须了解所运载的危险化学品的性质、危害特性、包装容器的使用特性和发生意外时的应急措施。运输危险化学品，必须配备必要的应急处理器材和防护用品。

(2) 通过公路运输危险化学品的，托运人只能委托有危险化学品运输资质的运输企业承运。通过公路运输剧毒化学品的，托运人应当向目的地的县级人民政府公安部门申请办理剧毒化学品公路运输通行证。

(3) 托运人托运危险化学品，应当向承运人说明所运输危险化学品的品名、数量、危害、应急措施等情况。运输危险化学品需要添加抑制剂或者稳定剂的，托运人交付托运时应当添加抑制剂或者稳定剂，并告知承运人。托运人不得在托运的普通货物中夹带危险化学品，不得将危险化学品匿报或者谎报为普通货物托运。

(4) 运输、装卸危险化学品，应当依照有关法律、法规、规章的规定和国家标准的要求并按照危险化学品的危险特性，采取必要的安全防护措施。运输危险化学品的槽罐以及其他容器必须封口严密，能够承受正常运输条件下产生的内部压力和外部压力，保证危险化学品在运输中不因温度、湿度或者压力的变化而发生任何渗（洒）漏。

(5) 通过公路运输危险化学品，必须配备押运人员，并随时处于押运人员的监管之下，不得超装、超载，不得进入危险化学品运输车辆禁止通行的区域；确需进入禁止通行区域的，应当事先向当地公安部门报告，由公安部门为其指定行车时间和路线，运输车辆必须遵守公安部门规定的行车时间和路线。

(6) 危险化学品运输车辆禁止通行区域，由设区的市级人民政府公安部门划定，并设置明显的标志。运输危险化学品途中需要停车住宿或者遇有无法正常运输的情况时，应当向当地公安部门报告。

(7) 剧毒化学品在公路运输途中发生被盗、丢失、流散、泄漏等情况时，承运人及押运人员必须立即向当地公安部门报告，并采取一切可能的警示措施。公安部门接到报告后，应当立即向其他有关部门通报情况。有关部门应当采取必要的安全措施。

三 法律责任

对运输危险化学品依法实施监督管理的有关部门工作人员，有下列行为之一的，依法给予降级或者撤职的行政处分；触犯刑律的，依照刑法关于受贿罪、滥用职权罪、玩忽职守罪或者其他罪的规定，追究刑事责任：

(1) 利用职务上的便利收受他人财物或者其他好处，对不符合本条例规定条件的涉及运输危险化学品的事项予以批准或者许可的；

(2) 发现未依法取得批准或者许可的单位和个人擅自从事有关活动或者接到举报后不予取缔或者不依法予以处理的；

(3) 对已经依法取得批准或者许可的单位和个人不履行监督管理职责，发现其不再具备《危险化学品安全管理条例》规定的条件而不撤销原批准、许可或者发现违反《危险化学品安全管理条例》的行为不予查处的。

第七节　依法维护自身权益

道路运输经营者或者道路运输驾驶员在行政机关对其行政许可、行政执法和行政处罚的过程中，当自身的合法权益遭到侵害时，应该根据法律法规的规定，通过正规的渠道进行维权。

一　维权的法律依据

《行政许可法》、《行政诉讼法》、《行政复议法》、《行政处罚法》、《立法法》和《国家赔偿法》等法律是一切行政机关行政许可、行政执法和行政处罚的根本，道路运输驾驶员了解上述法律，是合法维权的重要基础。

如果行政机关或其工作人员违反了《行政许可法》和《行政处罚法》中的下列规定，导致道路运输驾驶员的合法权益受到侵害，受害当事人可启动维权程序。

1　《行政许可法》中的有关规定

(1) 行政机关对符合法定条件的行政许可申请不予受理的；

(2) 不在办公场所公示依法应当公示的材料的；

(3) 在受理、审查、决定行政许可过程中，未向申请人、利害关系人履行法定告知义务的；

(4) 申请人提交的申请材料不齐全、不符合法定形式，不一次告知申请人必须补正的全部内容的；

(5) 未依法说明不受理行政许可申请或者不予行政许可的理由的；

(6) 依法应当举行听证而不举行听证的；

(7) 行政机关工作人员办理行政许可、实施监督检查，索取或者收受他人财物或者谋取其他利益，对不符合法定条件的申请人准予行政许可或者超越法定职权作出准予行政许可决定的；

(8) 对符合法定条件的申请人不予行政许可或者不在法定期限内作出准予行政许可决定的；

(9) 依法应当根据招标、拍卖结果或者考试成绩择优作出准予行政许可决定，未经招标、拍卖或者考试，或者不根据招标、拍卖结果或者考试成绩择优作出准予行政许可决定的；

(10) 擅自收费或者不按照法定项目和标准收费的；

(11) 截留、挪用、私分或者变相私分实施行政许可依法收取的费用的。

2　《行政处罚法》中的有关规定

(1) 行政机关没有法定的行政处罚依据的；

(2) 擅自改变行政处罚种类、幅度的；

(3) 违反法定的行政处罚程序的;

(4) 行政机关对当事人进行处罚不使用罚款、没收财物单据或者使用非法定部门制发的罚款、没收财物单据的;

(5) 行政机关违反有关规定自行收缴罚款的;

(6) 执法人员利用职务上的便利, 索取或者收受他人财物、收缴罚款据为己有的;

(7) 行政机关使用或者损毁扣押的财物, 对当事人造成损失的; 行政机关违法实行检查措施或者执行措施, 给公民人身或者财产造成损害、给法人或者其他组织造成损失的;

(8) 徇私舞弊、包庇纵容违法行为的;

(9) 执法人员玩忽职守, 对应当予以制止和处罚的违法行为不予制止、处罚, 致使公民、法人或者其他组织的合法权益、公共利益和社会秩序遭受损害的。

二 维权的方法

一般来说, 投诉举报、陈述申辩、听证、行政复议、行政诉讼和行政赔偿等都是维权的正确途径和合法程序。流程见下图:

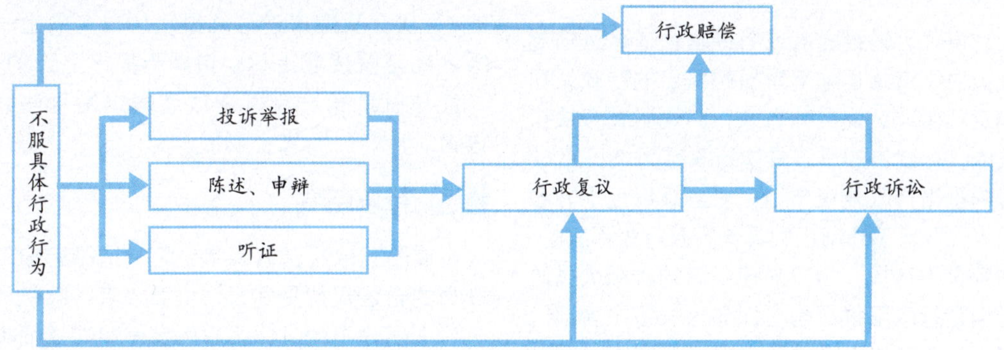

1 投诉举报

交通部令2004年第11号——《交通行政许可监督检查及责任追究规定》规定, 任何单位和个人都有权对交通行政许可实施机关及其工作人员不严格执行有关行政许可的法律、法规、规章以及在实施交通行政许可中的违法违纪行为进行检举、控告, 交通行政许可实施机关收到举报后, 应当依据职责及时查处。

2 陈述、申辩

《行政处罚法》规定, 公民、法人或者其他组织对行政机关所给予的行政处罚, 享有陈述权、申辩权。在简易程序中, 执法人员将所认定的违法事实, 处罚的理由和依据告知行政管理相对人, 并告知其有权作出陈述和申辩, 执法人员听取行政管理相对人陈述和申辩的意见, 对其提出的事实、证据和理由应当进行复核, 事实、理由或证据成立的, 应当采纳。在一般程序中, 当事人在收到《交通违法行为通知书》之日起3日内进行陈述和申辩的, 交通管理部门应当审核当事人的意见并应当将当事人提出的事实、理由或证据制成笔录，上述事实、理由或者证据成立的，交通管理部门应当采纳。

3 听证

听证程序是《行政处罚法》确定的程序制度。行政机关作出责令停产停业、吊销许可证或者执照、较大数额罚款等行政处罚决定之前，应当告知当事人有要求举行听证的权利；当事人要求听证的，行政机关应当组织听证，当事人在被告知听证权利之日起5日内提出听证申请的，实施机关应当在20日内组织听证。当事人不承担行政机关组织听证的费用。

4 行政复议

道路运输经营者或者经营性道路运输驾驶员对于道路运输管理机构作出的行政处罚决定不服或认为具体行政行为侵犯其合法权益的，可以自知道该具体行政行为之日起60日内提出行政复议申请；对县级以上地方各级人民政府工作部门的具体行政行为不服的，由申请人选择，可以向该部门的本级人民政府申请行政复议，也可以向上一级主管部门申请行政复议。道路运输经营者或者经营性道路运输驾驶员申请行政复议，行政复议机关已经依法受理的，或者法律、法规规定应当先向行政复议机关申请行政复议、对行政复议决定不服再向人民法院提起行政诉讼的，在法定行政复议期限内不得向人民法院提起行政诉讼。道路运输经营者或者经营性道路运输驾驶员向人民法院提起行政诉讼，人民法院已经依法受理的，不得申请行政复议。行政复议机关受理行政复议申请，不得向申请人收取任何费用。

5 行政诉讼

道路运输经营者或者经营性道路运输驾驶员对于道路运输管理机构作出的行政处罚决定不服或认为行政机关和行政机关工作人员的具体行政行为侵犯其合法权益，有权向所在地人民法院提起行政诉讼。道路运输经营者或者经营性道路运输驾驶员不服复议决定的，可以在收到复议决定书之日起15日内向所在地人民法院提起行政诉讼。复议机关逾期不作决定的，申请人可以在复议期满之日起15日内向人民法院提起行政诉讼。道路运输经营者或者经营性道路运输驾驶员直接向人民法院提起行政诉讼的，应当在知道作出具体行政行为之日起3个月内提出。当事人不服人民法院第一审判决的，有权在判决书送达之日起15日内向上一级人民法院提起上诉。当事人不服人民法院第一审裁定的，有权在裁定书送达之日起10日内向上一级人民法院提起上诉。逾期不提起上诉的，人民法院的第一审判决或者裁定发生法律效力。

6 行政赔偿

道路运输经营者或者经营性道路运输驾驶员的合法权益受到行政机关或者行政机关工作人员作出的具体行政行为侵犯造成损害的，有权请求赔偿。赔偿请求人要求赔偿应当先向赔偿义务机关提出，也可以在申请行政复议和提起行政诉讼时一并提出。单独就损害赔偿提出请求的，应当先由行政机关解决，对行政机关的处理不服，可以向人民法院提起诉讼。赔偿义务机关应当自收到申请之日起两个月内给予赔偿；逾期不予赔偿或者赔偿请求人对赔偿数额有异议的，赔偿请求人可以自期限届满之日起3个月内向人民法院提起行政诉讼。请求国家赔偿的时效为两年，自国家机关及其工作人员行使职权时的行为被依法确认为违法之日起计算，但被羁押期间不计算在内。

本章主要考点

1.《中华人民共和国道路运输条例》有关内容

(1) 旅客运输经营基本规定;
(2) 货物运输经营基本规定;
(3) 运输相关业务经营基本规定;
(4) 国际道路运输经营基本规定;
(5) 执法监督行为规范;
(6) 法律责任。

2.《道路运输从业人员管理规定》、《道路旅客运输及客运站管理规定》、《道路货物运输及站场管理规定》有关内容

(1) 客运驾驶员从业基本条件;
(2) 客运驾驶员从业行为规定;
(3) 客运车辆管理的有关规定;
(4) 客运经营的有关规定;
(5) 货运驾驶员从业基本条件;
(6) 货运驾驶员从业行为规定;
(7) 货运车辆管理的有关规定;
(8) 货运经营的有关规定;
(9) 从业资格考试和认定;
(10) 从业资格证件管理的有关规定;
(11) 诚信考核和计分考核的有关规定;
(12) 法律责任。

第二章 职业道德与安全行车知识

一个合格的道路运输驾驶员，必须具备良好的职业道德，同时要掌握必备的安全行车知识。

职业道德是指从事一定职业的人们，在特定的职业生活中应遵守的行为规范和准则的总和。道路运输驾驶员的职业道德与社会影响、行车安全甚为密切，驾驶员作为道路运输活动群体中的一员，往往单独从事道路运输活动，独立地完成运输任务，具有点多、线长、操作独立性强、活动自由度大的特点，驾驶员的一时疏忽，便会造成人民生命财产的巨大损失，因此，驾驶员的职业道德观念尤其重要。

在道路上行车，会遇到各种危及行车安全的交通情况，驾驶员只有正确掌握并运用安全行车知识，才能大大减小在驾车中的风险，顺利完成运输任务。

第一节 职业道德规范

一 道路运输驾驶员的职业行为

道路运输驾驶员肩负着安全运输和保障道路畅通的重任，良好的职业道德必然会带来行车安全和较高的经济效益。道路运输驾驶员的职业道德具体体现在道路运输活动中的职业行为规范和准则等方面。

道路运输驾驶员职业行为要求如下：

(1) 持有效的行驶证、道路运输证、驾驶证和从业资格证驾驶道路运输车辆。

(2) 遵章守法，规范操作。

- 不得疲劳驾驶，连续驾驶车辆时间不得超过4h，24h内驾驶车辆时间累积不得超过8h；
- 不得超限超载运输；
- 不得超速行驶；
- 不得饮酒或醉酒后驾驶车辆；
- 不得服用国家管制的精神药品或麻醉药品驾驶车辆。

(3) 文明行车，依法经营，自觉加强职业道德修养，不断提高操作技术水平。

(4)遵守车辆维护和检测制度，认真做好车辆日常维护工作，确保行车安全和车辆技术状况良好。

(5)按规定完成抢险、救灾、战备、重点工程等运输任务。

二 道路运输驾驶员职业行为规范

在道路运输活动过程中，驾驶员的行为规范主要包括遵章守法、依法经营、诚实信用、公平竞争、优质服务、规范操作等几个方面。

1 遵章守法

在道路运输活动中，遵章守法是驾驶员职业道德的重要内容。它是由道路运输驾驶员的职业特点决定的，是道路运输基本规律的反映，也是道路运输职业活动能够正常进行的基本保证。

遵章守法，就是要遵守国家的有关法律、法规和规章，任何行为不得超出法律、法规和规章允许的范围。在运输过程中，保障乘客安全、货物完好无损地到达目的地，并确保自身和车辆安全。

与社会上其他职业相比，道路运输驾驶员的特殊性在于从事的活动与国家和人民生命财产安全息息相关。如果驾驶员缺乏工作责任心，造成旅客伤亡、货物破损和缺少，或发生其他意外伤害事故，不仅会给人们的家庭带来痛苦，经济造成损失，而且会产生很坏的社会影响和其他负面效应。因此，道路运输驾驶员应将遵章守法放在首位，加强法纪观念，确保行车安全，避免各类事故的发生。

遵章守法要做到以下几点：

(1)认真学习国家的有关法律、法规和政

策，熟知道路交通安全和道路运输方面的法律、法规，自觉遵守各项规章制度和安全操作规程，充分认识遵章守法的重要性。做到学法、知法、守法、用法。

(2)牢固树立法律意识，在严格守法的同时能够用法律、法规来保障自己的合法权益，解决纠纷。

(3)始终把人民群众的生命财产安全放在首位，树立“安全就是效益”的思想，不断提高安全驾驶操作技能，努力探索安全行车规律。

(4)培养良好的驾驶作风和职业习惯，加强自身修养和良好个性心理的养成，不开“违章车”、“英雄车”、“斗气车”；为了维护公共交通秩序，保障道路安全畅通，文明行车，做到“礼让三先”、“有理也让”。

2 依法经营

道路运输经营活动，直接关系乘客、货主的人身、财产安全，涉及到公共利益。道路运输经营者取得经营许可后，应当严格按照法定的条件和经营行为规范开展经营活动。只有经营行为合法，才能真正做到保证乘客、货主的人身、财产安全，维护公共利益。

依法经营，首先是应当依法取得道路运输经营资格，即经营主体应当合法。其次是按照法律、法规、规章和规范依法从事道路运输经营活动，即经营行为应当合法。

依法经营是道路运输经营者的基本权利和基本义务。道路运输经营者只有做到依法经营管理，才能成为真正的道路运输市场的主体，才能建立规范有序的道路运输市场秩序。

3 诚实信用

诚实信用是道路运输驾驶员必须具备的职业素质，在大力弘扬社会公德、职业道德的氛围下，诚实信用是经济交往中最可贵的理念，只有诚实信用，才能赢得客户的信任和社会的承认。诚实信用就是要求对乘客、货主保持善意，诚实、恪守信用，反对任何欺诈行为。

诚实信用要做到以下几点：

(1)树立信誉第一的意识，努力提高服务品质和运输质量，时刻为满足乘客、货主的需求着想，按承诺的要求进行道路运输。

(2)运输过程中，必须履行岗位职责，认真遵守客、货运输的各项规定，确保乘客和货物安全、及时、完好地到达。

(3)绝不允许投机取巧、弄虚作假、欺骗客户、变相索贿，侵害客户的正当权益，做到自重、自省、自励。

4 公平竞争

公平竞争就是要依照统一规则从事道路运输活动，通过提升自己的服务水平和管理理念等正当手段进行竞争，不使用暴力、强制手段和其他不符合法律、法规、规章、规范的手段限制、干扰和影响其他经营者，不利用自己的优势地位和不正当手段排挤其他经营者。

公平竞争应做到以下几点：

(1)通过改善服务的方式提高服务水平，文明、公开、公平、公正地参与竞争，确保运输市场的规范和健康发展。

(2)要在合法合理的前提下增强竞争意识，在运输活动中要敢为人先，努力提高运输效率，优化服务品质，增强竞争力。

(3)要有正确的价值观念，主动适应市场、占有市场，做到“童叟无欺，一视同仁，文明经营，优质服务”。

(4)不唯利是图，不欺行霸市，不刁难乘客和货主，不垄断、不封锁道路运输市场，不搞地方保护主义。

5 优质服务

道路运输业是通过客、货流动来实现产值和效益，服务性很强。创造一个文明、有序、健康的运输市场是市场经济的必然要求。优质服务就是遵循工作准则，根据乘客、货主的实际需求提供规范、安全、优质、及时的运输服务，满足广大乘客、货主日益增长、不断变化的运输需求，促进社会进步。

优质服务要做到以下几点：

(1)质量第一、顾客至上，努力提高服务品质，为乘客、货主的利益着想，服务热情、周到，真诚待人。

(2)运输过程中，履行岗位职责，认真遵守客、货运输的各项规定，确保乘客和货物安全、及时、完好地到达。

(3)按照社会责任和从事营运方式的不同要求，规范服务标准。保持车容整洁、车况良好，服务设施要齐全、有效。

(4) 树立"讲文明、树新风"的思想，客运驾驶员要使用规范语言，礼貌待客，货运驾驶员要爱护货物，出租车驾驶员要做到"微笑服务"、"拾金不昧"。

(5) 急他人所急，想他人所想，具有强烈的职业责任感和事业心，虚心向先进人物学习，把优质服务落实在行动上，出色地完成运输生产任务。

6 规范操作

道路运输驾驶员要确保行车安全，提高运输效率和经济效益，必须掌握过硬的安全驾驶技能和丰富的专业知识，严格遵守安全操作规程。增强自尊、自信、自强意识，勤奋学习专业知识，钻研安全操作技能，以便更好地履行岗位职责。

规范操作的要求是：

(1) 认真遵守道路安全法律、法规有关规定和道路运输驾驶员安全操作规范，不断提高自身的安全意识和行为。

(2) 切实做好出车前、行车中、收车后的日常维护和车辆检查，提前发现隐患，防患于未然，避免行车中发生事故。

(3) 行车中牢记谨慎驾驶的三条黄金原则：集中注意力、仔细观察和提前预防。

(4) 按照不同的交通环境、气象条件、车辆机械状况来选择行驶方式，不断地调整行车路线和行驶速度，以预防由于别人的不法行为或驾驶错误而导致交通事故。

第二节　安全驾驶基本知识

驾驶员驾驶车辆时，要通过视觉、听觉、触觉从交通环境中获得信息，经过大脑处理，作出判断，再支配手、脚操纵汽车，使汽车按驾驶员的意志在道路上行驶。驾驶员任务示意图如下：

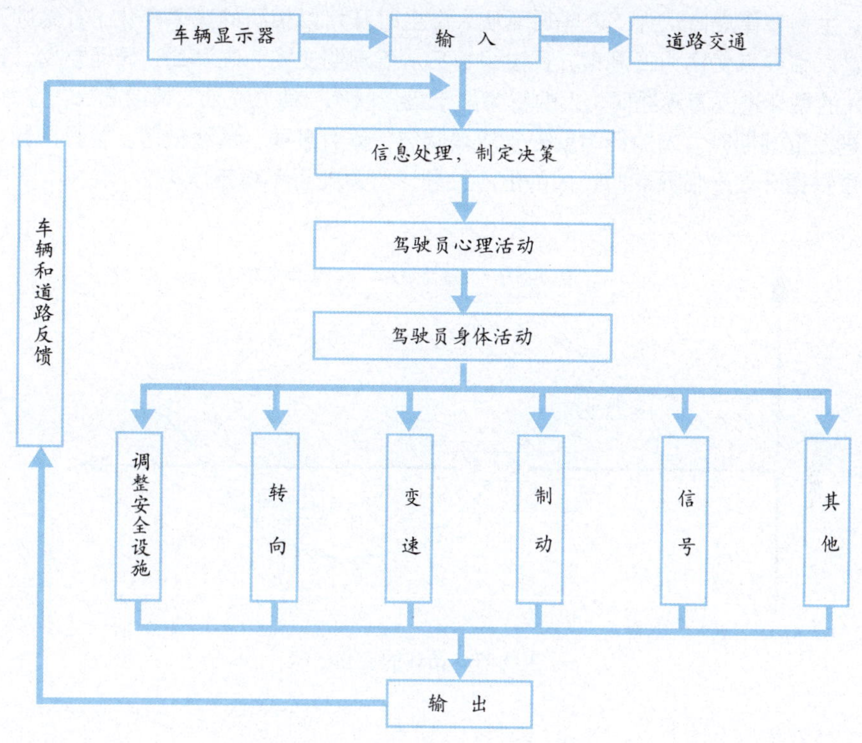

如果在信息搜集、处理判断和操作的某一环节上发生差错，就可能引起交通事故，所以，驾驶员的心理素质和生理状况对安全行车有着决定性影响。

一 心理学相关知识

人的心理就是人脑的机能，是人脑对客观现实的反映。心理学家研究表明：人的大脑两半球是人的心理器官，人的大脑受到损伤，其心理活动就会产生一定的障碍。人的心理是大脑产生的，无头脑的思维是不存在的。

心理机制是指人的整个神经系统。其中神经系统的高级中枢是大脑，是心理现象产生和发展的主要物质基础。中枢神经和周围神经活动的基本过程分为兴奋过程和抑制过程。所谓兴奋过程，就是神经细胞处于活跃状态，例如人在思考时。所谓抑制过程，就是神经细胞处于安静状态，例如人在睡眠时。

人的心理特征也就是人的心理活动。包括：需要、感知、记忆、注意、情感、思维、想象、性格、气质和意志等，而情感、思维、想象、性格、气质、意志是个性心理特征。这些都随着人的心理素质、社会经历和实践活动的不同而有所差异。

人体生物节律是指人体的生理——生物循环。生物学家已证明，人体内存在大约100多种循环，如脉搏、呼吸、体温、血压、睡眠等，准确地说，这些循环应当称为生物节律。心理学家经过长期的实验，提出了23天周期的体力循环、28天周期的情绪循环和33天周期的智力循环。生物节律理论认为，这些循环从人出生时开始以相同的速率变化，首先进入高潮期，然后进入临界点变换为低潮期，反过来，又从低潮期变换为高潮期，周而复始，直到生命终结。人的循环进入高潮期时，人的行为处于最佳状态，精力充沛、情绪高昂、智力开阔；人的循环进入低潮期时，人的行为就处于较差状态，体力衰弱，情绪低落，智力抑制；人的生理——生物循环处于临界点时，人的适应性差，行为处于不稳定状态。

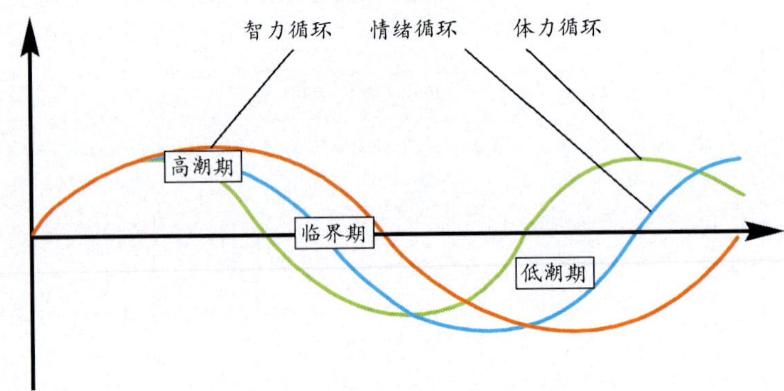

生物节律循环的变化

二　驾驶员心理因素

发生道路交通事故的主要因素有人、车、路和环境等，但人的因素是起决定性作用的，交通安全与驾驶员的心理活动有着密切的关系。不具备安全心理因素的驾驶员是不能保证行车安全的。驾驶员的心理因素是安全行车的决定因素。

1　驾驶员心理活动

道路交通安全与驾驶员的心理活动有着密切的联系。心理活动是指人们对客观事物的认识活动及人们对客观事物的态度。

驾驶员围绕交通安全而发生的心理活动，是他们整个心理活动的重要组成部分。多年的驾驶员心理研究和正反两个方面的经验教训证明，凡是做到安全行车的驾驶员，其心理活动一定是积极性的；凡是违章肇事的驾驶员，其心理活动必然是消极性的。只有充分利用和发挥驾驶员认识活动的积极心理，防止和纠正驾驶员的消极心理才能保证行车安全。

安全愉快行车，有效地控制情绪、情感，应该做到：

(1) 在心情舒畅时驾驶车辆。

(2) 驾驶车辆要心平气静，集中精力。

(3) 观察分析情况要灵敏果断，避免优柔寡断。

(4) 操作规范、迅速、敏捷、及时。

（5）行车过程中要谨慎驾驶、有预见性，切忌急躁情绪。

2 驾驶员的个性心理特征

个性心理特征是指在一个人身上经常、稳定地出现的心理特点。驾驶员的个性心理特征虽然离不开先天的自然素质（如驾驶员的适宜性），但在后天实践中的形成和发展也很重要。

驾驶员的个性心理特征对安全行车有直接的影响，良好的心理特征表现在行车中头脑清醒，判断迅速，反应迅速，操作敏捷，行动果断。良好的心理特征品质能够产生积极的增力作用，有利于交通安全，而不良的心理特征品质则会产生消极的减力作用。因此，驾驶车辆时只有保持良好的个性心理特征品质，才能保证行车安全。

3 驾驶员的个性差异

个性差异是人的个性表现，即每一个人都有与众不同的、显著的个性倾向性和信念等。驾驶员因年龄、性别、身高、性格、经验上的不同而存在着很大差异，这种差异对行车安全有不同的影响。

驾驶员只有根据自己的个性差异去正确地评价自己，适时地把握自己的弱点和不足，在实践中总结经验，不断地锻炼和提高自己，努力克服弱点，弥补不足，才能减少行为错误，最大限度地避免交通事故的发生。

三 驾驶员心理因素与安全驾驶的关系

1 驾驶员的情绪、情感与安全驾驶的关系

情绪、情感是人们对待客观事物的一种态度，反映主、客观之间的关系。当客观事物能满足人的需要，与人的主观愿望相吻合时，则人表现出满意、愉快、高兴、欢喜；反之，则表现出厌恶、愤怒、恐惧或悲哀，不同的情绪会给驾驶员在行车安全上带来不同的效果。

（1）情绪分为心境、激情、应激三种状态：

● 心境是人的情绪的一种状态，比较持久。客观环境制约着人的心境状态。家庭和睦、工作顺利、人际关系融洽都会带来良好的心境。人们在工作称心如意，家庭美满幸福时，会感到高兴；反之会悲观、萎靡不振，会减弱工作精力，对环境视觉、感觉失去控制，反应迟钝，忽视安全，极易导致交通事故。

●激情是人的情绪的一种状态。如“怒发冲冠”、“手舞足蹈”都是激情。积极的激情起增力作用，消极的激情起减力作用。一般来说，自尊心、妒忌心过强，意志薄弱的驾驶员容易产生消极的激情。克服和控制消极的情绪，是减少交通事故的重要因素，这需要驾驶员做到：一是增强道德和法制观念；二是认清消极情绪的危害性；三是善于转移注意力。驾驶员应把“制怒勿躁”作为座佑铭，经常告诫自己抑制愤怒和急躁，谨防不良的激情干扰心态和行为。

●应激是出乎意料的紧张情况所引起的情绪状态。驾驶员的应激状态有时会导致交通事故。驾驶员在突然遇到险情时，都会迅速做出决定，采取措施，这种情况下容易引起应激状态。驾驶员在应激状态下有可能作出不适当的反应，一般是在险情出现之前缺乏足够的思想准备引起的，人在毫无思想准备的情况下遇到险情，必然会引起应激情绪，因此，驾驶员遇到险情时，最关键的是要沉着果断，处变不惊，采取相应的对策，才能化险为夷，转危为安。

(2) 情感包括道德感、理智感和美感。驾驶员有无高尚的道德感，直接关系到交通安全，具有良好道德感的驾驶员能够认识安全行车是自己对他人、对社会、对国家应尽的责任和义务，能够自觉维护社会公德和纠正有碍公德的行为。而那些缺乏道德感的驾驶员往往成为违章的肇事者。此外，理智感和美感在交通安全工作中也具有重要作用。

(3) 驾驶员在满意、愉快、高兴、欢喜时，反应灵敏度提高，行车中精力充沛、精神集中、观察分析情况灵敏果断，操作迅速、敏捷、及时，这是一种增力，对行车安全是一种保证。反之，汽车驾驶员在厌恶、愤怒、恐惧或悲哀等不良情绪时，感受能力降低，精力分散，无精打采，反应迟钝，操作迟缓，时有失误，这是一种减力，对行车安全是一种潜在威胁。

驾驶员要控制情绪、情感，保证行车安全，必须做到：

●驾驶车辆要有效地控制自己的情绪和情感，保持心情舒畅，不在有思想包袱、心境沮丧、闹情绪时驾驶车辆；

●遇到烦恼、愤怒、反感、忧愁或悲哀等情绪时，要努力控制自己，平静心境。

切记：忍一忍，风平浪静；让一让，海阔天空。

2 驾驶员的性格与安全驾驶的关系

性格是指一个人对现实的稳固态度和习惯化了的行为方式所表现出来的个性心理特征。性格是人的个性心理特征，是区别人与人之间的差异的主要标志之一。人的性格各异。不同性格的人，处理问题的方式和效果不同。

性格与安全行车有着极为密切的关系，驾驶员的优良性格是安全行车的重要条件，每一个驾驶员，只要加强学习，注意思想修养，在实践中善于总结经验，不断锻炼和提高自己的安全意识和职业道德行为，都可以养成优良的性格。

一般来说，态度严肃认真，凡事细心周到的人，驾驶车辆时表现为小心谨慎，安全意识强，处理情况有预见，有准备、有措施，行车安全；粗心大意，处事马马虎虎，遇事优柔寡断，行动迟缓的人，驾驶车辆时，一旦发生突然情况则表现为惊慌失措，手脚忙乱，往往会造成操作或判断失误。

性格不同的人对行车安全有着直接的影响。多事故驾驶员一般是：事业心不强，安全意识差，工作不负责任，不关心他人，易冲动蛮干，性格粗暴或优柔寡断，情绪不定等。

驾驶员优良性格的主要表现：

(1) 遵章守法，热爱本职工作，安全意识强，有高度的社会责任感；

(2) 始终牢记谨慎驾驶的三条黄金原则：集中注意力、仔细观察和提前预防；

(3) 自觉遵守道路交通法律法规，文明行车、安全礼让、平安出行；

(4) 爱护车辆，钻研技术，规范操作，注意节约，做好车辆检查、维护，保持车辆技术状况良好，性能可靠，不驾驶带病车上路。

(5) 行车中情绪稳定，遇事冷静，自制力强，不冲动，不急躁，不开“斗气车”、“英雄车”。

3 驾驶员的气质与安全驾驶的关系

气质是一个人由先天性所决定的心理特征。它决定心理过程的速度、稳定和心理活动的强度、指向性。心理学家把气质分为多血质、胆汁质、粘液质和抑郁质四种类型。

气质类型	特　点	驾驶车辆时的具体表现
多血质	活泼、好动、情感外倾	胆大心细、机动灵活，对道路条件适应快，应变能力强；但注意力容易转移，耐久力较差
胆汁质	精力充沛、行动敏捷，反应迅速，兴奋，直爽胆大，易激动、急躁、鲁莽、傲慢	胆大气粗，反应迅速敏捷，精力旺盛；但往往好强争胜，超速行车，强行超车，争道抢行等
粘液质	安静、稳重、情感深，反应缓慢而持久，动作迟缓而不灵活，沉默寡言、内向	四平八稳，遵章守纪，不急躁不冒火；但在突然情况面前应变能力差、反应迟钝
抑郁质	行动迟缓，情感深沉、孤僻，感情脆弱、内向，忧郁伤感，在困难的局面下优柔寡断	处理情况犹豫不决，遇到危险心慌失措，面临危险情势时感到极度恐惧；但细心、谨慎、尽职、遵章守纪，体验深刻，善于观察

人的气质由高级神经活动的类型所决定。由于高级神经活动类型是可变的，所以人的气质也是可变的。气质类型无好坏之分，任何一种气质都有积极一面和消极一面。了解驾驶员气质和驾驶能力之间的关系，可使驾驶员根据自己的气质特点有针对性地改造自己不利于安全驾驶的心理特征。

驾驶员经常在复杂的道路环境中行车，应自觉控制情绪，确保行车安全。概括地说，驾驶员应具备的气质是：谨慎尽职，遵章守纪，精力充沛，情绪稳定，观察仔细，动作敏捷，反应迅速，胆大心细，沉着冷静；切忌激动、急躁、固执、鲁莽、傲慢。

4 驾驶员的意志与安全驾驶的关系

意志是自觉地确定目的，根据目的支配和调节自己的行动，从而实现预定目的的心理过程。例如，驾驶员为了达到安全行车的目的，充分发挥自己的智力和体力，克服车辆行驶中的各种困难，处理好复杂的道路环境情况，这些有目的克服困难的心理过程，就是驾驶员的意志表现。

驾驶员应有的基本意志品质为：

（1）自觉性。自觉性是指一个人在行动中具有明确的目的性，并充分认识行动的社会意义，使自己的行动服从于社会的要求方面的品质。驾驶员明确自己行动的目的，充分认识这一行动的社会意义，就能意志坚决，坚持原则，自觉遵守法律法规，文明礼让，安全行车。与意志自觉性相反的品质是盲目性，有人常常把不惧生死、冒险蛮干与意志坚强混为一谈。其实，真正的意志坚强是根据事物的客观规律来确定自己的目的和行为。随心所欲，冒险蛮干，实质上却是意志薄弱的一种表现。

（2）果断性。果断性是指一种明确是非，迅速而合理地采取行动并实现所作决定的品质。果断的驾驶员，能全面而深刻地考虑行动的目的以及达到目的的方法，懂得所作决定的重要性及可能产生的后果。在危急情况下摆脱任何杂念，坚决地采纳一个目的及一种实现目的的方法。在关键时刻和紧急关头，能果断地把方便和安全让给他人，把困难和危险留给自己。

（3）自制性。自制性是指一个人在意志行动中，善于控制自己的情绪，约束自己的言行方面的品质。自制力强的驾驶员行车中善于控制和约束自己，克服不良倾向，不急、不躁、不斗气，始终保持良好的心境，安全驾驶车辆。

（4）坚持性。坚持性是指执行决定中长期保持充沛的精力，顽强地克服困难坚持到底的品质。驾驶员必须以饱满的情绪、充沛的精力驾驶车辆，特别是长时间驾驶后或遇到气候变化、道路艰难、交通繁忙时，始终保持克服困难的毅力和信心，保证行车安全。

5 驾驶员的注意与安全驾驶的关系

注意是指心理活动对一定对象的指向和集中。车辆行驶中，驾驶员心理活动有选择地指向和保持集中于一定的道路交通信息，经过大脑识别、判断、抉择后采取正确的驾驶操作，保障行车安全，所以注意是行车安全的一个重要心理因素。

注意是驾驶员心理活动处于积极状态的表现。对驾驶员来说，重要的不是看见道路上的交通情况，而是要了解所看见的道路交通情况。不注意的驾驶员，其特点是不大关心道路和周围的情况，而牵挂于其他事物，可能看见危险情况，而不理解它的状态。不注意是采取错误决定的原因，也是导致交通事故的原因之一。

驾驶员应有合理分配注意的能力，以便同时接受几个信息，同时完成几个动作。经验证明，同一视线可容纳4～6个目标，但驾驶员分配于各个目标上的注意量是不同的，它受外部的环境需要和内部的动机所影响，通常分配的注意量取决于道路环境。注意的灵活程度对驾驶员来说很重要，依靠注意的灵活性，驾驶员把注意从一个目标转移到另一个目标，从各种现象的总体中，分辨出最本质的、最首要的信息，交通安全取决于这种能力。

驾驶员在道路上行车时，应注意与道路有关的因素，如道路的各组成部分（弯道、交叉口、标志）和路边环境；注意与交通有关的因素，如其他车辆、非机动车和行人等；不必注意与交通无关的因素，如引人注目的建筑物、景观等。

四 驾驶员生理状况对安全驾驶的影响

1 视觉特性对安全驾驶的影响

一般来说，行车中90%左右的有效信息是靠视觉获得的，所以视觉特性对安全行车有重大影响。

(1) 在行车中，驾驶员的视力要比静止时差，而且随着车速的提高，驾驶员眼睛的有效视野会越来越狭窄。

(2) 在黄昏和夜间，物体明暗对比度低，驾驶员视力明显降低，对安全行车也有重要影响。

(3) 驾驶车辆由明处驶入暗处或由暗处驶入明处，眼睛对光线的强弱变化都有一个适应过程。

(4）有眼疾或视力障碍时，观察范围会受到影响，甚至产生各种错觉，影响行车安全。

2 疲劳对安全驾驶的影响

当驾驶员长时间驾车或者从事其他劳动体力消耗过大或睡眠不足，容易产生疲劳，以致行车中困倦瞌睡，注意力不集中，判断能力下降，易发生交通事故。

3 饮酒对安全驾驶的影响

驾驶员饮酒会影响中枢神经系统，导致注意力、记忆力、判断能力下降，容易发生交通事故。饮酒过量，会严重影响行车安全，极易发生交通事故。

4 疾病、药物对安全驾驶的影响

(1）驾驶员在病态下开车，注意力和反应力会大大降低，动作不协调，准确性和速度也会下降，会增加发生交通事故的可能性。

(2）服用对神经系统有影响的药物，如催眠药物、止痛药物、治疗高血压的药物后，会使驾驶员反应迟钝，注意力降低，容易发生交通事故。

五 事故倾向性与驾驶适宜性

1 事故倾向性

事故倾向性，是指在相同危险程度下工作的人群中，事故总集中地发生在少数人身上的现象。由于驾驶员的个性差异，导致了道路交通事故倾向性的存在，而这种事故倾向性仅仅存在于少数驾驶员身上，国内外的大量统计数据也证明了这一现象。

事故倾向性的存在，说明不是所有的人都能适应从事道路运输驾驶员工作，而是一部分人适宜道路运输驾驶员工作，而少部分人不适宜道路运输驾驶员工作。如果具有事故倾向性的人从事道路运输驾驶员工作，其发生事故的概率就很大，势必会成为事故多发者。

2 驾驶适宜性

驾驶适宜性，就是指人具有能完成汽车驾驶工作所必备的基本素质。驾驶员的素质包括先天素质和后天学习的技能。先天素质主要是指心理、生理素质。先天素质与后天学习的技能，二者相对稳定又相互弥补。实际上造成驾驶技能差异主要取决于先天素质，即心理、生理状态。所以驾驶适宜性主要与心理、生理素质有关。

六 安全与谨慎驾驶知识

安全与谨慎驾驶，是保障运输安全的前提，驾驶员在行车中，要严格遵守有关规定，时刻不忘行车安全，谨慎驾驶，才能确保运输任务的完成。

(1) 根据道路、交通和天气情况适时调整行车速度，不得超过限速标志、标线标明的速度。前方道路转弯或有急弯时，应该提前合理地控制行驶速度。

(2) 一般道路行车中，遇前方有同向行驶车辆时，应合理控制速度，保持安全距离跟车行驶，尽量不超车或避免超车。

(3) 超车应严格遵守有关规定，在确认能安全超越的情况下，从前车的左侧超越，驶回原车道时与被超车保持必要的安全距离，不能强行超车。

(4) 夜间行车前应检查所有的车灯和镜面，确保车灯正常和镜面整洁。夜间行车，车速超过30km/h使用远光灯；车速在30km/h以内，可使用近光灯。

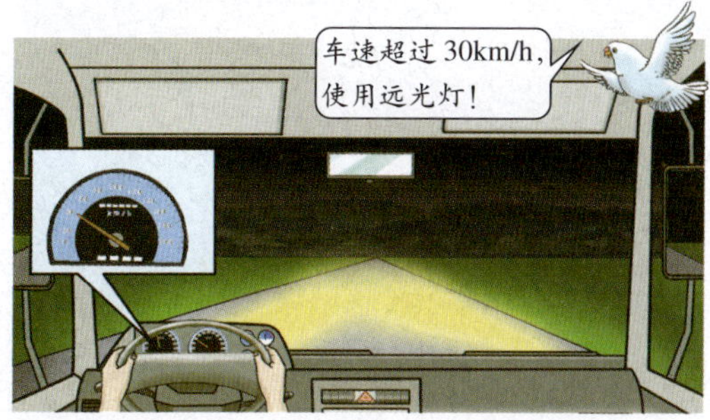

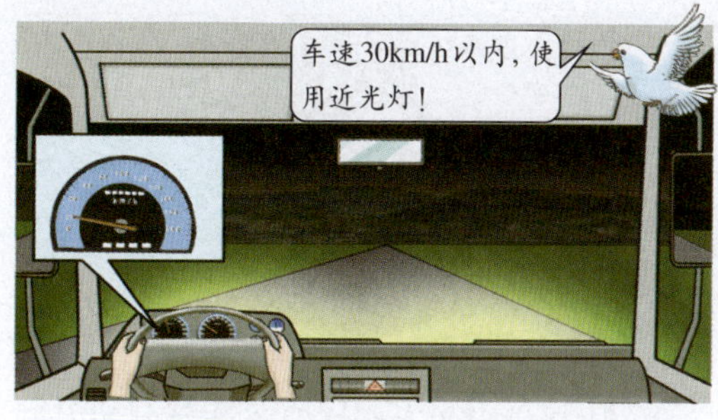

(5) 夜间会车前，在较远处配合对方车辆变换远、近光灯观察前方情况；当距对向来车150m以外时，及时改用近光灯；不要直视迎面来车发出的强光。

(6) 通过桥梁时，应及时降低行驶速度，注意桥头附近的交通标志或提示，严格遵守通行规定，尽量避免在窄桥上换挡、制动、会车和停车。

(7) 进入隧道、涵洞前，应注意交通标志和用文字说明的规定，重点确认车辆高度是否在规定的范围之内；进出隧道、涵洞时，不要加速行驶；隧道、涵洞内不准停车。

（8）山区道路驾驶应随时注意制动器的工作效能，气压制动的车辆要经常观察气压表读数；液压制动的车辆要防止“气阻”，感到踏板“软弱”时，及时停车检查。

（9）冰雪道路行车，必须安装防滑链，严格遵守速度规定，选择安全的行驶路线，尽量利用发动机的制动作用控制车速或减速，需要用行车制动器减速时，应采用间歇制动。

（10）在冰雪路上会车时，必须选择安全的地方低速交会，必要时可在较宽的地段停车让行后再继续行驶。

（11）严寒天气需长时间停放车辆，应选择无冰雪的路面或清除车轮下的冰雪，以免轮胎与地面冻结在一起，影响安全起步。

（12）炎热天气行车要注意防止发动机过热，应随时注意水温表读数，一般不超过95℃，如温度过高，要及时选择阴凉处停车降温，可掀起发动机罩通风散热。

（13）冷却液因发动机过热或缺水沸腾时，不可马上打开散热器盖，待温度降低后，再用棉纱或手套垫着打开散热器盖，防止冷却水沸腾烫伤手和脸。

第二节　疲劳驾驶的危害

驾驶疲劳是指驾驶员在长时间连续行车后，产生心理机能和生理机能的失调，而在客观上出现驾驶技能下降的现象。驾驶疲劳会影响到驾驶员的注意、感觉、知觉、思维、判断、意志、决定和运动等诸方面，是导致交通事故的重要原因之一。

事故案例

2005年11月14日5时40分，山西长治市沁源县郭道镇汾（阳）屯（留）省道上发生了一起特大交通事故。沁源县第二中学900多名学生在公路上跑操后调头转弯返校时，一辆东风带挂货车横冲直撞碾轧过来，造成21名师生死亡，另有18人受伤。据调查，事故原因为驾驶员疲劳驾驶。

一　驾驶疲劳的表征

1 肌体疲劳

驾驶时，驾驶员的脉搏和心律增高。这主要是由于心脏活动加快，同时肌肉活动的耗氧量增加的缘故。

姿势不正确或以固定姿势持续时间过久，虽用力不大，也会出现疲劳现象。这是由于肌肉的活动，引起血管的收缩和舒张，从而促进血液的流动，一旦血管处于缓慢的收缩和弛张状态，血液流通不畅，致使血液中的废物滞留在肌肉中，使驾驶员感到疲劳。

2 精神疲劳

简单、呆板的驾驶操作抑制了血压、呼吸和心律的正常状态，使脑部供血不足，也会导致精神疲劳。

复杂多变的交通环境使驾驶员一直处于紧张状态，遇到危险情况，更使驾驶员处于极度紧张状态。过度紧张和连续紧张必然导致精神疲劳。

3 脊椎疲劳

驾驶员常会出现腰酸、腰痛。这主要由于座椅不合适或坐姿不正确引起的脊椎疲劳反应。久而久之，椎间盘受损，还会造成腰病。

4 眼部疲劳

驾驶员连续驾驶时间过长或睡眠不足时，常会出现眼部肌肉松弛，眼球转动减少，眨眼频繁，甚至出现颤动、视像重影，这就是眼部疲劳的反应。

5 驾驶疲劳的外表征兆

不同疲劳程度的征兆

程度	表征
轻微疲劳	精神疲劳，频频打哈欠；眼部疲劳，眼皮沉重；肌肉疲劳；换挡不及时、不准确
中度疲劳	眼睛发涩，有疼痛感；口干舌燥；瞌睡，走神；全身发热；脊椎疲劳，腰酸背痛；动作呆板，有时忘记操作
重度疲劳	出现瞬间意识模糊；神志不清，昏昏欲睡，时有睡着突然醒来的感觉；心跳加快；视像出现重影；浑身发颤，出冷汗；下意识的操作行为

二 驾驶疲劳形成的原因

驾驶活动是一项复杂的技术活动，不同于一般的体力劳动，兼有强度很大的脑力劳动。在驾驶过程中，需要注意的方面很多，由于车速快，车辆行人多，交通情况错综复杂，既要眼看耳听，又要手脚并用；操纵转向盘、离合器踏板、制动踏板和加速踏板时，几乎全身的主要感觉器官和运动器官都在频繁地动作，复杂和紧张程度高，极易引起疲劳。

驾驶环境的优劣，对驾驶疲劳的影响很大。环境好则可减缓疲劳、减轻疲劳；反之，环境差，会增加驾驶员的生理和心理负担，则会加快疲劳，增加疲劳。

1 生活原因

（1）睡眠质量：就寝过晚，睡眠时间太少；睡眠效果差；嘈杂的环境不能保证熟睡。

（2）生活环境：居住地离工作地点过远；家务事过多或夫妻不和睦；社交太广，参加文娱活动时间太长。

2 工作环境原因

（1）车外环境：行车时段在午后、傍晚、凌晨、深夜；遇风沙、雨、雾、雪天气；行驶在连续弯道、大坡度及路面状况不良的路段；在繁华街道、山地行车；混合交通或交通拥挤、堵塞；安全设施不完备。

（2）车内环境：空气质量差，通风不良；温度过低、过高；湿度过大；噪声和振动严重；仪表和操纵机件设计、安装不合理；座椅调整不当或设计不合理；与同车人关系紧张。

（3）运行条件：长时间、长距离行车；不留余地地限制到达时间；车速过快或过慢。

3 驾驶员素质原因

（1）身体状况：体力、耐久力差；视、听能力下降；体力弱或患有某种慢性疾病；服用驾驶忌用药物。

（2）驾驶经历：技术水平低、操作生疏；驾驶时间短、经验少；安全意识差。

（3）性别条件：女性生理特殊时期（经期、孕期）。

（4）性格、气质条件：粗心、急躁、易冲动。

三 驾驶疲劳的预防和改善

1 驾驶疲劳的预防

预防驾驶疲劳是保证行车安全的最有效途径，当已经感到疲劳再去改善，就不如做好预防效果更好。预防驾驶疲劳可采取以下措施：

（1）保证足够的睡眠时间和良好的睡眠效果：

- 养成按时就寝和良好的睡眠姿势；
- 每天保持7～8h的睡眠；
- 睡前1.5～2h内不饮食；
- 睡前1h内不多饮水、不进行过度脑力工作；
- 卧室内保持通风、清洁，床不宜太软，被子不要过重、过暖，枕头不宜过高。

（2）养成良好的饮食习惯，提高体质：

- 选择易消化、营养价值高的食品；
- 多吃含维生素A、C、Bl、B2的食物，可以防止眼睛干燥、疲劳、夜盲症的发生；
- 多吃纤维性食物，可以增强胃、肠的蠕动，防止便秘和痔疮；
- 多吃含钙量较高的食物，可以减轻驾驶中的焦虑和烦燥感；
- 饭量以七八成饱为好，勿暴饮暴食；
- 每餐间隔以5～6h为宜，尽量做到定时就餐，切忌饱一顿，饥一顿；
- 饮食应细软，不要狼吞虎咽，也不要只吃干食，适量喝汤有助消化。

（3）科学合理地安排行车计划，注意劳逸结合：

- 科学合理地安排行车时间和计划，注意行车途中的休息；
- 连续驾驶时间不得超过4h，连续行车4h，必须停车休息20min以上；
- 夜间长时间行车，应由2人轮流驾驶，交替休息，每人驾驶时间应在2～4h之间。

（4）注意合理地安排自己的生活：

- 每周有5天或更多天，每天进行至少30min中等强度的身体运动；
- 骑车和散步是进行身体锻炼的最佳方式，以增强身体健康；
- 工作压力大时，进行短距离的散步，以促进血液循环和肌肉运动；
- 通过更积极的生活方式和更健康的饮食，控制或保持一个健康的体重。

（5）合理应用生物节律，尽量避开低潮期驾驶车辆。

2 改善驾驶疲劳的方法

当开始感到困倦时，切忌继续驾驶车辆，应迅速停车，采取有效措施，适时地减轻和改善疲劳程度，恢复清醒。可参照以下方法：

（1）休息或小睡，可缓解困倦，解除疲劳。

（2）驾驶车辆时，时常进行深呼吸和调整坐姿，以免因长时间保持固定姿势，而阻碍血液循环引起疲劳。

（3）用清凉空气或冷水刺激面部，喝一杯热茶或热咖啡，可迅速恢复清醒。

（4）吃、喝一些酸或辣的食品，可恢复清醒。

（5）到驾驶室外活动肢体，呼吸新鲜空气，进行刺激，可促使精神兴奋。

（6）收听轻音乐或将音响适当调大，促使精神兴奋。

（7）作弯腰动作，进行深呼吸，使大脑尽快得到氧气和血液补充，促使大脑兴奋。

（8）用双手以适当的力度拍打头部，疏通头部经络和血管，加快人体气血循环，促进新陈代谢和大脑兴奋。

切记：因为任何方法只能是暂时地改善驾驶疲劳，不能从根本上解决疲劳，唯有睡眠才是预防驾驶疲劳和恢复清醒的最可靠、最有效的方法。

第四节　高速公路安全行车

高速公路，是指经国家公路主管部门验收认定，符合高速公路工程技术标准，并设置完善的交通安全管理设施和服务设施，专供设计车速在70 km/h以上的机动车高速行驶的专用公路。

高速公路不同于普通道路之处在于被设计成行驶速度更快、更为安全的公路。高速公路克服了普通道路交通的弱点，采用全封闭、多车道、中央分隔带、全立体交叉、集中管理、控制出入，设有各种必要的标志、信号及照明设备，多种安全服务设施配套齐全，从而为车辆快速、安全、舒适、连续运行和提高运输量提供了更有利的条件。

一　高速公路的特点

1　全封闭、设有固定的出入口

（1）整个路段用金属或其他材料为屏障，使其与外界全部隔离，并设有固定的出入口，机动车只能从出入口进出高速公路。入口处设有加速车道，出口处设有减速车道。

（2）全路段与其他道路、铁路交叉处全部采取立体交叉，从而排除了来自横向、纵向以及其他通行者带来的干扰。

2　车道多、通行能力大，设有中央分隔带

（1）设计路面宽、车道多（每侧至少有两条以上车道），达到一定行驶速度的机动车只能在规定的车道内同向行驶。

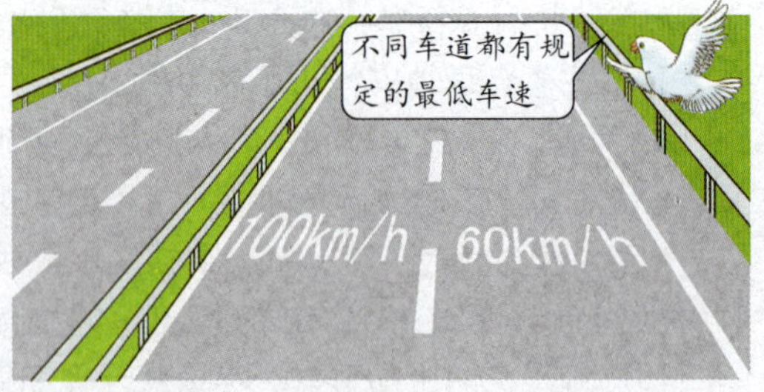

（2）有中央分隔带将上下行驶的车道完全隔离，严格分向行驶。

（3）路面可容车流量大、通行能力强。

3　行驶速度高、行车安全性好

我国法律法规规定，高速公路标明的车

道行驶速度，最高车速不得超过120km/h，最低车速不得低于60km/h；设计最高车速低于70km/h的机动车，不得进入高速公路。

（1）限制低速车驶入，缩小了行驶车辆之间的速度差，减少了超车次数和不必要的减速、加速、停车等，提高了车辆的行驶速度。

（2）高速公路安装了一系列安全防护设施，道路两侧设有钢板防撞护栏和柱式护栏，路基两侧设有隔离栅，设有醒目交通标志和路面标线等，从而为行车安全提供了保障。

（3）中央分隔带上装有防眩目设施，能有效地防止夜间行车时对向车辆的灯光对驾驶员造成的眩目。

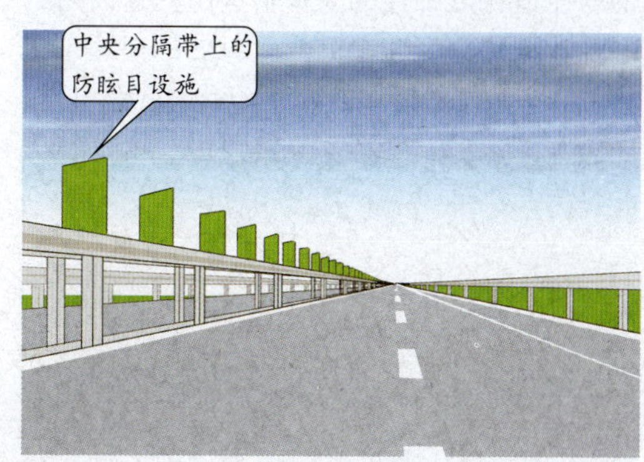

4 功能齐全的服务设施

高速公路设有较完善的食宿、休息、娱乐、信息传递、车辆维修、加油站、救助等综合服务设施，为车辆高速运行提供了物资供应、信息和技术上的保障。

二 高速公路的交通设施

1 匝道

匝道是一般道路与高速公路或高速公路之间的连接通道，主要供机动车左转弯或右转弯进入相交道路时使用，匝道与主线的交点称为匝道的终点。

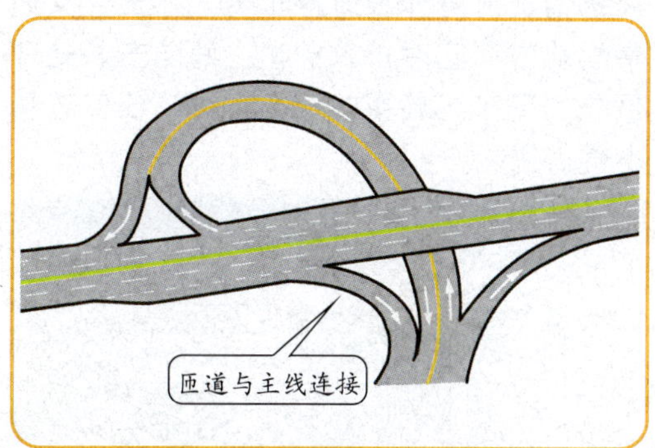

2 出入口

高速公路设有固定的专供机动车进出的出入口；由高速公路驶出进入匝道的路口称为出口；由匝道驶入高速公路的路口称为入口。

3 变速车道

在高速公路进出口附近、主线右侧增设的与匝道终点相连的为车辆进出变速而用的附加车道称为变速车道。入口处的变速车道为加速车道，出口处的变速车道为减速车道。

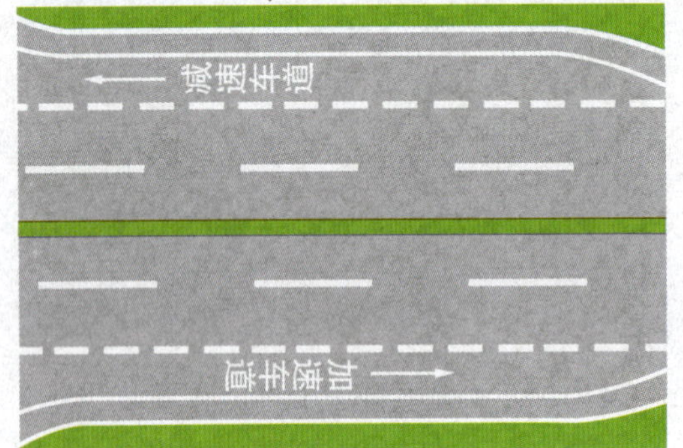

4 中央分隔带

高速公路中央设有一条绿化带或隔离带，将高速公路分割成上下两个方向的车道，其作用是为了分隔对向行车、防止对向车辆碰撞、减轻夜间对向车灯光的眩目影响、清晰显示内侧路缘、防止行驶车辆任意转弯或掉头等。

高速公路每隔一段距离留有缺口，供高速公路巡逻车、救护车、急救工程车、处理肇事的警车等应急情况时使用，其他一切车辆未经许可严禁使用此缺口。

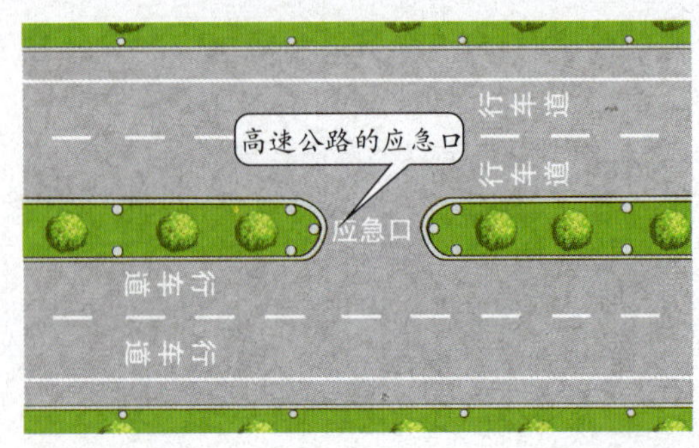

5 行车道

行车道是高速公路中央分隔带两侧的上行和下行车道，每侧的行车道又分为两条或两条以上的车道。

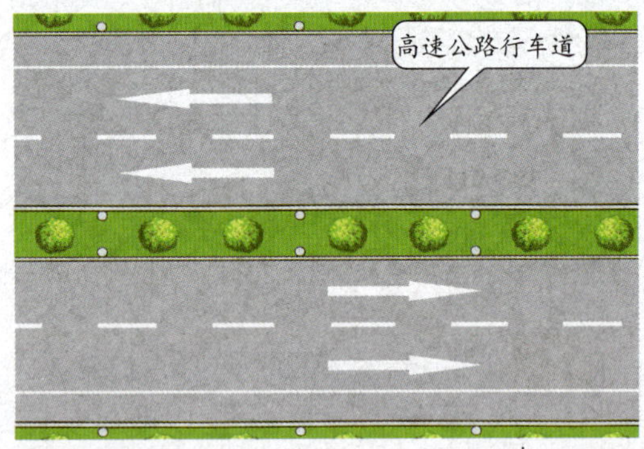

6 路肩

路肩是路幅的一部分，位于行车道最右侧至路基边缘的地带，起着保护路面、排水、增进高速行车安全和舒适性等作用，遇紧急情况时可作临时停车用；在发生交通事故前方堵塞时供救护车、消防车和处理事故的警车赶赴事故现场之用，任何车辆不得占用。

7 防护栏

在高速公路的两侧路边和中央分隔带设有用钢板等材料制成的防护栏，可防止车辆驶出高速公路或闯入对向车道，减轻车辆失控等意外事故对乘员的伤害及对车辆的破坏。

8 紧急停车带

每隔一段距离，在道路的右侧加宽路幅，或留一定宽度和长度的路面，专供紧急停车用；有的设在弯道处，供车辆在转弯时因车辆失控或故障不能按正常路线行驶时紧急停车或应急用。

9 紧急电话

在高速公路上每隔500m或1000m设置一部紧急电话，专用于报告交通事故、紧急情况和传递救援信息。紧急电话分为语音电话和按钮电话。

语音电话与普通电话相同，可通过拨号接通或直接通话来传递声音，与控制中心联系或报警；按钮电话上的按钮分别代表不同的事故或故障，只要根据情况按下相应的按钮，控制中心或附近的巡逻车就会接到信号。

10 爬坡车道

在高速公路坡道较长或坡度较陡的路段，为保持车流的稳定性，提高道路通行能力，设有专供速度较慢的载货汽车、大客车等使用的爬坡车道。

11 立体交叉

高速公路上的路口全部采取立体交叉，消除了左转弯，从而避免了交通堵塞和交通冲突，缩短了行车时间，提高了道路通行能力，更能保障行车安全。

12 生活服务区

为了保障高速公路的行车安全，给驾驶员以及乘客提供生活便利，尽快消除旅途疲劳，高速公路沿线每隔一段距离设置了包括公厕、加油站、维修所、餐饮部、小卖部、休息处和停车场等生活服务区。

三 驶入高速公路前的准备及检查

1 驶入高速公路前的准备

为了确保高速公路上的行车安全，即便是有丰富的高速公路驾驶经验，也须在驾驶车辆驶入高速公路前做好以下准备工作：

(1) 要熟知高速公路的有关法律、法规和规定，掌握高速公路的安全行车方法。

(2) 制定合理的行车计划，根据任务内容确定行车时间、起止点、路线及休息地点等，同时还要注意气象预报和高速公路预报，做到心中有数。

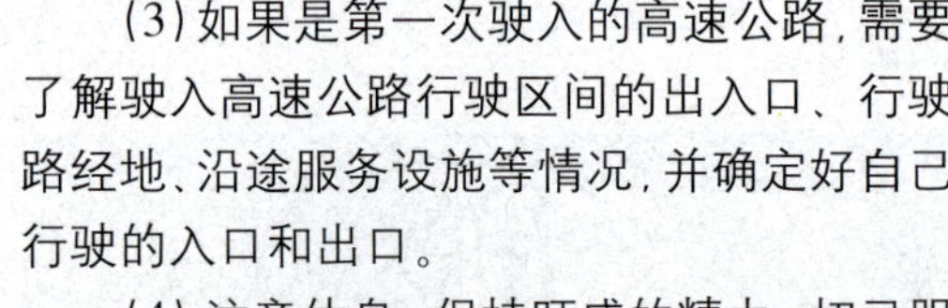

(3) 如果是第一次驶入的高速公路，需要了解驶入高速公路行驶区间的出入口、行驶路经地、沿途服务设施等情况，并确定好自己行驶的入口和出口。

(4) 注意休息，保持旺盛的精力；切忌服用含镇静剂、催眠剂或兴奋剂的药物。

(5) 带齐途中需要的工具、用具、生活用品等，尤其是故障警告标志牌、灭火器、手电筒等必备用品是不能忘记的。

2 驶入高速公路前的车辆检查

车辆在高速公路行驶时，由于较高的速度和较长的距离增加了发生机械故障的可能性，因机械故障造成事故的后果和损失要比普通道路严重的多。因此，应该在驶入高速公路前对车辆进行必要的检查。

检查项目及要求

部位	项 目	要 求
驾驶室内	燃油表	燃油至少能保证行驶到下一个加油站，避免在服务区之间耗尽
	电流表	工作正常，符合标准
	水温表	指示准确，正常行驶时水温应保持在80～90℃之间
	气压表	（气制动车辆）显示正常，指针读数应达到正常行驶气压
	指示灯	都能够正常地工作
	照明灯	都能够正常地工作
	转向盘	自由行程符合要求，操纵灵活、可靠，无松动
	安全带	能按需要进行正常调整，无脱落、松弛、损坏处
	后视镜	镜面洁净，位置正确，能够清晰地反射出后方的映像
	制动踏板	自由行程符合规定值，且有效、可靠，能保证安全地停车
	加速踏板	灵活、无卡滞，能保证顺利地加速或减速

部位	项目	要求
驾驶室内	离合器踏板	能使离合器分离彻底，接合平顺
	变速杆	能自如的进行变换挡位的操作
	驻车制动器	自由行程符合标准，能顺利地拉紧和松开，且可靠、有效
	百叶窗拉杆	拉动灵活，能有效地调整百叶窗
	喇叭	按钮正常，声音符合要求
	刮水器	工作正常，喷嘴无堵塞，清洗液充足
	开关	电源总开关、点火开关、转向灯及其他灯光开关都正常
	车门	关闭严密，门锁锁止可靠
发动机舱	润滑油	液面高度在规定范围内
	冷却液	保持充足，液面高度在规定范围内
	散热器	散热器盖可靠、有效，散热器、水管及各连接处无漏水现象
	风扇皮带	张紧度符合标准，且无损伤
	蓄电池	电解液面高度符合标准，接线柱及连线清洁、牢固
	空气压缩机	气制动装置车辆的空气压缩机须工作正常、皮带无松弛或损伤
	制动液	（液压制动车辆）应充足
车外部	轮胎	工况良好，且压力正常，无异常损伤；备用轮胎应能随时使用
	灯光装置	各种灯光工作正常，玻璃罩无污物和损坏
	后视镜	车内、外后视镜位置正确，映像清晰
	货物	所有货物都符合高速公路行车和装载规定、安全保险
	其他	车辆底部无油或水渗漏现象；车辆减振器高度符合要求

四 安全驶入高速公路

在收费口交费或取卡后，就具备了在高速公路行驶的资格，车辆必须按照高速公路的有关规定和要求行驶。

1 匝道行驶

高速公路的入口大多采用立体交叉形式，一般有两条不同方向的匝道，如果不注意指路标志，往往会驶错方向。

(1) 选择匝道时，应注意观察路标，根据指路标志确定自己目的地的行驶方向，确定进入的匝道，一旦行驶错了方向就不会再有退路。

(2) 确定行驶的匝道后，及时驶入并尽快提高车速，但不能将匝道当成加速车道，应严格按标志规定的速度行驶；前方有行驶的车

辆时，要保持足够的安全间距。

（3）有弯道和坡道的匝道一般都要限制速度，应注意警告标志，按标志规定的速度行驶。

特别提示

千万不要在匝道上超车、停车、掉头、倒车，这些做法都有可能造成交通事故。

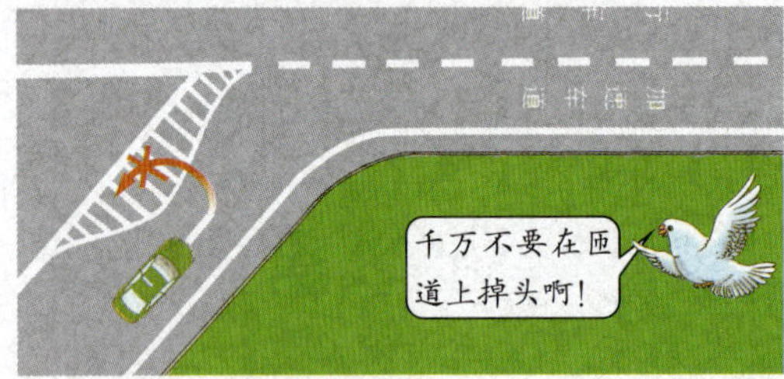

2 加速车道行驶

车辆在驶入行车道前必须在加速车道上提速，尽管行车道上的车辆很少，也应充分利用加速车道尽快提高车速驶入行车道。否则，车辆进入行车道时会影响在行车道正常行驶的车辆，甚至会发生追尾事故。

（1）在进入加速车道时，打开左转向灯示意。

（2）沿加速车道行驶，并将车速尽快提高到60km/h以上。

（3）如果是尾随前车行驶还要注意观察前车的行驶速度和加速情况，并保持一个能够在加速车道上充分提速的距离。

（4）在加速车道上行驶时，要随时注意观察行车道上行驶的车辆，选择插入时机。

特别提示

驾驶车辆一旦进入加速车道就必须加速；

不要在加速车道上减速或停车；

汇入行车道时，转动转向盘不应过急、过猛。

3 驶入行车道

从加速车道安全驶入行车道，应认真观察行车道上行驶车辆的速度、间距，在不妨碍行车道车辆正常行驶的情况下，安全平顺地汇入行车道正常行驶的车流。

（1）看清行车道上行驶车辆的情况，并通过后视镜观察左后方行车道上的车辆。

(2)正确估计行车道车流的速度，调整和控制好车速，根据车流情况确定尾随哪辆车后面驶入行车道。

(3)行车道上的车辆较少时，在不妨碍其他车辆行驶的情况下驶入行车道，应尽量避免抢在正常行驶车辆前驶入。

(4)行车道上的车流密度较大，车辆相距较近或以车队状态行驶时，要考虑所驾驶车辆的加速性能和首车的速度。

(5)首车速度较慢，可在不影响首车正常行驶的情况下加速从首车前方驶入行车道。

(6)首车速度较快，其他尾随车距离有近有远，可在首车后选择一辆与前车距离较远且速度较慢的车辆前驶入行车道，但是不能影响其正常行驶。

(7)首车速度较快，其他尾随车距离较近，应控制车速，在所有车辆通过后，再驶入行车道。

五 行车道安全驾驶

车辆进入行车道后，既无交通信号灯和道路平面交叉，又无行人、非机动车和其他低速车辆的干扰，从而使车辆具备了可以充分发挥其速度性能的条件。由于在高速公路上行驶的车辆速度比一般道路高，对驾驶员的要求也就不同于一般道路。

因此，在行车道行驶如果不懂得高速公路行驶规定和行车方法，盲目行车，势必扰乱高速公路的正常行驶秩序，埋下事故隐患。

1 速度的确认和控制

(1) 由于路面宽阔、固定参照物少、车流速度高，驾驶员凭感觉或估计判断车速，往往会造成车速过高，尤其是刚从一般道路进入高速公路后这种感觉更为明显。

(2) 行车速度确认，应依据车速表，切不可过分地相信感觉对速度的判断；车速已经很快，却常常感觉不到，很可能会一味地加速，一旦交通状况发生变化，很可能来不及作充分的反应而措手不及。

(3) 机动车在高速公路上正常行驶时，最低时速不得低于60km/h；最高车速，小型载客汽车不得超过120km/h，其他机动车不得超过100km/h，摩托车不得超过80km/h。

(4) 最高时速和最低时速是指天气及交通良好的情况下适用的行驶速度，遇大风、雨、雪、雾天气或路面结冰时，必须减速行驶。

2 速度的选择

(1) 车辆进入行车道后，应严格遵守行车道最高时速和最低时速规定，无论是正常行驶，还是超车或让车，都不能超出规定范围。

(2) 超车时不得超过最高时速，超过最高时速每超越一辆正常行驶的机动车，高速公路上就可能会增加一次交通事故的发生。

(3) 让车时不能低于最低时速，低于最低时速行驶，会加大车辆之间的速度差，增加变更车道的次数，反而更危险。

(4) 在高速公路上行驶时，要注意限速标志，按照标志要求限速行驶。在有限速标志的路段，应及时将车速控制到限速标准以内，不得超过限定车速驶过该路段。道路限速标志标明的车速与规定车道行驶车速不一致的，按照道路限速标志标明的车速行驶。

3 分道行驶

机动车在高速公路上通行时，应当在行车道上行驶，必须严格遵守分道行驶，各行其道的原则，不得随意穿行越线，不准骑、压分界线行驶。

(1) 同方向有2条车道的，在左侧车道行驶时的最低车速为 100 km/h，右侧车道行驶时的最低车速为 60 km/h。

（2）同方向有 3 条以上车道的，在最左侧车道行驶时的最低车速为 110 km/h，中间车道行驶时的最低车速为90 km/h，最右侧车道行驶时的最低车速为 60 km/h。

特别提示

除因停车驶入或驶出紧急停车带和路肩外，不准在紧急停车带和路肩上行车。

4 安全行车间距

高速公路上的行车间距，是指行驶中两辆车间的前后距离和超车时两辆车平行行驶瞬间的左右距离。这两个距离对于高速安全行车事关重要，如果保持不好，很容易发生追尾和刮碰事故。因此，机动车在高速公路上正常行驶时，同一车道的后车与前车必须保持足够的安全行车间距。

（1）正常情况下，当车速为 100km/h 时，纵向行车间距（两车间的前后距离）为 100m 以上；车速为70km/h时，纵向行车间距为70m 以上；遇大风、雨、雪、雾天或者路面结冰时，应当减速行驶，纵向行车间距应适当加大1～1.5 倍。

（2）利用高速公路专门设有为驾驶员确认行车距离的行驶路段，经常检验并调整与前车的行车间距。

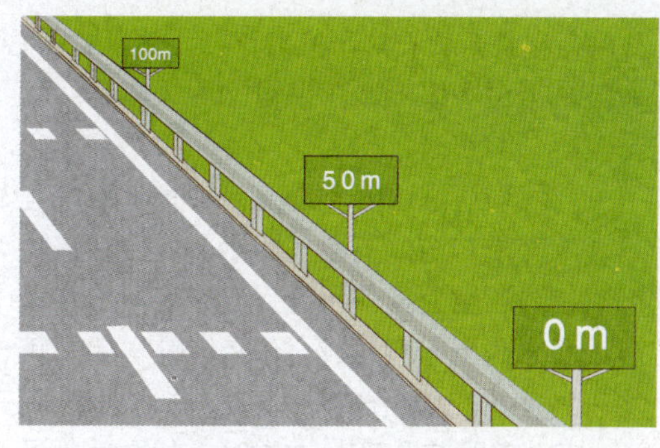

（3）正常情况下超车时，当车速为 100km/h 时，横向间距为1.5m以上；车速为70km/h时，横向间距为 1.2m 以上；遇大风、雨、雪、雾天或者路面结冰时，在减速行驶的同时适当加大横向间距。

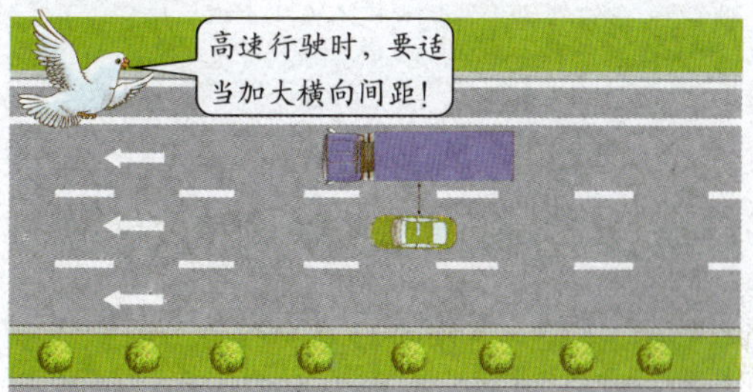

特别提示

在高速公路上行驶，不要过分相信视觉判断。因长时间高速行驶，立体感逐渐下降，对距离的估计容易发生偏差。每当行驶到设有确认车间距离的路段，应及时检查并调整与前车的行车间距，十分有利于行车安全。

不要接近可能发生危险的车辆。行驶中发现这种车辆时，应尽早采取措施，或尽快抓住有利时机超越，或加大纵向间距，无论那种方法都是为了及早避开，确保行车安全。

5 安全超车

（1）在高速公路超车需变更车道时，应判

断前方车辆是否在超车或前车有无超车意图。通过后视镜观察左侧车道有无后续车辆、有无车辆企图超越。

（2）确认进入的车道前、后方车辆均有不影响变更车道的安全间距后，开启左转向灯，夜间还需变换使用远、近光灯；再一次确认后方确无车辆超越，保持与前、后车辆均有足够的安全距离。

（3）在距前车70m左右时，向左适量平顺地转动转向盘，以较大的行车轨迹加速驶入需要进入的车道，保持足够的横向安全间距加速超越。

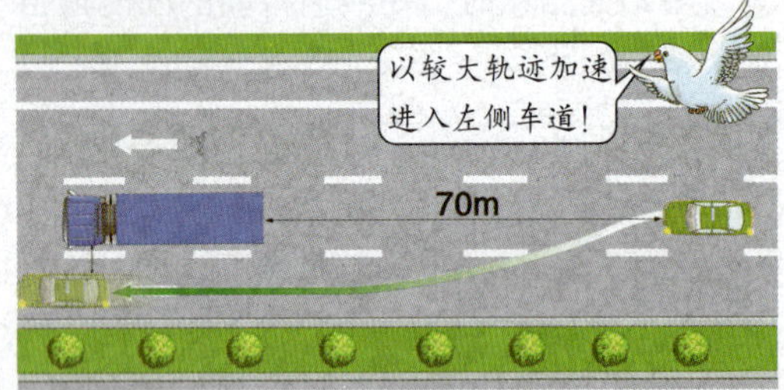

（4）超车后，开启右转向灯，在不影响被超车辆正常行驶的前提下，驶回原行车道。

特别提示

超车时只允许使用相邻的车道，不准在匝道、加速车道或减速车道上超车。

6 安全变更车道

（1）车辆在高速公路上遇一条行车道上有障碍、事故造成堵塞、道路施工占道、自然灾害造成前方路段损坏时，应提前减速，做好变更车道准备。

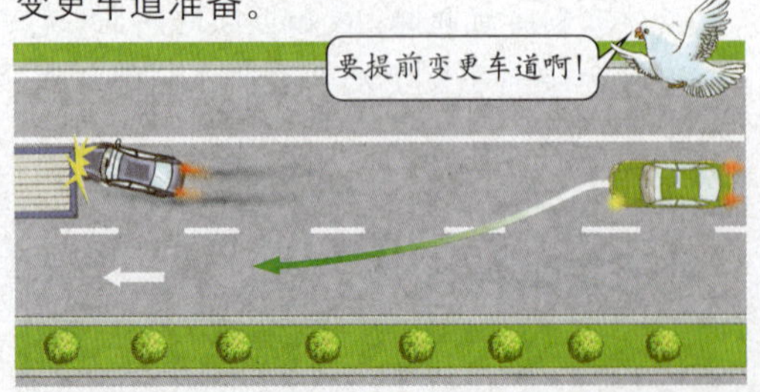

（2）变更车道时，要注意观察道路上设置的标志或警示牌，按照标志或警示牌上的要求行驶；同时，提前减速并开启转向灯，确认安全后，再驶入指定的车道。

7 弯道安全行驶

高速公路由于地形或设计要求等原因，间隔一段距离设置了弯道。行至弯道处，视野的注视点将投向弯道外侧远方的地点，容易造成对距离和弯度判断的失误，如果速度控制不当，将会发生冲撞防护栏或中央隔离带、追尾相撞等事故。

因此，驶入弯道时，应适当降低车速；为了避免因转小弯与侧面车辆刮碰，禁止在弯度小的弯道上超车；在左转弯道行驶时，由于视距会变短，应尽量避免超车。

8 坡道安全行驶

高速公路的坡道坡度较缓，加速和减速不很明显，尤其下坡不容易感觉出来，易导致因下坡速度过快而发生危险。

夜间行驶时，光线不良，下坡行驶时发生事故的危险性更大。如果不注意控制车速，对速度估计不足，车速过高，会造成驶出车道、碰撞防护栏或中央分隔带、车辆侧滑引发追尾相撞等事故。

行车中应注意坡道的存在，通过观察道路标志和警告牌,根据道路的实际情况控制行车速度。下坡时应控制速度，不要过分依赖感觉对车速的估计，要注意观察车速表显示，确定速度在安全范围内；在下坡转弯路段禁止变更车道。

在设有爬坡车道的上坡路段，车速较慢的大型客车、载货汽车及其他车辆在爬坡车道上行驶，速度较快的小型车及其他车辆不可随意驶入爬坡车道。

9 通过隧道的安全驾驶

高速公路上的隧道，即便是照明条件好的隧道，隧道内与隧道外的光线也有差异，尤其在白天驶入、驶出隧道都对视觉有很大的刺激，反应迟缓，易造成因对车速、行车间距的判断不准确或失误而导致事故。隧道是高速公路上行车的最危险路段之一。

(1) 驶入隧道前，注意隧道口的信号灯指示，选择亮绿灯的隧道口作为入口；在离隧道入口50m左右，开启前照灯、示廓灯、尾灯，以便观察前方情况并引起后方车辆的注意。

(2) 进入隧道时，察看车速表，按照隧道口标志上规定的速度调整车速；注意车辆的装载高度是否在标志限定的高度之内，以确保车辆能安全通过。

(3) 进入隧道后，将注视点放到隧道前方的远处，不要看两侧的隧道壁，以避免强烈的速度感；同时控制好车速，注意保持足够的安全行车间距。

(4) 双向行驶的隧道内禁止使用远光灯；在隧道内不宜鸣喇叭，以防噪声影响其他车辆行驶；严禁在隧道内变更车道、超车和随意停车。

(5) 驶出隧道前，通过车速表确认行车速度，不能凭直觉判断车速；驶到出口时，应握稳转向盘，以防隧道口处的横向风引起车辆偏离行驶路线。

(6) 驶出隧道后，在亮适应过程中切勿盲目加速，以免因视力瞬时下降不适应而造成危险。

特别提示

车辆如果在隧道内出现故障时，只要还能行驶，应尽可能得将车驶出隧道，严禁在隧道内停车。

当车辆无法驶出隧道时，应设法将车移到特别停车处，开启示廓灯、危险报警闪光灯，并在车后方150m处设警告标志。

及时通过紧急电话向高速公路管理中心报警；车上人员必须离开车辆到安全的地方，等待救援。

10 安全通过立体交叉桥的方法

高速公路上的立体交叉形式很多，结构复杂，其通过方法与平面交叉不同。掌握通过常见的较为复杂的立体交叉桥的方法，可顺利通过高速公路的立体交叉桥。

（1）通过立体交叉桥前，注意观察指路标志，在临近转弯的立交桥前要根据右侧标志确认出口位置、行驶车道和行驶路线。

（2）改变行驶路线时，应距立交桥指路标志500m开始逐渐减速，根据预告标志适时地向右完成车道的变更，平顺地驶入预定车道。

（3）在距出口50～100m时，打开右转向灯，按照指路标志的要求进入匝道。

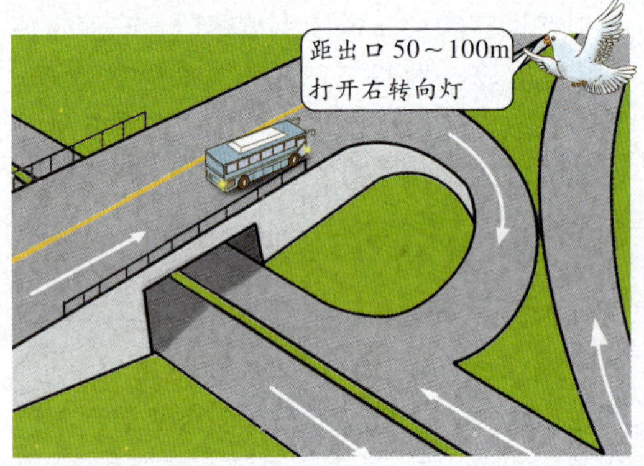

（4）按照从匝道进入行车道的方法，驶入新行驶方向的行车道。

11 安全停车

在高速公路上行驶的车辆除遇障碍、发生故障或其他特殊情况外，不准随意停车。如果必须停车时，应根据具体情况采取安全有效的方式，尽量在不影响正常行驶车辆的前提下，选择紧急停车带或右侧路肩停车。

（1）车辆因故障必须停车时，切不可采用紧急制动的方法，更不能在行车道直接停车；应控制好车速，看清车前车后的交通情况，打开右转向灯。

（2）尽快驶离行车道后，逐渐减速停在紧急停车带或路肩上；停车后，在车后方150m处设置故障警告标志，并开启危险报警闪光灯，夜间还需开启示廓灯和尾灯。

（3）车辆修复后需返回行车道时，在路肩或紧急停车带提高车速至60m/h以上，开启左转向灯，认真观察行车道上车流的情况；在不妨碍其他车辆正常行驶的情况下驶入行车道。

（4）如果因故障不能离开行车道时，必须立即开启危险报警灯；在行驶方向后方150m处设立警告标志，在夜间还需开启示宽灯和尾灯；同时时向高速公路管理中心或交通警察报警。

（5）车上人员迅速离开车辆转移到路肩或紧急停车带等安全的地方，等候救援。

特别提示

车辆在行驶中，因故障需要临时停车检修时，必须提前开启右转向灯驶离行车道，停在紧急停车带内或者右侧路肩上；禁止在行车道上修车。

除遇障碍、发生故障等必须停车外，不准随意停车或停车上下人员或者装卸货物；不准在匝道、加速车道或减速车道上停车。

六　安全驶离高速公路

1 驶离行车道

（1）高速公路每一个出口前2km、1km、500m及出口处都设有预告下一出口标志。当看到要驶出的下一出口第一预告标志时，根据预告标志指示的下一路口的距离，及时做好驶出的准备。

(2)如果在内侧车道上行驶，应在不影响其他车辆正常行驶的前提下，提前逐渐变更至最外侧车道，以便驶离行车道。

2 驶入减速车道

(1)驶离行车道的最佳时机是行至离出口500m处，开启右转向灯，适当调整车速，逐渐平顺地从减速车道始端驶入减速车道。

(2)如果驶过出口，只能继续向前行驶至立体交叉桥掉头，或者在下一出口驶离。

切记：严禁紧急制动、停车、倒车、掉头、逆行、穿越中心隔离带供紧急情况使用的缺口。

3 减速车道行驶

(1)驶入减速车道后，关闭转向灯；注意观察车速表，并逐渐减速，使车辆在进入匝道前减至限定的速度。

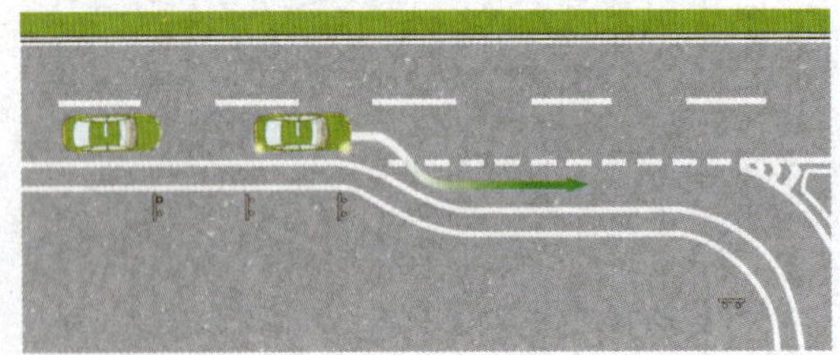

(2)不允许未经减速车道减速，直接从行车道驶入匝道；不准在减速车道上超车、掉头。

4 匝道行驶

(1)进入匝道后，根据匝道的弯度掌握好转向盘，并将车速控制在限定的时速(40km/h)以下；同时注意从其他车道合流的车辆。

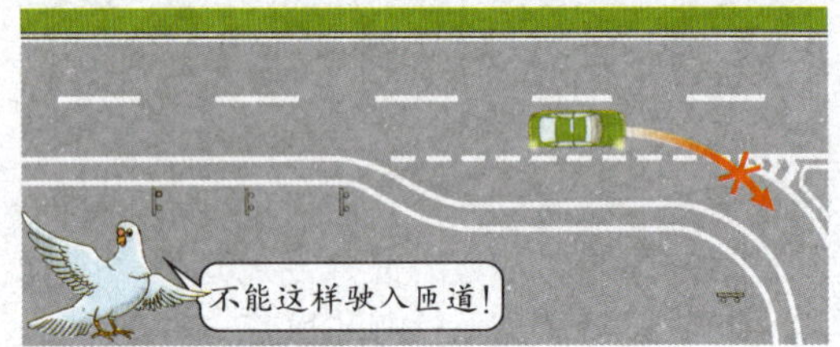

(2)不准在匝道上超车、掉头。

特别提示

驶离高速公路的一段时间内，由于长时间的高速行驶，对速度反应一度迟钝，一般总感到车速太慢。因此，驶离高速公路后，不能单纯凭自己的感觉判断车速，要通过观察速度表来控制车速，谨慎驾驶，使感觉逐渐适应一般道路行驶。

七 高速公路交通事故

高速公路的交通事故与其他道路相比，事故率低，但后果严重，损失大。事故主要是机动车之间的碰撞，而以追尾相撞的形式最多。事故的原因主要是驾驶员和车辆两个方面。

1 常见事故种类

(1)追尾相撞：因后车采取措施不当或不及时发生追尾，有时伴有起火、爆炸；多发在交通流量较大，行驶速度高，天气条件差的情况下；主要是前车突然制动或紧急制动，后车跟车距离太近造成。

（2）单方事故：碰撞中间隔离护栏和路边护栏，在路面上平地翻车；主要是车速太快，轮胎爆裂，转向过急或因故障导致方向失控造成的。

（3）两车刮擦：前车突然变更车道，后面超上来的车辆躲避不及而发生刮擦；多发生在变更车道、超车车辆并行时，主要是前车在变更车道时不能正确使用灯光信号，或没有很好地确认车前车后的交通情况就变更车道造成的。

2 事故现象特点

（1）追尾相撞事故：主要由于驾驶员在高速公路行车时纵向行车间距不足，夜间及特殊天气超速行驶，疲劳驾驶等原因。

（2）碰撞护栏事故：主要有轮胎爆裂、疲劳驾驶、紧急制动、急转转向盘等原因。

（3）翻车事故：常常由于轮胎爆裂、雨雪天气紧急制动、转动转向盘过急等造成。

（4）失火：除因燃油系漏油、电线短路引起外，经常是由于车辆相撞、撞固定物、翻车等造成。

3 事故原因特点

（1）驾驶员原因：法规意识淡薄，违章行驶；高速公路行车经验少；驾驶技术水平差；超规定限速高速行驶；冰雪、雨、雾等特殊天气超高速行驶。

（2）车辆原因：技术状况不符合高速公路行驶车辆的规定要求。

4 交通事故的预防

（1）严格遵守高速公路行车的各项规定，严禁违章行驶。

（2）严禁超速行驶，尤其是在冰雪、雨、雾天气更要严格按特殊天气驾驶要点谨慎驾驶。

（3）注意观察车速表，充分利用行车间距确认路段，不能只凭感觉估计车速和车间距离，以避免判断错误而发生交通事故。

（4）要始终保持饱满的精神状态，严禁疲劳驾驶，尤其在夜间和高温天气更要注意。

第五节 紧急情况的处理

行车过程中，往往由于客观条件的突然变化，发生紧急情况，能否有效的规避危险和逃生，尽最大努力减轻损失，将取决于驾驶员应急措施是否及时、恰当、有效。驾驶员只有具备良好的心理素质和掌握一定的应急技术措施，在遇到险情时才能临危不慌，冷静地采取行之有效的方法，从而避免或最大限度地减轻事故的损失和伤害。

常见的紧急情况有：行驶途中发动机突然熄火、转向失控、制动失灵、车辆侧滑、爆胎、下长坡制动无效、撞车、倾翻、火灾等。

一 紧急情况的处理原则

在行车途中会遇到各种紧急情况，能避让得当，可以减轻或免除事故的危害；反之，则会加大事故损失。为了防止避险不当从而加重事故后果，在处理紧急情况时应遵循以下原则：

1 沉着、冷静、镇定，保持良好心态

（1）险情的出现一般都较为突然，此时，驾驶员能保持头脑清醒，情绪镇定，不惊慌，是做好避险的先决条件。

（2）行车中遇有紧急情况发生时，务必保持良好的心态，沉着冷静，利用最短的时间，及时准确地作出分析判断，并迅速果断采取正确避险措施，使事故损失减少到最小程度。千万不可惊慌失措或存有侥幸心理，以免酿成严重后果。

2 及时减速，有效控制行驶方向

（1）紧急情况的发生往往时间非常短暂，特别是高速行驶时。规避和减轻交通事故的危害和损失，最有效的措施就是减速、停车、控制方向。

（2）在车速较低时发生紧急情况，要判断能否利用转向避开前方障碍物。若转向避开障碍物比停车有效得多时，在道路交通条件允许的前提下，应尽可能优先考虑转向规避撞车，同时采取必要的减速措施。

（3）车速较高时发生紧急情况，不要轻易急转方向避让，应采取制动减速，使车辆在碰撞前处于停止或低速行进状态，以减小碰撞损坏程度。高速时急转向，极易造成车辆侧滑相撞或在离心力作用下倾翻的事故。

特别提示

只有在制动安全距离内导致不可避免的碰撞时，方可采取转动转向盘的避让措施，选择较轻的撞车形式；但当前轮抱死时，转动转向盘并不能改变车辆行进方向。

3 先人后物，就轻处理

（1）人是最宝贵的，遇紧急情况避险时，应先考虑人的安全，先人后物。在危急情况下，车辆应向远离人的一方避让，宁可财产遭受损失，也要确保人员的安全；避让车辆与物资相撞时，尽最大努力做到人员不被伤害。

（2）避重就轻就是避险时车辆应向损失较轻或危害较小的一方避让，将车辆靠向情况简单或人员较少的一侧，尽量避开损失较重或危害较大的一方，以减轻事故的损失后果；避重就轻可不受有关条例和各项管理措施的限制，甚至可采取平时绝对禁止的做法。

4 先他人后自己

（1）在遇紧急情况危及人员生命时，应显示出良好的职业道德和高尚风范。宁可牺牲自己也要保护他人生命安全，把生的希望留给别人，把死的威胁留给自己。

（2）根据当时的具体情况，采取灵活多变的措施，力争把事故损失降低到最小程度。

二 发动机突然熄火应急处理

车辆行驶途中，往往由于供油中断或断火，使发动机停止工作，一时无法再次起动，若将车停在行车道上会发生撞车事故(高速公路上更危险)。当发生这种情况时，应采取以下应急处理措施：

（1）连续踏2～3次加速踏板，转动点火开关，试图再次起动；若起动成功，不要继续行驶，而应将车驶向路边停车检查，查明原因，排除隐患后再继续行驶。

（2）若试图再次起动失败，不要再存侥幸心理，应打开右转向灯，利用惯性，将车缓慢驶向路边停车，打开危险报警灯，检查熄火原因，及时排除。

特别提示

途中发现发动机突然熄火，在靠边之前不要随意制动，以免把可能利用的惯性能量浪费掉，不要坐失靠边滑行、停车的时机。

三 转向失控的应急处理

转向突然失去控制，致使驾驶员无法掌握方向，极其危险。此时，驾驶员要沉着冷静判明险情程度，采取应急措施，切不可惊慌失措，贻误时机，使险情加剧。

1 转向突然失控

（1）若车辆和前方道路情况允许保持直线行驶时，不可使用紧急制动；高速行驶的车辆，在转向失控的情况下使用紧急制动，很容易造成翻车，应立即松抬加速踏板，抢挡减速，均匀而用力拉紧驻车制动器操作杆进行辅助制动，当车速明显减弱时，轻踏制动踏板，使车辆缓慢平稳地停下。

（2）当无ABS装置的车辆已偏离直线行驶方向，事故已经无可避免时，应果断地连续踏制动踏板，使车辆尽快减速停车，尽量缩短停车距离，减轻撞车力度。

（3）采取应急措施的同时，对道路上其他通行的车辆及行人发出示警信号，如打开危险报警灯、开前照灯、鸣喇叭或打手势等。

2 转向突然不灵

（1）装有动力转向的车辆，突然发现转向困难，操作费力，是由于动力部件有了故障，应尽快减速，靠右行驶，选择安全地点停车，查明原因。

（2）如果车辆还可以实现转向时，在保证安全的前提下，谨慎驾驶，低速前进，将车开到附近修理厂修好后再行驶。

四 制动失效的应急处理

车辆行驶中，往往由于制动管路破裂或制动液、气压力不足等原因，突然出现制动失灵、失效现象，对行车安全构成极大威胁。因此，驾驶员掌握制动失效的应急处理方法，可最大限度地减少和杜绝交通事故的发生。

1 制动突然失效

（1）制动失灵、失效时，要沉着冷静，握稳转向盘，立即松抬加速踏板，实施发动机制动，尽可能利用转向避让障碍物，同时利用驻车制动器或“抢挡”等方法，设法减速停车；若是液压制动车辆，可连续多次踏制动踏板，以期制动力的积聚而产生制动效果。

事故案例

2006年4月10日，一辆安徽籍重型厢式货车，由山东驶往新疆，行驶至甘肃天水市境内天谗公路18km+600m下坡处，车辆在超速行驶过程中制动失灵，驾驶员在此紧急情况下处置不当，导致该货车先后与对面行驶的两辆大客车相撞，造成28人死亡、22人受伤。

（2）使用驻车制动器不可将操纵杆一次拉紧，一次拉紧容易将驻车制动盘“抱死”，损坏传动机件，丧失制动力。转动转向盘避开危险目标的同时，可视情况进行“抢挡”操作，使车辆尽可能的减速，最终驶向路边停住。

（3）避让中要做到“先避人，后避物”，提前选择好可供安全停车的位置，以免冲撞行人而扩大事故。

特别提示

出现制动失效后，自始至终无论车速降低与否，操纵转向盘控制行驶方向，规避撞车是首要的应急措施，只有在道路交通情况暂时不会发生撞车事故时，方可腾出手来“抢挡”、拉驻车制动器操纵杆。

2 下坡路制动突然失效

（1）察看路边有无障碍物可助减速或宽阔地带可迂回减速、停车。最好是利用道路边专设的紧急停车道停车。如果能在紧急停车道停车后，不能放松警惕，应拉紧驻车制动器操纵杆，防止溜动或发生二次险情(因为紧急停车道多修筑成大坡道)。

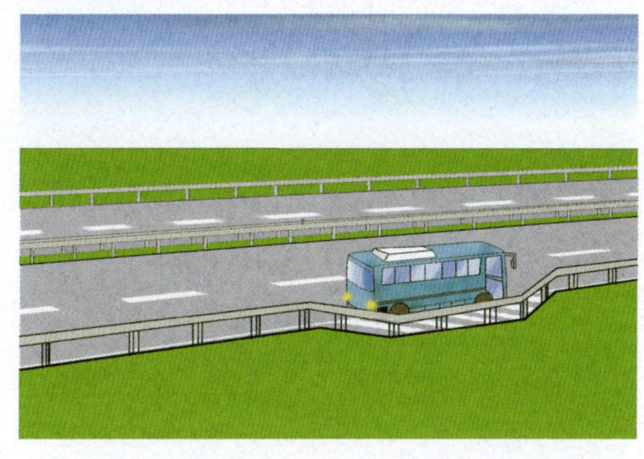

（2）观察一下路边有无可利用或备用坡道，若有可将车辆驶向坡道，以阻止车辆，帮助停车；没有可利用或备用坡道时，应果断地利用天然障碍物，给车辆造成阻力，必要时可用车厢靠向路旁的岩石或树林碰擦；若山坡无法与车碰擦，在迫不得已的情况下，可用前保险杠斜向撞击山坡，迫使车辆停住，以求减小损失。

（3）若无可利用的地形和时机，应迅速抬起加速踏板，从高速挡向低速挡“抢挡”，利用变速器速比的突然增大和发动机制动作用遏制车速，以利于控制车速和操纵行驶方向；抢挡越一级为妥，如车速仍高，可再次减速或抢挡，若越二级抢挡，难度较大，一旦抢挡不成，危险性更大。

（4）当车速得到有效控制后，应选择较平坦、宽阔的地段停车散热、检修(停车后应拉紧驻车制动器操纵杆，并在车轮前塞垫三角木或石块等物，防止溜动)，必要时还应重新调整制动鼓和蹄片间隙。

五 侧滑的应急处理

车辆在泥泞、溜滑路面上紧急制动或猛转方向时，由于车轮抱死或轮胎受力失衡，车辆失去横向摩擦阻力，易产生侧滑、行驶方向失控，极易导致向路边翻车、坠车或与其他车辆、行人相撞。车辆发生侧滑时驾驶员应采取以下应急处理措施：

当制动、转向或擦撞引起车辆侧滑时，应立即松抬制动踏板，并迅速向侧滑的一方转动转向盘，并及时回转方向进行调整，修正方向后继续行驶；因转向或擦撞引起的侧滑，不可使用行车制动。

特别提示

车轮往哪边侧滑，就往哪边转向，不可转错方向，否则，不但无助于制止侧滑，反而加剧侧滑。

六 轮胎突然故障的应急处理

轮胎突然故障是安全行车的一大隐患，一般有轮胎漏气、爆胎等形式。驾驶员有必要掌握轮胎故障的应急措施，最大限度地减少轮胎故障的发生及其危害程度。

1 轮胎漏气

(1)行驶中车辆一侧轮胎漏气，会感到车身倾斜，并随行驶时间的加长而加重，控制车辆不灵便。

(2)发现轮胎漏气时，应紧握转向盘，慢慢制动减速，将车辆尽快驶离行车道，停放在路边安全地点。

(3)在车辆驶离行车道时，不要采用紧急制动，以免造成翻车或使后车因制动不及时而发生追尾事故。

2 轮胎爆裂

车辆行驶中(特别在高速公路上)发生爆胎时，往往伴有爆破声，车辆出现明显的振动，转向盘随之以极大的力量自行向爆胎一侧急转。

(1)后轮胎爆裂，车尾会摇摆不定，但方向一般不会失控，只要保持镇定，双手紧握转向盘，便可控制车辆保持直线行驶。

(2)前轮胎爆裂，危险较大，一旦爆胎，方向会立刻向爆胎车轮一侧跑偏，直接影响驾驶员对转向盘的控制。

(3)当意识到爆胎时，双手应紧握转向盘，松抬加速踏板，极力控制车辆直线行驶，若已有转向，也不要过度矫正，应在控制住方向的情况下，轻踏制动踏板(禁止紧急制动)，使车辆缓慢减速，待车速降至适当时候，平稳地将车停住，尽量将车逐渐停靠在路边为妥。

特别提示

发生爆胎时，切忌慌乱中向相反方向急转转向盘或急踏制动踏板，尽量采用“抢挡”的方法，利用发动机制动使车辆减速；尚未控制住车速前，不要冒险使用行车制动器停车，以避免车辆横甩发生更大的险情。

七 碰撞应急处理

当车辆已无可避免撞车时，务必镇定，迅速判断碰撞后果，果断地选择撞击部位和方式。车辆碰撞的形式有刮碰、正面碰撞、侧面碰撞和追尾碰撞等几种。

1 刮碰

（1）刮碰一般是指会车、超车或避让障碍物时，车辆之间或与其他物体相刮碰的现象。刮碰，对乘坐在靠近驾驶室或车厢边上的人员具有较大的危险性。

（2）车辆刮碰的部位，多数发生在车头的两侧，当车辆有碰撞可能时，应及时控制方向，迅速向外侧（如条件许可）稍转转向盘，接着适量回转转向盘，并立即将车与刮碰物分开，以免增加刮碰面积。

（3）车体之间或车体与其他物体发生刮碰时，身体应迅速向车内侧倾斜，双手握紧转向盘，后背尽量靠住椅背，稳住身体，以防车门脱开被甩出车外或车壳变形挤伤身体。

2 正面碰撞

（1）车辆有与前车或障碍物正面碰撞可能时，应及时控制转向盘，极力改正面碰撞为侧面刮碰，以减轻损失。

（2）如果撞击的位置不在驾驶员一侧或撞击力量较小时，应紧握转向盘，两腿向前蹬，身体向后倾斜，紧靠座椅后背，以抵消惯性力。

(3) 若无法避免与来车正面相撞前，应在迎面相撞发生在瞬间，迅速判断将受到撞击的部位和力量，迅速放开转向盘，并抬起双腿，身体侧卧于右侧座上，避免身体被转向盘抵住或车辆受到冲击变形后受伤。

3 侧面碰撞

(1) 发生侧面碰撞时，车辆在移动的同时可能产生旋转，驾驶室车门也有可能脱开，驾驶员可能在碰撞力的作用下被甩出车外。因此预计要发生撞击时，可立即顺车转向，在保证安全的前提下，尽力使侧面相撞变为刮碰，以减轻损伤的程度。

(2) 侧面碰撞部位发生在驾驶座部位时，应迅速将身体移往驾驶室另一侧，同时用力拉住转向盘，以便控制方向和借助转向盘稳住身体，防止甩出车外。

(3) 若碰撞部位在右侧，撞击力尚小时，双手臂应稍曲，紧握转向盘，身体向后倾斜，紧靠座椅靠背，同时双腿向前挺直抵紧，使身体定位稳定，不致头部前倾撞击风窗玻璃或胸部前倾撞击转向盘。

(4) 预计发生与前车追尾碰撞时，应在未撞前的一刹那稳定好身体，在安全带拉紧的情况下，曲体双臂抱着大腿，以防止车辆前部因撞击变形而挤压伤亡。

(5) 被后方驶来的车辆碰撞时，驾驶员应紧靠椅背，双手迅速置于脑后合并护住头后部，双脚勾住脚踏板，这样在撞击时可减轻脊椎和颈部的创伤。

八 倾翻应急处理

车辆倾翻一般都有先兆预感，侧翻时，由于离心力的作用，驾驶员身体有向外飘起来的感觉；路肩外斜坡翻车时，车身先慢慢倾斜，然后才会完全翻车；纵向倾翻时，车辆先前倾或后倾，驾驶员会有车头下沉或车尾翘起的感觉，然后才会翻车。当感到不可避免地将要倾翻时，应果断采取应急处理措施。

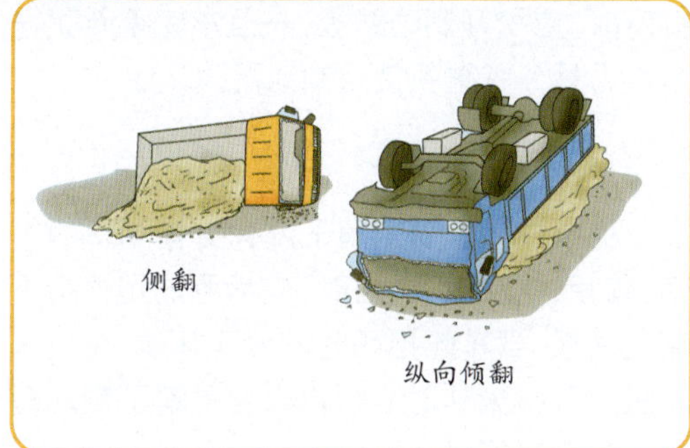

1 稳住身体

（1）感到车辆不可避免地要倾翻，但倾翻力度不大，估计只是侧翻时，双手应紧握转向盘，双脚钩住踏板，背部紧靠座椅靠背，尽力稳住身体，随车体一起侧翻。

（2）车辆倾翻力度较大或向深沟连续翻滚时，身体应迅速向座椅前下方躲缩，抓住转向盘管或踏板等将身体稳住，避免身体滚动受伤或甩出车外导致被车辆碾轧。

2 安全跳车

（1）缓慢翻车有可能跳车逃生时，应向翻车相反方向跳车；切不可顺着翻车方向跳出，防止跳出车外却被翻滚的车辆碾压。落地前双手抱头，蜷缩双腿，顺势翻滚，自然停止，不要伸展手腿去强行阻止滚动，以免加剧损伤。

（2）在车中感到不可避免地要被抛出车外时，应在被抛出车厢的瞬间，猛蹬双腿，增加向外抛出的力量，助势跳出车外；落地时，力争双手抱头顺势向惯性力的方向多滚动一段距离，以躲开车体，增大离开危险区的距离。

3 倾翻后的安全处置

（1）车辆倾翻或半倾翻时，应迅速熄火，及时卸下蓄电池，放净油箱内的燃油，用容器装好，以防引起火灾，然后设法将车身放正。

（2）车辆半倾翻时，可利用木杠撬抬，同时在另一侧用绳索牵拉，使车身端正。

九 遇行人突然横穿的应急处理

如果有人突然横穿道路或有车辆突然驶出时，驾驶员的第一反应就是迅速踏制动踏板，如果有足够的距离，应迅速停车。

1 控制制动停车

（1）控制制动又称为强制制动，在车轮没有被抱死的前提下，尽可能施加最强烈的制动力。不可使用紧急制动，以免因车轮抱死导致车轮打滑而无法控制车辆。

（2）控制制动时，只能轻微转动转向盘，需要做较大的转向调节或感觉到车轮已抱死打滑时，应松开制动踏板，一旦车轮重新获得附着力后，就重新使用制动器。

2 稳定制动停车

稳定制动仅仅适用于没有安装ABS的车辆，使用这种制动方法时，应尽可能用力踏下制动踏板。当车轮抱死时才松开制动，一旦车轮重新开始滚动时，则再次全力踏下制动踏板，使车辆停住。

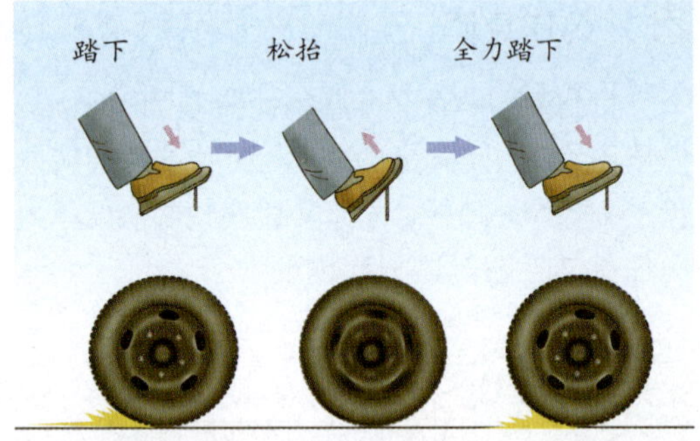

十 行车火灾应急处理

车辆行驶中，会因吸烟、电线短路、撞车、翻车等诸多因素诱发火灾，导致车辆受损和人员伤亡。车辆发生火灾时，切不可惊慌失措，应迅速掌握失火部位及发生火灾的原因，冷静地采取果断措施，从而降低因火灾造成的人员伤亡和财产损失。

1 防止火势蔓延

（1）将车辆停在远离加油站、建筑物、高压电线、树木、灌木丛及车辆或其他易燃物品的空旷地带，设法救火，确保火势不再蔓延；当汽车着火危及周围房屋、电线电缆以及易燃物品时，应隔离火场，并迅速采取措施以防火焰蔓延，减少损失。

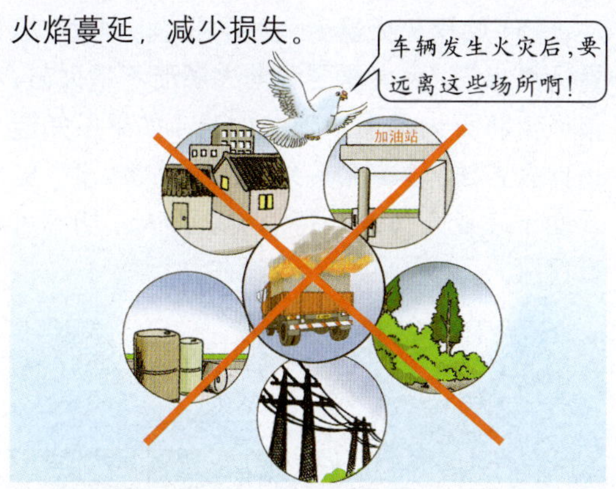

(2) 高速公路行车发生火灾时，应将车辆停靠在路肩上并尽可能地远离高速公路的收费站、服务区、停车场等公共场所，以防引起更大的损失。

(3) 如果是发动机着火，应迅速关闭发动机，尽量不打开发动机罩，从车身通气孔、散热器及车底侧进行灭火。

(4) 货物，尤其是可燃性货物引起失火时，应将车辆迅速驶至远离闹市区的开阔地带，不得擅离职守。有条件时，可将着火的货物卸下，无法卸下时，则设法扑灭。

(5) 若篷式货车或厢式货车上的货物着火，尤其是当货物中包含有危险品时，应关上货厢门，若打开货厢门，会因进入氧气而导致火势迅速蔓延。

(6) 因翻车、撞车等车祸而引起火灾时，应首先抢救伤员并对车辆采取有效的补救措施或用路边田地中的砂、土掩盖，或用棉被、衣服浸水扑盖，也可用篷布蒙盖，使其窒熄。

2 正确的灭火方法

(1) 明确不同型号灭火器的性能，选择适用于具体着火物的灭火器灭火。水可以用于熄灭木材、纸张、布匹和轮胎引起的火灾，但不能用来熄灭电器、汽油着火。

(2) 燃油着火时，切不可用水去浇，要做好油箱的防爆工作，并切断油路，选择适用的灭火器灭火；若无灭火器，可用路边沙土或厚布、工作服等覆盖灭火以防加剧火势蔓延。

(3) 冬季车辆使用含酒精的防冻液着火，可立即用水浇泼着火部位，冲淡酒精防冻液的浓度，从而迫使火势减弱而熄灭。

(4) 救火时，应脱去所穿的化纤服装，注意保护暴露在外面的皮肤。已经粘在皮肤上的衣服不要撕扯，以免将表皮一起撕下，细菌很容易侵入。不要张嘴呼吸或高声呐喊，以免烟火灼伤上呼吸道。

(5) 使用灭火器时，人要站在上风处，尽量远离火源，灭火器要瞄准火源而不是火苗，借风势将灭火器泡沫吹向火源。如果不知道用什么方法灭火，尤其易燃危险品着火时，应求助于专业人员或等待消防队灭火，切不可盲目灭火。

3 逃离火灾

(1) 逃离火灾前，应关闭点火开关、电源总开关和百叶窗，设法使乘客和驾驶员迅速撤离车辆或驾驶室；逃离时如果无法打开驾驶室门或车门时，应打破风窗玻璃或安全出口玻璃脱离，脱离驾驶室后不要忘记去关闭油箱开关。

(2) 当火焰逼近，无法躲避时，应用身体猛压火焰，冲出一条生路。冲出时，及早脱去化纤类衣服，注意保护裸露的皮肤，不要张嘴呼吸或高声呼喊。

十一 事故现场的保护及应急处置

道路运输经营者必须贯彻“安全第一，预防为主”的方针，努力做好运输安全工作，最大限度地减少道路交通事故。一旦发生事故，必须按照《道路交通安全法》和《道路运输条例》等有关规定，积极协助有关部门，进行认真严肃的处理。

1 事故现场的保护

(1) 在道路上发生交通事故时，应当立即停车，保护现场，用石灰、砂土、树枝、绳索等将现场标围封闭，禁止车辆和行人进入，应尽量做到不妨碍交通，并及时报警。

(2) 事故现场有人身伤亡的，立即抢救受伤人员，因抢救受伤人员变动现场的，应当标记伤员的原始位置，并迅速报告执勤的交通警察或者公安机关交通管理部门。

(3) 遇有雨、雪天或刮风等自然现象，对现场可能造成破坏时，在等待交通警察到来之前，可用席子、塑料布等将现场上的尸体、血迹、制动印痕和其他散落物等遮盖起来。

(4) 如果现场有扩大事故的因素，如汽油外溢，车上装有易燃、易爆、剧毒、放射性等危险物品时，应立即设法隔离现场，尽可能采取措施进行应急处置，并向周围的行人讲明现场的危险性；必要时，设法将危险车辆驶离现场。

(5) 在繁华或者重要路段发生事故，要服从执勤交通警察的指挥，在做好标记后，将车辆移出现场，以恢复正常交通，但不准擅自移动车辆。

2 事故现场的处置

（1）在道路上发生交通事故，未造成人身伤亡，仅造成轻微财产损失，当事人对事故的事实及成因无争议，并自愿自主解决，可以即行撤离现场，恢复交通，并自行协商处理损害赔偿事宜。

（2）当事人对事故的事实或成因有争议，或者尽管对事实及成因无争议，但仍然不愿意撤离现场的，应当迅速报告交通警察或者公安机关交通管理部门。

（3）交通事故如果造成人员伤亡或较大财产损失时，应保护现场、抢救伤员、及时报警，不得撤离、破坏现场，等待处理。

（4）在道路危险货物运输过程中发生燃烧、爆炸、污染、中毒或者被盗、丢失、流散、泄漏等事故，应当立即向当地公安部门和所在运输企业或者单位报告，说明事故情况、危险货物品名、危害和应急措施，并在现场采取一切可能的警示措施，积极配合有关部门进行处置。

3 事故处理的过程

（1）公安机关交通管理部门接到交通事故报警后，立即派交通警察赶赴现场，组织抢救受伤人员，并采取措施，尽快恢复交通。

（2）交通警察对交通事故现场进行勘验、检查，收集证据。因收集证据的需要，可以扣留事故车辆，但是应当妥善保管，以备核查。

（3）对当事人的生理、精神状况等进行专业性较强的检验，公安机关交通管理部门应当委托专门机构机构进行鉴定，鉴定结论应当由鉴定人签名。

（4）公安机关交通管理部门应当根据交通事故现场勘验、检查、调查情况和有关的检验、鉴定结论，及时制作交通事故认定书。交通事故认定书应当载明交通事故的基本事实、成因和当事人的责任，并送达当事人。

(5) 对交通事故损害赔偿的争议，当事人可以请求公安机关交通管理部门调解，也可以直接向人民法院提起民事诉讼。经公安机关交通管理部门调解，当事人未达成协议或者调解书生效后不履行的，当事人可以向人民法院提起民事诉讼。

(6) 医疗机构对交通事故中的受伤人员应当及时抢救，不得因抢救费用未及时支付而拖延救治。因医疗机构不及时抢救伤员给受害人造成损失的,受害人可以依法提起民事诉讼，要求医疗机构赔偿所受损失。

(7) 肇事车辆参加机动车交通事故责任强制保险造成本车人员、被保险人以外的受害人受伤的，由保险公司在责任限额范围内支付抢救费用；抢救费用超过责任限额的，未参加机动车交通事故责任强制保险或者肇事后逃逸的，由道路交通事故社会救助基金先行垫付部分或者全部抢救费用，道路交通事故社会救助基金管理机构有权向交通事故责任人追偿。

4 处罚规定

(1) 违反道路交通安全法律、法规的规定，发生重大交通事故，构成犯罪的，依法追究刑事责任，并由公安机关交通管理部门吊销机动车驾驶证；造成交通事故后逃逸的，由公安机关交通管理部门吊销机动车驾驶证，且终生不得重新取得机动车驾驶证。

(2) 对6个月内发生两次以上特大交通事故负有主要责任或者全部责任的专业运输单位，由公安机关交通管理部门责令消除安全隐患，未消除安全隐患的机动车，禁止上道路行驶。

(3) 造成交通事故后逃逸，尚不构成犯罪的，处200元以上2000元以下罚款，可并处15日以下拘留。

第六节 危险化学品的基本常识及消防知识

危险化学品的门类、品种、规格繁多，非专业人员很难认知、识别。道路运输驾驶员了解危险化学品的基本知识及消防知识，可识别常见危险化学品，并且在遇到火灾时，有效地避免由于措施不当造成的危害，确保运输安全。

一 危险化学品的基本常识

依据GB 12268《危险货物品名表》和GB 6944《危险货物分类和品名编号》，将危险化学品分为9类。

1 危险化学品分类

(1) 爆炸品：有整体爆炸危险的物质和物品；有迸射危险的，但无整体爆炸危险的物质和物品；有燃射危险并有局部爆炸危险或局部迸射危险或这两种危险都有，但无整体爆炸危险的物质和物品；不呈现重大危险的物质和物品；有整体爆炸危险的非常不敏感物质；无整体爆炸危险的极端不敏感物品。

（2）气体：易燃气体、非易燃无毒气体、毒性气体，被压缩、液化或加压溶解，储存于耐压容器或特别的高强度耐压容器内。

（3）易燃液体：易燃烧的液体、液体混合物或含有固体物质的液体。

（4）易燃固体、易于自燃的物质、遇水放出易燃气体的物质。

（5）氧化性物质和有机过氧化物。

（6）毒性物质和感染性物质：根据其化学性质分为有机毒害品和无机毒害品两大类。

（7）放射性物质：有块状固体、粉末、晶粒、液态和气态等多种形态。还包括以放射性物品为原材料，或零部件中含有放射性物质的各种物品。

（8）腐蚀性物质：不仅具有腐蚀性，从而使物质表面受到破坏，甚至变成废品，同时还具有毒性、易燃性或氧化性中的一种或数种。

（9）杂项危险物质和物品：呈现的危险性质不包括在前8类危险性之中的磁性物品和另行规定的物品。包括具有磁性、麻醉、毒害或其他类似性质的物质和物品。

2 常见危险化学品

常见危险化学品

类别		品名	特点
爆炸品	火药、炸药及起爆药	火药（硝化锦、硝化棉与硝化甘油或硝化乙醇的混合物、硝酸钾、硫磺、木炭的机械混合物）	带状、棍状、片状、长管状、七孔状、短管状和环状等
		炸药（梯恩梯、黑索金、泰安及其混合物、硝酸胺类混合物等）	弹丸状
		起爆药（雷汞、迭氮化铅、三硝基间苯二酚铅、二硝基重氮酚等）	管状
	火工器及引信	火工品（雷管、导爆索、导爆管、传爆器等）	管状
		引信	火帽状
	弹药	弹药	弹丸状
	烟花、炮竹及其他	烟花、炮竹	管状、棒状、弹状
		信号弹	弹状
		发令纸	纸质点状
		土地雷、土火箭	球状、管状

类别	品名		特点
气体	氧气、氢气、氦气、氮气（液氮）、氯气（液氯）、氨气（液氨）、二氧化碳、乙炔（电石气）、天然石油气、石油液化气		钢瓶盛装
易燃液体	汽油、柴油、煤油		石油产品
	苯、甲苯		石油副产品或炼焦副产品
	乙醇（酒精）		酒气味
	乙醚（二乙醚）、二硫化碳、涂料（如含大量丙酮、甲苯、松香水等）、含有机溶剂制品（含汽油、乙醇、甲苯、松香水等）		液态，有特殊刺激性气味
易燃固体、易于自燃的物质和遇水放出易燃气体的物质	易燃固体	赤磷	紫红色，无定型正方板状结晶或粉末
		硫磺	黄色晶体，性脆，易研成粉末
		萘	无色结晶，类似樟脑气味
		赛璐珞板（片）	类似塑料薄片
		火柴	
	易于自燃的物品	黄磷（白磷）	黄色或白色，半透明蜡状固体，类似韭菜气味
		油纸、油布（用桐油等干性油料涂布）	油性纸和布
		硝化纤维素胶片（胶片、影片等）	胶片状
		三乙基铝及铝铁熔剂	
	遇水放出易燃气体的物质	金属钠	银白色，常存放于煤油中
		镁铝粉	银白粉状
		碳化钙（电石）	黑灰色或紫褐色，不规则块状，用电石桶封装

<table>
<tr><th>类别</th><th colspan="2">品名</th><th>特点</th></tr>
<tr><td rowspan="7">氧化性物质和有机过氧化物</td><td rowspan="5">氧化性物质</td><td>过氧化氢（双氧水）</td><td>无色，浆状液体</td></tr>
<tr><td>过氧化钠</td><td rowspan="2">白色，有刺激性气味</td></tr>
<tr><td>次氯酸钙（漂白精，漂白粉，漂白液）</td></tr>
<tr><td>氯酸钾</td><td>白色晶体或粉末</td></tr>
<tr><td>硝酸钾（钾硝石、火硝）</td><td>无色透明晶体或粉末</td></tr>
<tr><td rowspan="2">有机过氧化物</td><td>过氧化二苯甲酰（过氧化苯酰，过氧化苯甲酰）</td><td>白色结晶粉末</td></tr>
<tr><td>过氧化乙基甲基酮（氧化丁酮）</td><td>无色液体</td></tr>
<tr><td rowspan="8">毒性物质和感染性物质</td><td colspan="2">氢氰酸及其盐（氰化钾、氰化钠、氯化氰、溴化氰、氰酸酯、异氰酸酯等）</td><td></td></tr>
<tr><td colspan="2">砷及其化合物（砒、砒霜）</td><td>灰色金属状晶体</td></tr>
<tr><td colspan="2">四乙基铅（汽油抗爆剂）</td><td>无色油状液体，苹果香气味</td></tr>
<tr><td colspan="2">苯胺（别名氨基苯、苯胺油、阿尼林）</td><td>无色透明，特殊气味，油状液体</td></tr>
<tr><td colspan="2">四氯化碳</td><td>微甜气味，油状液体</td></tr>
<tr><td colspan="2">煤焦沥青</td><td>黑褐色</td></tr>
<tr><td colspan="2">生漆（又名大漆、国漆）</td><td>白色，粘稠液体</td></tr>
<tr><td colspan="2">农药：
(1) 有机磷（如敌百虫、敌敌畏、二氯磷、二溴磷、磷胺、对硫磷、甲基对硫磷、内吸磷、马拉硫磷、乐果、茂果、稻丰散、物普、八甲磷等）
(2) 有机氯
(3) 有机汞
(4) 氯基甲酸酯
(5) 灭鼠药（如磷化锌、安妥、鼠立死等）</td><td></td></tr>
<tr><td>放射性物质</td><td colspan="2">放射性比活度 >7.4×10^4 Bq/kg 的物质（如铀、钍的矿石、矿砂及浓缩物、天然铀和合化铀和天然钍及其制品、可裂变物质——铀^{233}、铀^{235}、钚^{238}、钚^{239}、钚^{241}或其任意组合物</td><td>特殊包装</td></tr>
</table>

类别		品名	特点
腐蚀性物质	酸类	硫酸	纯硫酸无色油状液体，不纯硫酸淡黄色
		硝酸	纯硝酸无色液体，溶有二氧化氮的呈红棕色
		盐酸（氯化氢的水溶液）和氯化氢	氯化氢无色气体，盐酸中通常含铁离子而呈黄色
		氯磺酸	无色油状液体，在空气中能发烟
		冰醋酸（乙酸）	强烈醋气味，在17℃时会冻结
	碱类	氢氧化钠	纯氢氧化钠，白色块状或片状固体，多见的为水溶液
		水合肼（肼的水溶液）	类似胺气味，无色液体
	其他类	甲醛及其水溶液（如福尔马林）	纯甲醛强烈刺激性气味，无色气体。甲醛水溶液为无色液体

二 消防知识

危险化学品与普通物品由于性质不一样，不同的危险品灭火时使用的灭火剂不一样，因此，发生火灾时必须针对危险化学品的性质选择灭火工具和材料。常用的灭火器，有泡沫、酸碱、清水、干粉、二氧化碳、1211等类型。

1 泡沫灭火器的使用知识

（1）泡沫灭火器，是通过筒内酸性溶液与碱性溶液混合后发生化学反应，喷射出泡沫，覆盖在燃烧物的表面上，隔绝空气，起到灭火效果的工具。

（2）泡沫灭火器适用于扑救油脂类、石油产品及一般固体物质的初起火灾。

（3）提取手提式MP型泡沫灭火器奔赴现

场进行灭火时，要特别注意筒身不宜过度倾斜，以免两种药液混合。

(4) 使用时，颠倒筒身，使两种药液混合而发生化学反应，产生泡沫，由喷嘴喷出；但必须注意不要将筒盖、筒底对着人体，以防万一发生爆炸伤人。

(5) 手提式泡沫灭火器的灭火剂应按规定的方法配制和灌装；按制造厂规定的方法使用，冬季应注意防冻，每年应定期检查。

(6) 若灭火器变质应予以更换，每次更换时应清洗灭火器内部，并进行检查，不允许有明显锈蚀；每次更换灭火剂后应在灭火器上标明日期。

2 干粉灭火器使用知识

(1) 干粉灭火器是以高压二氧化碳气体作为动力，喷射干粉灭火剂的灭火工具，适用于扑救石油及其产品、可燃气体和电气设备的初起火灾。

(2) 使用MF型手提式干粉灭火器时，打开保险销，把喷管喷口对准火源，拉动拉环，干粉即喷出灭火。

(3) MF型手提式干粉灭火器放置处，应保持干燥通风，防止筒体受潮遍体腐蚀；同时还应避免日光曝晒和强辐射热以影响其正常使用。

(4) 灭火器连接件不得松动，喷嘴塞盖不行脱落，保证灭火器的密封性。

3 手提式二氧化碳灭火器使用知识

(1) 二氧化碳灭火器主要适用于扑救贵重设备、档案资料、仪器仪表，600V以下的电器及油脂等火灾。二氧化碳灭火器有MT型手轮式和MTZ型鸭嘴式两种。

(2) 使用MT型手轮式二氧化碳灭火器时，应先拔去保险销，一手持喷筒把手，并紧压压把，气体即自动喷出；不用时将手放松即行关闭。

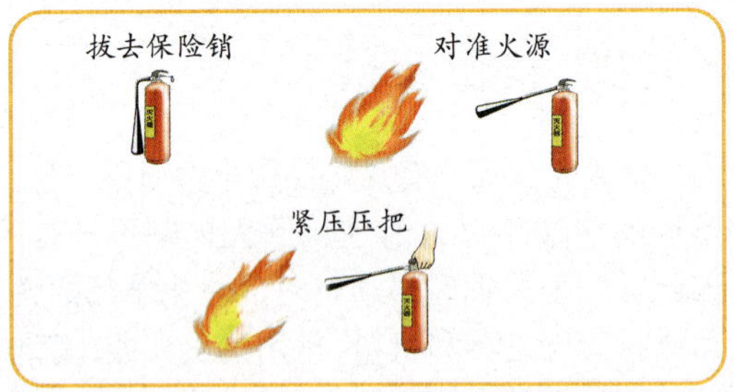

(3) 灭火器一经开启，必须重新充装；充装前应进行全面检查，不符合标准规定的，不得再充装。

(4) 灭火器应每年至少称一次质量。超过规定泄漏量应检修（如称质量后发现二氧化碳减少1/10时，应查明原因加足气体）。

(5) 灭火器每隔5年应进行一次水压试验，在水压试验的同时应测定残余应变率，其值不得大于6%，试验后应在灭火器筒体肩部用钢印打上试验年月和试验单位代号。

(6) 灭火器的维修、再充装应由专业单位承担，并应当符合国家标准规定。

4 1211灭火器

(1) 1211灭火器是一种轻便、高效的灭火器材，适用于扑救油类、精密机械设备、仪表、电子仪器设备及文物、图书、档案等贵重物品的初起火灾。

(2) “1211”是卤化物二氟一氯一溴甲烷的代号，是卤代烷灭火剂的一种。它的绝缘性能好，灭火时不污损物品，灭火后不留痕迹，并有灭火效率高、速度快的优点。1211灭火器有手提式和推车式两种。

(3) 使用1211灭火器时，首先要拔掉安全销，然后握紧压把开关，压杆就使密封阀开启，于是1211灭火剂在氮气压力作用下，通过虹吸管从喷嘴射出。当松开压把时，压杆在弹簧的作用下恢复原位，阀门关闭，停止喷射。

(4) 使用1211灭火器应垂直操作，不可放平和颠倒使用，喷嘴对准火源根部，并向火源边缘左右扫射，快速向前推进，要防止回火复燃；如遇零星小火可点射灭火。

(5) 灭火器应按制造厂规定的方法和要求使用。灭火器一经开启，即使喷出不多，也必须按规定要求再充装，充装后应检查密封性能。

5 常用的灭火方法

(1) 爆炸品常用的灭火方法是用水冷却达到灭火的目的，不能采取窒息法或隔离法，禁止使用砂土覆盖燃烧的爆炸品。

(2) 压缩气体遇燃烧、爆炸等险情时，应向气瓶大量浇水使其冷却，并及时将气瓶移出危险区域。

(3) 易燃液体一旦发生火灾，不可用水扑救，应采用泡沫、二氧化碳、干粉、1211灭火器等扑救。

(4) 腐蚀品着火时，不得用水柱直接喷射，以防腐蚀物品飞溅，应用水柱向高空喷射形成雾状覆盖火区。

(5) 遇水发生剧烈反应，能燃烧、爆炸或放出毒气等危险品着火时，不得用水扑救，应采用二氧化碳、干粉灭火器等扑救。

(6) 着火物是强酸时，应尽可能抢出货物，以防止高温爆炸、酸液飞溅。无法抢出货物时，可用大量水降低容器温度。

(7) 扑救易散发腐蚀性蒸气或有毒气体的火灾时，扑救人员应穿戴防毒面具和相应的防护用品，站在上风处施救；如果被腐蚀物灼伤时，应立即用流动自来水或清水洗创面15～30min之后送医院救治。

本章主要考点

1. 职业道德规范

道路运输驾驶员的职业行为要求及规范。

2. 安全驾驶基本知识

（1）驾驶员心理因素对安全驾驶的影响；
（2）驾驶员生理因素对安全驾驶的影响；
（3）谨慎驾驶基本知识。

3. 驾驶疲劳的危害

（1）驾驶疲劳的特征；
（2）驾驶疲劳形成的原因；
（3）驾驶疲劳的预防与改善。

4. 高速公路安全行车知识

（1）高速公路交通设施；
（2）安全驶入、驶离高速公路的方法；
（3）高速公路行车道安全驾驶方法；
（4）高速公路交通事故的特点。

5. 紧急情况的处理

（1）紧急情况的处理原则；
（2）发动机突然熄火、转向失控、制动失效、侧滑、轮胎漏气及爆裂、碰撞、侧翻、遇行人突然横穿、行车火灾等的应急处理方法；
（3）事故现场的保护及应急处置。

6. 危险化学品的基本常识及消防知识

（1）危险化学品的分类和常见危险化学品基本知识；
（2）常用灭火器的使用及灭火方法。

第三章 汽车使用技术

汽车使用技术包括汽车维护的基本知识、车辆技术要求、轮胎的合理使用、节约燃料的基本知识、汽车与环保、行驶记录仪和车用导航系统及汽车保险知识等内容。道路运输驾驶员只有掌握了这些知识，才能更加科学、合理地使用汽车，使汽车经常处于完好技术状态，保证运输工作的正常进行。

第一节 汽车维护的基本知识

汽车维修是指以维护或者恢复汽车技术状况和正常功能，延长汽车使用寿命作为任务所进行的维护、修理以及维修救援等相关的活动。汽车维修是汽车维护、修理以及维修救援的泛称，包括整车维护、整车修理、总成修理、小修、专项修理、维修救援和维修竣工检验等。

汽车维护是指道路运输车辆运行到国家有关标准规定的行驶里程或间隔时间，为维护汽车完好技术状况或工作能力，必须按期执行的维护作业。汽车维护制度贯彻“安全第一、预防为主”的方针，是保障汽车运行安全的基本制度。

一 维护的分类及作业内容

道路运输车辆的维护分为日常维护、一级维护和二级维护。

(1)日常维护是由驾驶员每日出车前、行车中和收车后负责执行的车辆维护作业。其作业中心内容是清洁、补给和安全检视。

维护类型	检查项目	要求
出车前	各部润滑油（脂）、燃料、冷却液、制动液及液压油等各种工作介质和轮胎气压等情况	进行检查补给；保证行车前汽车油液充足、清洁和性能良好，轮胎气压符合要求
	制动、转向、传动、悬架、连接、灯光信号等安全部位和装置以及发动机运转状态	进行检查、校紧、紧固，确保行车安全
行车中	轮胎气压、表面磨损和车轮花纹间有无镶嵌物	及时进行清理、剔除杂物
	炎热天气，检查车轮轮毂温度	若温度过高，应将车停在阴凉通风处自然降温

维护类型	检查项目	要求
行车中	仪表灯光工作情况	确保工作正常
	检查挂车连接装置	连接牢固可靠
收车后	对车辆进行清洁	保持车容和发动机外表整洁
	对车辆进行检查，记录车辆行驶的情况	如有故障，应详细记录车辆故障状况，为车辆维修提供资料

（2）一级维护是由维修企业负责执行的车辆维护作业。其作业中心内容除日常维护作业外，以清洁、润滑、紧固为主，并检查有关制动、操纵等安全部件。

（3）二级维护是由维修企业负责执行的车辆维护作业。其作业中心内容除一级维护作业外，以检查和调整转向节、转向摇臂、制动蹄片、悬架等经过一定时间的使用容易磨损或变形的安全部件为主，并拆检轮胎，进行轮胎换位。二级维护必须按期进行。

二 道路运输车辆维护的有关规定

（1）道路运输经营业户和驾驶员，必须按国家或行业有关标准规定的行驶里程或间隔时间，对车辆进行维护作业，进口车辆及特种车辆按出厂说明的规定进行。

（2）道路运输经营业户，可以自主选择经道路运输管理机构资质认定的二类以上的汽车维修企业进行维护作业。危险化学品运输车辆必须到具备危险货物运输车辆修理条件的维修企业进行维护作业。

（3）经道路运输管理机构资质认定，达到二类以上汽车维修企业开业条件的道路运输经营业户，可以对本单位的车辆进行维护作业。

（4）道路运输经营业户，必须按国家有关规定执行车辆维护制度，并加强管理；车辆的二级维护由道路运输管理机构负责监督管理。

（5）从事驻地运输超过3个月的车辆，车主应持车籍地道路运输管理机构的委托书，纳入驻地的车辆维护管理。

（6）对达到二级维护行驶里程或间隔时间的车辆，道路运输经营业户应自觉按时维护，道路运输管理机构要及时督促道路运输经营业户按时维护。

（7）道路运输经营业户年度审验时应出示车辆二级维护出厂合格证（已审核备案的除外）。

第二节 道路运输车辆技术要求

根据我国汽车制造行业生产技术水平和道路等级不断提高的实际情况，为减少车辆技术性能不良造成的交通事故和污染，提高车辆安全技术要求，国家规定了道路运输车辆整车及发动机、转向系、制动系、行驶系、传动系、车身、安全防护装置、照明、信号装置、其他电气设备和环保等有关运行安全和排污、噪声控制的技术要求。

汽车是由动力驱动，具有 4 个或 4 个以上车轮的非轨道承载的车辆，主要用于载运人员和货物、牵引载运货物的车辆或特殊用途的车辆。另外还包括与电力线相联的车辆（如无轨电车）和整车整备质量超过 400kg 的三轮车辆。

一 整车

1 整车标志

汽车在车身前部外表面的易见部位上应至少装置一个能永久保持的产品标牌，产品标牌上应标明品牌、整车型号、制造年月、生产厂名及制造国。不同的车辆类型，还应标明其他项目。产品标牌上标明的内容应规范、清晰耐久且易于识别，项目名称均应有中文名称。

各类汽车产品标牌应补充标明的项目

类型	标明的项目
乘用车 客车	车辆识别代码、发动机型号、发动机排量、发动机最大净功率或额定功率、最大设计总质量（以下简称为“总质量”）、乘坐人数（乘员数）
货车	车辆识别代码、发动机型号、发动机最大净功率或额定功率、总质量、整车整备质量（以下简称为“整备质量”）、最大设计牵引质量汽车
半挂牵引车	车辆识别代码、发动机型号、发动机最大净功率或额定功率、整备质量、牵引座最大设计静载荷、最大设计牵引质量
挂车	车辆识别代码、总质量、整备质量

注：(1)电动汽车还应标明电动动力系统净功率和直流或交流标称电压。
(2)乘用车具备牵引功能时还应标明最大设计牵引质量。
(3)客车可不标发动机排量。
(4)货车没有牵引功能时可不标最大设计牵引质量。
(5)牵引杆挂车和中置轴挂车在未采用统一的车辆识别代码之前应标明车架号。

汽车、半挂车必须具有车辆识别代码，其内容和构成应符合的规定要求；至少有一个车辆识别代码打刻在车架（无车架的机动车为车身主要承载且不能拆卸的部件）上，打刻位置应尽量位于前部右侧，如受结构限制也可打刻在其他部位。打刻的车辆识别代码应易见且易于拓印，其字母和数字的字高不应小于 7.0mm，深度不应小于 0.3mm。

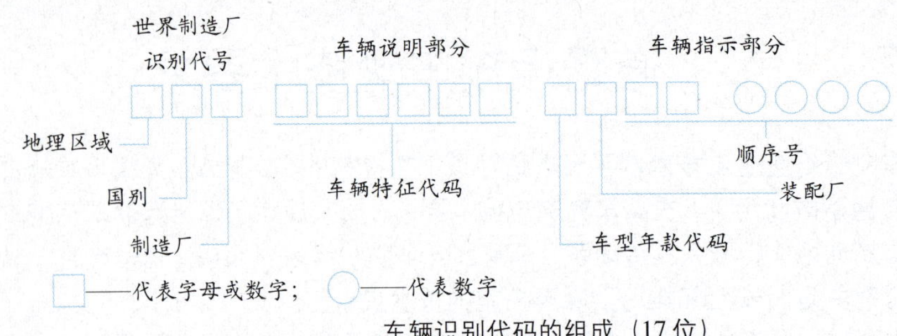

车辆识别代码的组成（17位）

发动机型号和出厂编号应打刻（或铸出）在汽缸体上且应能永久保持，在出厂编号的两端应打刻起止标记（没有打刻起止标记的空间时可不打刻）；若打刻（或铸出）的发动机型号和出厂编号不易见，则应在发动机易见部位增加能永久保持的发动机型号和出厂编号的标识。

2 外观及漏水、漏油检查

(1)机动车外观应整洁，各零部件应完好，连接紧固，无缺损。车体应周正，车体外缘左右对称部位高度差不允许大于40mm。

(2)在发动机运转及停车时，水箱、水泵、汽缸体、汽缸盖、暖风装置及所有连接部位均不应有明显渗漏现象。

(3)机动车连续行驶距离不小于10km，停车5min后观察，不应有明显渗漏现象。

二 发动机

(1)发动机应动力性能良好，运转平稳，怠速稳定；点火、燃料供给、润滑、冷却和排气等系统的机件应齐全，性能良好。发动机功率不允许小于标牌（或产品使用说明书）标明的发动机功率的75%。

(2)发动机应有良好的起动性能。汽车（三轮汽车和装用单缸柴油机的低速货车除外）发动机应能由驾驶员在座位上起动。柴油机停机装置必须灵活有效。

(3)诊断发动机技术状况的项目有发动机功率、燃油消耗量、机油消耗量、发动机燃烧质量、汽缸压力、曲轴箱窜气量、汽缸漏气率、进气歧管真空度、点火系工作质量、机油质量、机油含铁量、发动机温度、发动机异常声响和振动。

三 转向系

汽车（三轮汽车除外）转向盘必须设置于左侧，转向盘应转动灵活，操纵方便，无阻滞现象；转向轮转向后应能自动回正，以使车辆具有稳定的直线行驶能力。

最高设计车速不小于100km/h的汽车转向盘的最大自由转动量不允许大于20°；

最高设计车速小于100km/h的汽车转向盘的最大自由转动量不允许大于30°；

三轮汽车转向盘的最大自由转动量不允许大于45°。

汽车在平坦、硬实、干燥和清洁的道路上行驶不应跑偏，其转向盘不应有摆振、路感不灵或其他异常现象。转向节及臂，转向横、直拉杆及球销不允许有裂纹和损伤，并且球销不应松旷。

四 制动系

1 基本要求

（1）汽车应设置足以使其减速、停车和驻车的制动系统或装置。即具有行车制动、应急制动功能（三轮汽车除外）和驻车制动装置，行车制动的控制装置与驻车制动的控制装置应相互独立。

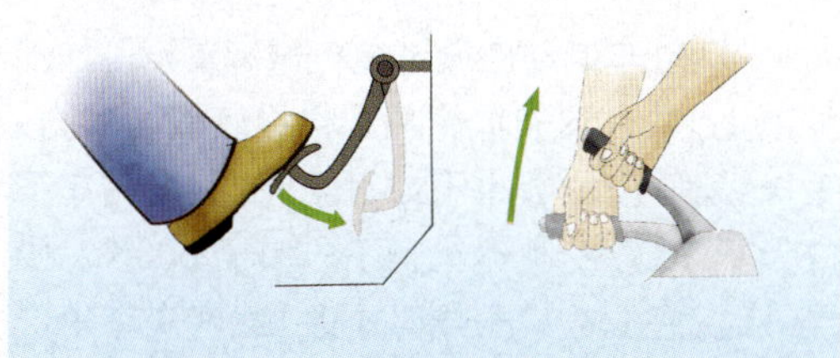

（2）制动系应经久耐用，不允许因振动或冲击而损坏。制动踏板及其支架、制动主缸及其活塞、制动总阀、制动主缸和踏板、制动气室、轮缸及其活塞和制动臂及凸轮轴总成之间的连接杆件应为不易失效的零部件。这些零部件应易于维护和修理。

2 行车制动

行车制动必须保证驾驶员在行车过程中能控制汽车安全、有效地减速和停车。行车制动必须是可控制的，且必须保证驾驶员在其座位上双手无须离开转向盘就能实现制动。

行车制动应符合以下要求：

（1）行车制动应作用在汽车（三轮汽车及总质量不大于750kg的挂车除外）的所有车轮上。行车制动的制动力应在各轴之间合理分配。在同一车轴左右轮之间相对机动车纵向中心平面合理分配。

（2）行车制动系制动踏板的自由行程应符合该车有关技术条件。

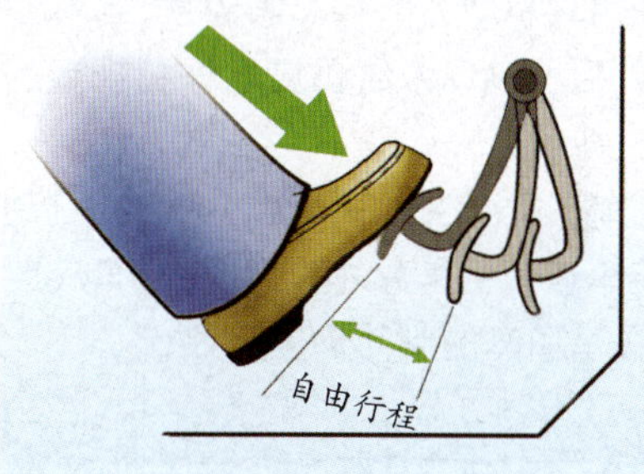

（3）行车制动在产生最大制动效能时的踏板力，对于小于或等于9座的载客汽车不应大于500N；对于其他机动车不应大于700N。

（4）液压行车制动在达到规定的制动效能时，踏板行程不应大于踏板全行程的3/4；制动器装有自动调整间隙装置的机动车的踏板行程不应大于踏板全行程的4/5，且小于或等于9座的载客汽车不应大120mm，其他类型的车辆不应大于150mm。

（5）气压制动的汽车，发动机在75%的额定转速下，4min（汽车列车为6min，铰接客车和铰接式无轨电车为 8min）内气压表的指示气压应从零开始升至起步气压（未标起步气压者，按 400kPa 计）。当气压升至 600kPa 且不使用制动的情况下，停止空气压缩机 3min 后，其气压的降低值不应大于 10kPa。在气压为 600kPa 的情况下，将制动踏板踏到底，待气压稳定后观察 3min，汽车气压降低值不应大于 20kPa，汽车列车、铰接客车及铰接式无轨电车气压降低值不应大于 30kPa。

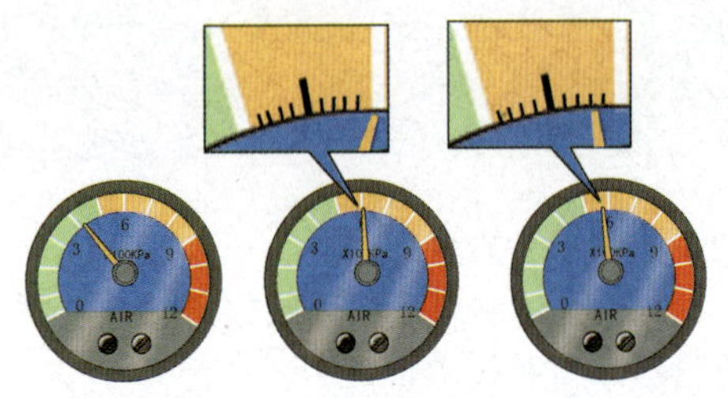

（6）采用真空助力的行车制动系，当真空助力器失效后，制动系统仍应能保持规定的应急制动性能。

（7）汽车在运行过程中不允许有自行制动现象。当挂车与牵引车意外脱离后，挂车应能自行制动，牵引车的制动仍应有效。

（8）总质量大于12000kg 的长途客车和旅游客车、总质量大于 16000kg 允许挂接总质量大于 10000kg 的挂车的货车及总质量大于 10000kg 的挂车必须安装符合规定的防抱死制动装置。

3 驻车制动

驻车制动应能使汽车即使在没有驾驶员的情况下，也能停在上、下坡道上。驾驶员必须在座位上就可以实现驻车制动。对于汽车列车，若挂车与牵引车脱离，挂车应能产生驻车制动。驻车制动应符合以下要求：

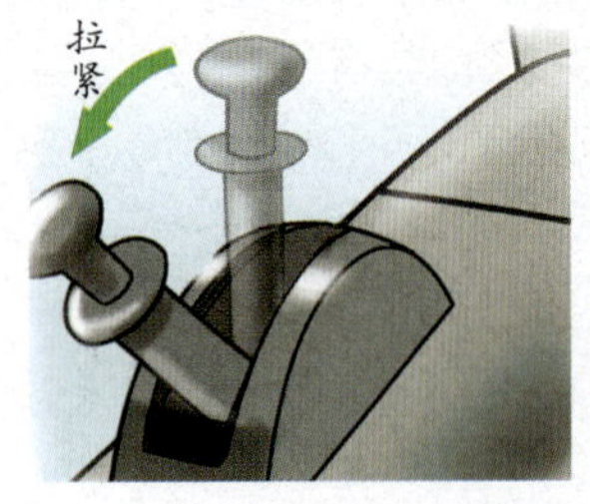

（1）驻车制动应通过纯机械装置把工作部件锁止，并且驾驶员施加于操纵装置上的力：手操纵时，座位数小于或等于9的载客汽车不应大于 400N，其他车辆不应大于 600N；脚操纵时，座位数小于或等于9的载客汽车不应大于 500N，其他车辆不应大于 700N。

（2）驻车制动的控制装置的安装位置应适当，其操纵装置应有足够的储备行程（开关类操作装置除外），一般应在操纵装置全行程的 2/3 以内产生规定的制动效能；驻车制动机构装有自动调节装置时允许在全行程的3/4以内达到规定的制动效能。棘轮式制动操纵装置应保证在达到规定驻车制动效能时，操纵杆往复拉动的次数不允许超过 3 次。

（3）在空载状态下，驻车制动装置应能保证汽车在坡度为 20%（对总质量为整备质量的 1.2 倍以下的机动车为 15%）、轮胎与路面间的附着系数不小于 0.7 的坡道上正、反两个方向保持固定不动，其时间不应少于 5min。对于允许挂接挂车的汽车，其驻车制动装置必须能使汽车列车在满载状态下时停在坡度为 12% 的坡道上（坡道上轮胎与路面间的附着系数不应小于 0.7）。

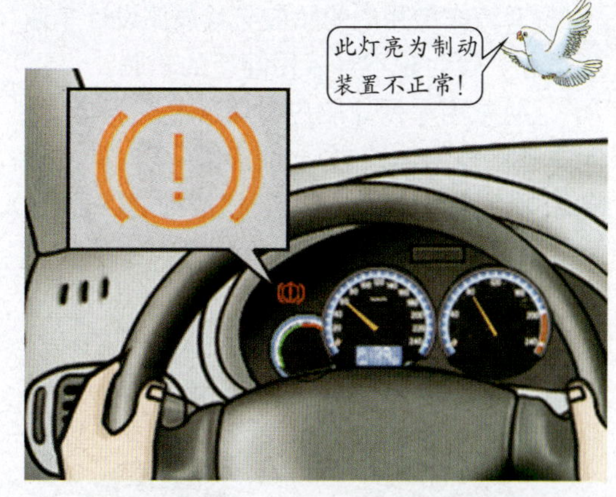

4 制动报警装置

(1) 液压制动汽车（三轮汽车和装用单缸柴油机的低速货车除外），若液压传能装置任一部件失效，应通过红色报警信号灯通知驾驶员。只要失效继续存在且点火开关处在开(ON)的位置，该信号灯应保持发亮。报警信号灯即使在白天也应很醒目，驾驶员在其座位上应能很容易地检查报警信号灯工作是否正常，该装置的失效不应导致制动系统完全丧失制动效能。

(2) 气压制动的汽车，当制动系统的气压低于起步气压（未标起步气压时按 400kPa 计）时，报警装置应能连续向驾驶员发出容易听到或看到的报警信号。

(3) 安装具有防抱死制动装置的汽车，当防抱死制动装置失效时，报警装置应能连续向驾驶员发出容易听到或看到的报警信号。

五 行驶系

1 轮胎

(1) 轮胎胎冠花纹深度：乘用车、挂车轮胎胎冠上花纹深度不允许小于 1.6mm，其他车辆转向轮的胎冠花纹深度不允许小于 3.2mm；其余轮胎胎冠花纹深度不允许小于 1.6mm。同一轴上的轮胎规格和花纹应相同，轮胎规格应符合整车制造厂的出厂规定。

(2) 同一轴上轮胎外径的磨损程度应大体一致。轮胎胎面不得有因局部磨损而暴露出轮胎帘布层。轮胎不得有影响使用的缺损、异常磨损和变形。轮胎的胎面和胎壁上不得有长度超过 25mm 或深度足以暴露出轮胎帘布层的破裂和割伤。双式车轮的轮胎的安装应便于轮胎充气，双式车轮的轮胎之间应无夹杂的异物。

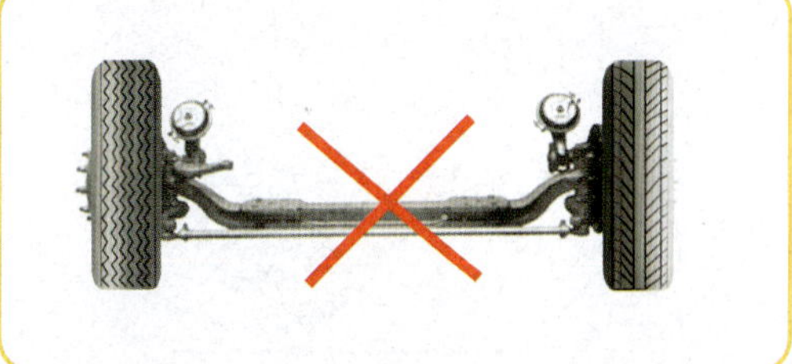

(3)汽车装用的轮胎应与其最高设计车速相适应。转向轮不得装用翻新的轮胎。

(4)乘用车用轮胎应有胎面磨耗标志。乘用车备胎规格与该车其他轮胎不同时，应在备胎附近明显位置（或其他适当位置）装置能永久保持的标识，以提醒驾驶员正确使用备胎。

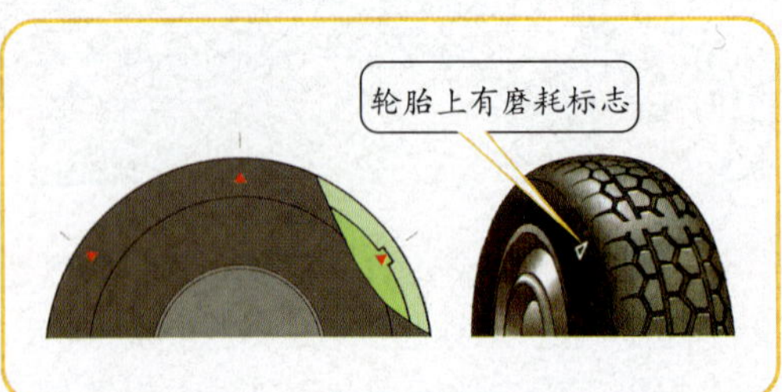

(5)轮胎负荷不应大于该轮胎的额定负荷，轮胎气压应符合该轮胎承受负荷时规定的压力。具有轮胎气压自动充气装置的汽车，其自动充气装置应能确保轮胎气压符合出厂规定。

2 其他部件

(1)总质量不大于3500kg的汽车车轮总成的横向摆动量和径向跳动量不应大于5mm；其他车辆不应大于8mm。最高设计车速大于100km/h的车辆，其车轮的动平衡要求应符合有关技术条件的规定。

(2)车架不应有变形、锈蚀和裂纹，螺栓和铆钉不应缺少或松动。车桥与悬架之间的各种拉杆和导杆不应变形，各接头和衬套不应松旷或移位。前、后桥不应有变形和裂纹。轮胎螺母和半轴螺母应完整齐全，并应按规定力矩紧固。

(3)悬架系统各球关节的密封件不允许有切口或裂纹，稳定杆应连接可靠，结构件不允许有变形或残损。钢板弹簧不允许有裂纹和断片现象，同一轴上的弹簧形式和规格应相同，其弹簧形式和规格应符合产品使用说明书中的规定。中心螺栓和U形螺栓应紧固、无裂纹且不允许拼焊。钢板弹簧卡箍不允许拼焊或残损。减振器应齐全有效，不允许有明显渗漏油现象。

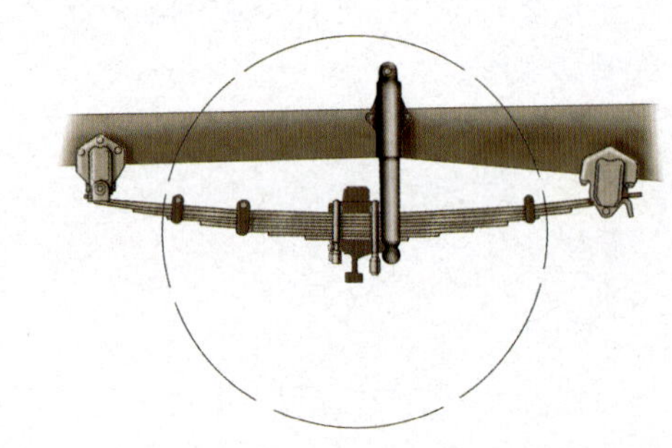

六 传动系

1 离合器

离合器踏板自由行程应符合整车技术条件的有关规定，接合平稳，分离彻底，工作时不得有异响、抖动或不正常打滑等现象。离合器彻底分离时，踏板力不应大于300N。

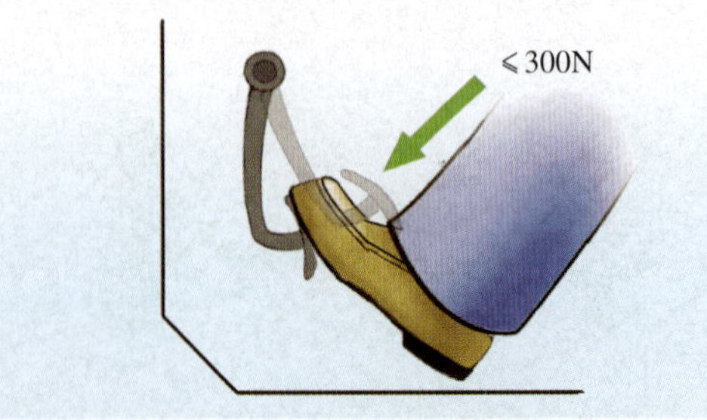

2 变速器和分动器

(1)在换挡杆上应有驾驶员在驾驶座位上即可容易识别变速器和分动器挡位位置的标志。若换档杆上难以布置,则应布置在换挡杆附近易见部位。装有分动器的汽车,还应在挡位位置标牌或产品使用说明书上说明连通分动器的操作步骤。

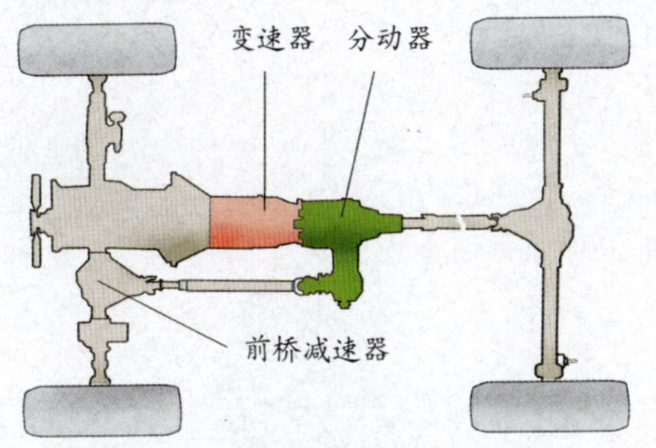

(2)换挡时变速器齿轮应啮合灵便,互锁、自锁和倒挡锁装置应有效,不得有乱挡和自行跳挡现象;运行中应无异响。

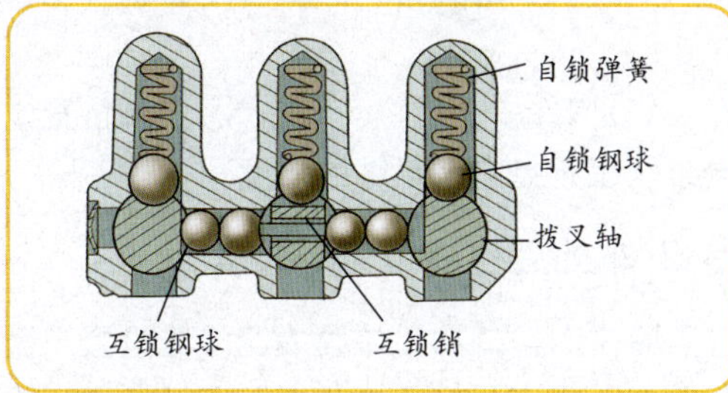

3 传动轴

传动轴在运转时不得发生振抖和异响,中间轴承和万向节不得有裂纹和松旷现象。发动机前置后驱动的客车的传动轴在车厢地板的下面沿纵向布置时,应有防止传动轴滑动连接(花键或其他类似装置)脱落或断裂等故障而引起危险的防护装置。

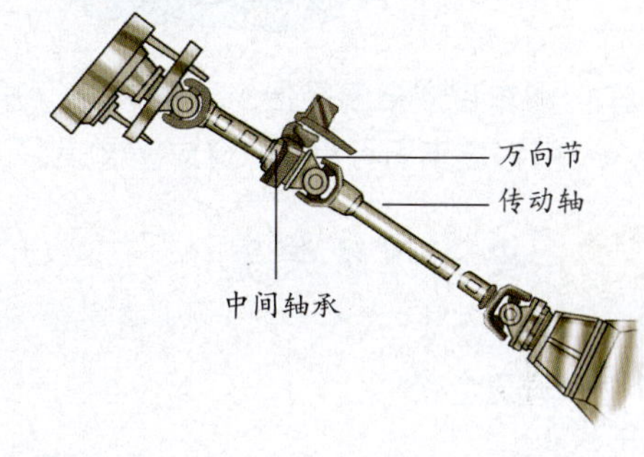

4 驱动桥

驱动桥壳、桥管不得有变形和裂纹,驱动桥工作应正常且不得有异响。

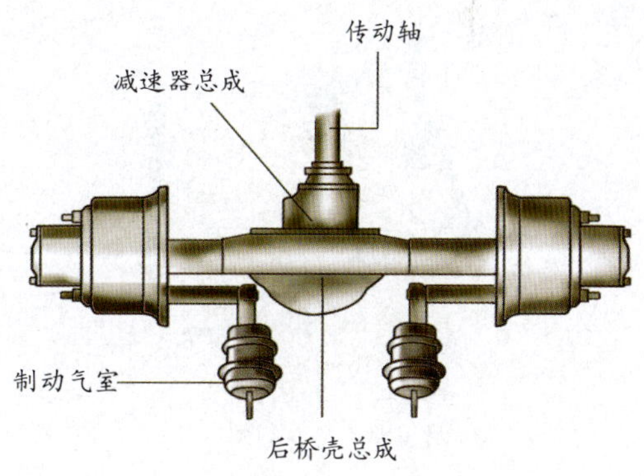

七 车身

车身的技术状况应能保证驾驶员有正常的工作条件和客货安全。

车身和驾驶室应坚固耐用,覆盖件无开裂和锈蚀。车身和驾驶室在车架上的安装应牢固,不能因机动车振动而引起松动。车身外部和内部乘员可能触及的任何部件、构件都不应有任何可能使人致伤的尖锐凸起物(如尖角、锐边等)。

车门和车窗应启闭轻便，不得有自行开启现象，门锁应牢固可靠。门窗应密封良好，无漏水现象。采用动力开启的乘客门，在有故障的情况下，仍应能简便地靠手动来开关，对长途客车和旅游客车还应有醒目的标志和使用方法。

机动车驾驶室必须保证驾驶员的前方视野和侧方视野，前风窗玻璃及风窗以外玻璃用于驾驶员视区部位的可见光透射比不得小于70%。所有车窗玻璃不得张贴镜面反光太阳膜。

八 安全防护装置

1 汽车安全带

(1) 乘用车的所有座椅（第三排及第三排以后的可折叠座椅除外）均装置汽车安全带，座位数不大于20（含驾驶员座位，下同）或者车长不大于6m的客车及最高设计车速不小于100km/h的货车和半挂牵引车的前排座椅应装置汽车安全带。

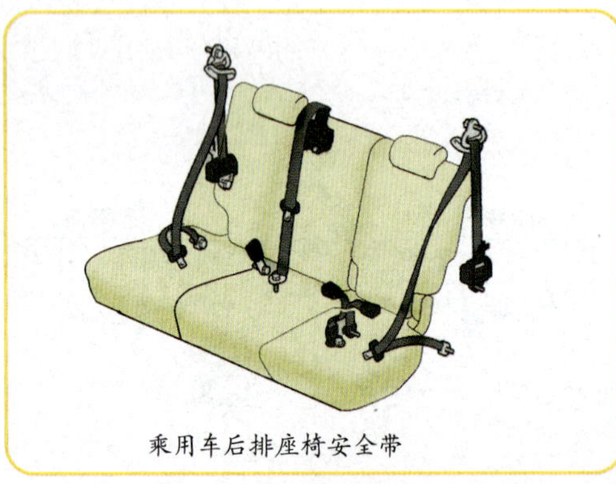

乘用车后排座椅安全带

(2) 长途客车和旅游客车的驾驶员座椅及前面没有座椅或护栏的座椅应装置汽车安全带；当（同向）座椅的座间距大于1000mm且座垫前面沿座椅纵向不大于600mm的范围内没有能起到防护作用的护栏或其他物体时，也应装置汽车安全带。卧铺客车的每个铺位均应安装两点式汽车安全带。

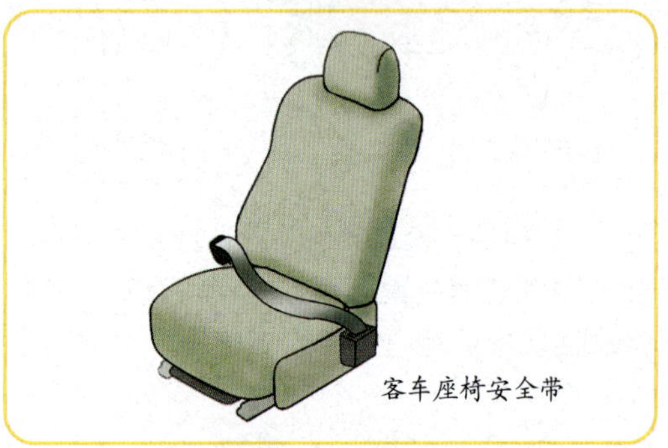

客车座椅安全带

(3) 汽车安全带应可靠有效，安装位置应合理，固定点应有足够的强度。

2 车外后视镜和前下视镜

汽车（挂车除外）在左右至少各设置一面后视镜。汽车后视镜的性能和安装要求应符合规定，汽车外后视镜的安装位置和角度应保证驾驶员能看清车身左右外侧、车后50m以内的交通情况。

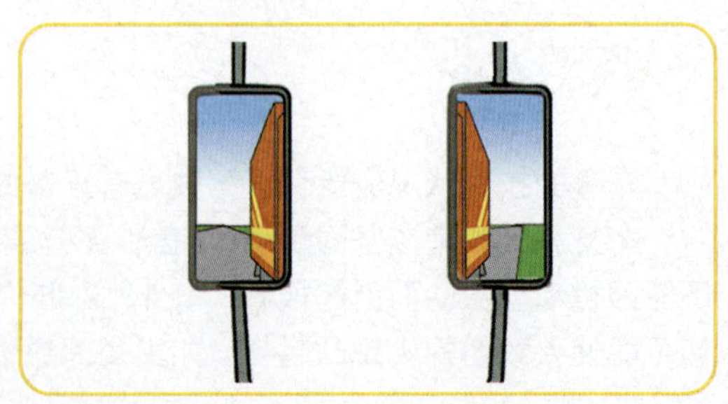

车长大于6m的平头货车和平头客车车前至少设置一面前下视镜，前下视镜应保证驾驶员能看清风窗玻璃前下方长1.5m、宽3m范围内的情况。

车外后视镜和前下视镜应易于调节，并能有效保持其位置。安装在外侧距地面1.8m以下的后视镜，当行人等接触该镜时，应具有能缓和冲击的功能。

3 前风窗玻璃

汽车的前风窗玻璃装备刮水器，其刮刷面积应确保驾驶员具有良好的前方视野。刮水器应能正常工作，刮水器关闭时，刮片应能自动返回至初始位置。乘用车及在寒冷地区运输的车辆前风窗玻璃应装有除雾、除霜装置。

汽车驾驶室内设置防止阳光直射而使驾驶员产生眩目的装置，且该装置在汽车碰撞时，不应对驾驶员造成伤害。

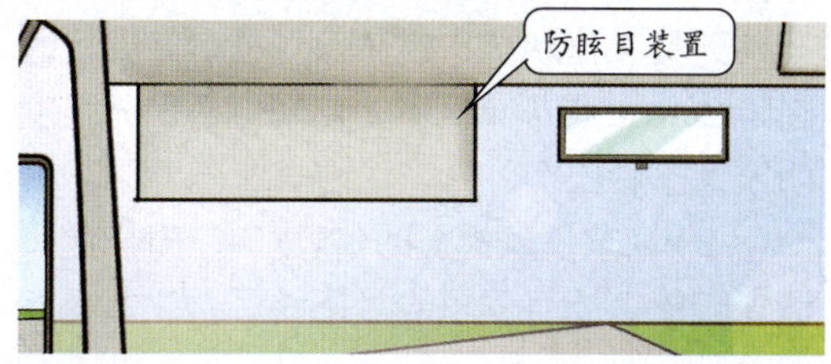

4 安全出口（安全门、窗）

车长小于6m的客车，在乘坐区的两侧有紧急情况时乘客易于逃生或救援的侧窗。车身右侧仅有一个供乘客上下的车门时，应设置安全门或安全窗。长途客车、卧铺客车和旅游客车还应设置车顶安全出口，卧铺布置为上、下双层时，侧窗布置应为上下双排。每个安全出口的附近都应设有“安全出口”字样。乘客门和安全出口的应急控制器附近标有清晰的符号或字样，并注有操作方法。

安全技术要求：

(1)安全门应有锁止机构且锁止可靠。安全门关闭时应能锁止，且在车辆正常行驶情况下不会因车辆振动、颠簸、冲撞而自行开启。

(2)安全门不用工具应能从车内外很方便地打开车门，门外手柄应设保护套，且离地面高度（空载时）不应大于1800mm。

(3)安全窗应采用易于迅速从车内、外开启的装置，或采用安全玻璃，并在车内明显部

位装备击碎玻璃的手锤。

(4) 安全顶窗应易于从车内、外开启或移开。安全顶窗开启后，应保证从车内外进出的畅通。弹射式安全顶窗应能防止误操作。

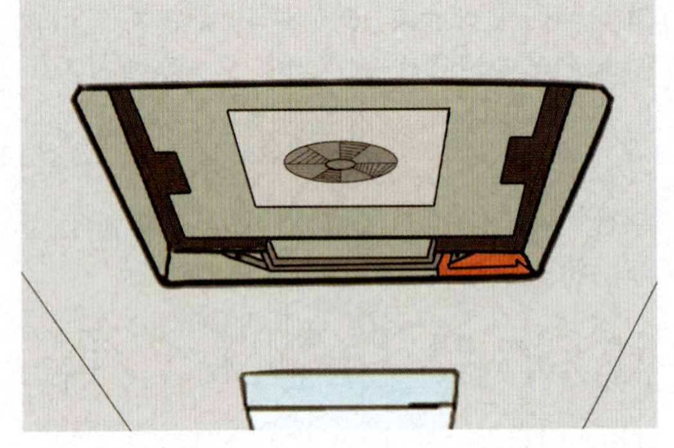

5 其他装置

(1)专门用于运送易燃和易爆物品的道路运输危险货物车辆，应在驾驶室上方安装红色标志灯，车上应备有消防器材并具有相应的安全措施。排气管应装在车身前部，机动车尾部应安装接地装置。

(2) 客车应装备灭火器，灭火器在车上应安装牢靠并便于取用。

(3) 汽车（三轮汽车除外）应装备符合规定的三角警告牌，三角警告牌在车上应妥善放置。

九 照明、信号装置和其他电气设备

1 照明和信号装置的技术要求

(1) 汽车的灯具应安装牢靠、完好有效，不得因车辆振动而松脱、损坏、失去作用或改变光照方向；所有灯光的开关应安装牢固、开关自如，不得因车辆振动而自行开关。

(2) 汽车的前、后位置灯、示廓灯（若安装）、侧标志灯（若安装）、挂车标志灯（若安装）、牌照灯和仪表灯能同时启闭，当前照灯关闭和发动机熄火时仍能点亮。汽车和挂车的电路连接能保证前、后位置灯、示廓灯（若安装）、侧标志灯（若安装）和牌照灯只能同时打开或关闭。

(3) 汽车的前、后转向信号灯、危险报警闪光灯及制动灯白天在距 100m 处能观察到其工作状况，侧转向信号灯白天在距 30m 处能观察到其工作状况；前、后位置灯、示廓灯和挂车标志灯夜间好天气时在距 300m 处能观察到其工作状况；后牌照灯夜间好天气时在距 20m 处能看清号牌。制动灯的发光强度明显大于后位灯。

(4) 汽车仪表板上的仪表灯点亮时，能照清仪表板上所有的仪表且不眩目。仪表板上应设置与行驶方向相适的转向指示信号和蓝色远光指示信号灯。

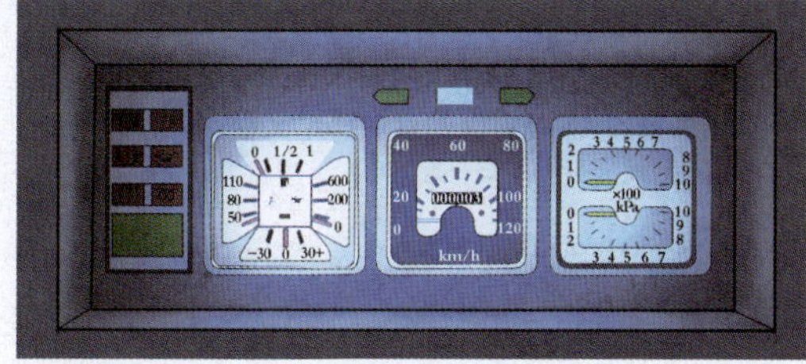

(5) 汽车（三轮汽车除外）均具有危险报警闪光灯，其操纵装置不受灯光总开关的控制。对于牵引挂车的汽车，危险报警闪光灯控制开关能打开挂车上的所有转向信号灯，即使在发动机不工作的情况下，仍应能发出危险报警信号。

(6) 客车设置有车厢灯和门灯。车长大于 6m 的客车至少有两条车厢照明电路，仅用于进出口处的照明电路可作为其中之一。当一条电路失效时，另一条仍能正常工作，以保证车内照明。车厢灯和门灯应不影响驾驶员的视线和其他机动车的正常行驶。

2 前照灯

(1) 汽车在正常使用条件下，前照灯光束照射位置应保持稳定。前照灯应设置远、近光变换装置，并且当远光变为近光时，所有远光应能同时熄灭。同一辆车上的前照灯不得左、右的远、近光灯交叉开亮。所有前照灯的近光都不得眩目。

打开远光灯

打开近光灯

(2) 汽车前照灯的远、近光灯上下并列设置时，近光灯位于上侧，其他情况下近光灯位于外侧。

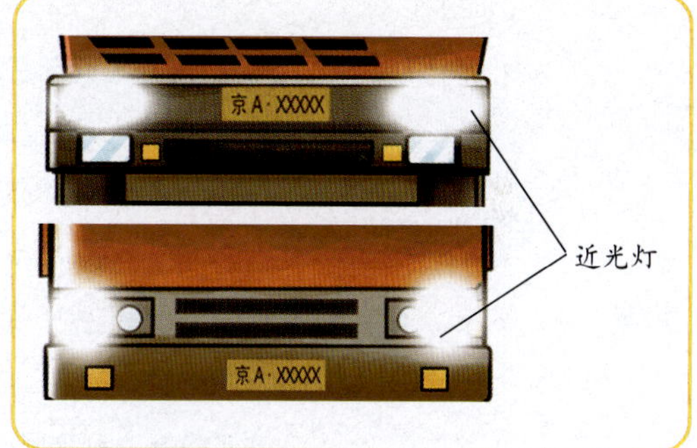

3 其他电气设备和仪表

(1) 汽车设置具有连续发声功能的喇叭，喇叭声级在距车前 2m 、离地高 1.2m 处测量时，其值应为 90 ~ 115dB(A)。

(2) 汽车应装有水温表或水温报警灯、电流表（或电压表、充电指示灯）、燃料表（对气体燃料汽车为气量显示装置）、车速里程表和机油压力表（或油压报警灯）等各种仪表及开关，并保持灵敏有效。采用气压制动系统的机动车，还装有气压表。

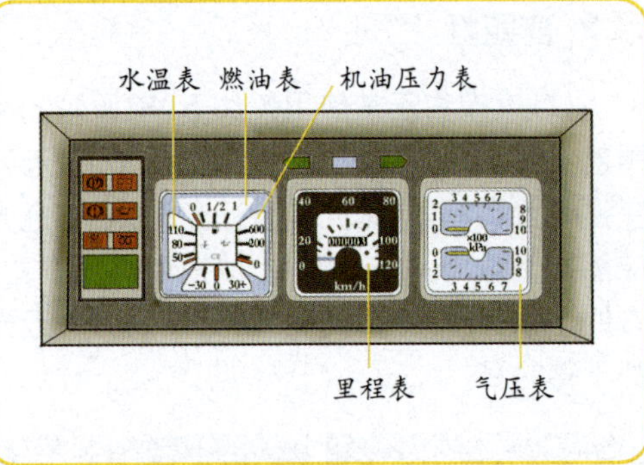

(3)车长大于6m的客车应设置电源总开关，个别未经过电源总开关的线路（如危险报警闪光灯线路）设置保险装置。

(4)长途客车和旅游客车、半挂牵引车、总质量不小于12000kg的货车应安装具备记录、存储、显示、打印车辆行驶速度、时间、里程等车辆行驶状态信息的行驶记录装置。

十 整车装备

1 车辆外廓尺寸限值

汽车、挂车以及列车的外廓尺寸不应超过规定的最大值。

汽车、挂车及汽车列车外廓尺寸的最大限值　　单位：m

车辆类型				车长	车宽	车高
汽车	货车及半挂牵引车	二轴	最大设计总质量>3500kg，且≤8000kg	7	2.5	4
			最大设计总质量>8000kg，且≤12000kg	8		
			最大设计总质量>12000kg	9		
		三轴	最大设计总质量≤20000kg	11		
			最大设计总质量>20000kg	12		
		四轴		12		
	乘用车及客车	乘用车及二轴客车		12	2.5	4
		三轴客车		13.7		
		单铰接客车		18		
挂车	半挂车	一轴		8.6	2.5	4
		二轴		10		
		三轴		13		
	中置轴（旅居）挂车			8		
	其他挂车	最大设计总质量≤10000kg		7		
		最大设计总质量>10000kg		8		
汽车列车	铰接列车			16.5	2.5	4
	货车列车			20		

(1) 对于货厢为整体封闭式的厢式货车(且货厢与驾驶室分离)、整体封闭式厢式半挂车及整体封闭式厢式汽车列车，以及车长大于11m的客车，车宽最大限值为2.55m;

(2) 定线行驶的双层客车车高最大限值为4.2m;

(3) 对于整体封闭式厢式半挂车、集装箱半挂车，以及组成五轴汽车列车的罐式半挂车，车长最大限值为13m;

(4) 在高等级公路上使用的整体封闭式厢式半挂车，车长最大限值为14.6m;

(5) 运送不可拆解物体的低平板列车和运送单箱长度大于12.2m(40英尺)集装箱的框架式集装箱列车除外；与整体封闭式厢式半挂车组成的铰接列车在高等级公路上使用时，车长最大限值为18.1m。

2 车辆总质量限值

汽车、挂车及汽车列车的最大允许总质量不得超过各车轴最大允许轴荷之和，且不得超过规定的最大限值。

车辆最大允许总质量的最大限值 单位：kg

车辆类型			最大允许总质量最大限值
汽车		三轮汽车	2000
		乘用车	4500
	客车	二轴客车	18000
		三轴客车	25000
		单铰接客车	28000
	半挂牵引车	二轴半挂牵引车	18000
		三轴半挂牵引车	25000
	货车	二轴货车	16000
		三轴货车	25000
		具有双转向轴的四轴汽车	31000
挂车	半挂车	一轴半挂车	18000
		二轴半挂车	35000
		三轴半挂车	40000
	其他挂车	二轴挂车，每轴每侧为单轮胎	12000
		二轴挂车，一轴每侧为单轮胎、另一轴每侧为双轮胎	16000
		二轴挂车，每轴每侧为双轮胎	20000

车辆类型		最大允许总质量最大限值
汽车列车	二轴汽车和一轴挂车组成的汽车列车	27000
	二轴汽车和二轴挂车组成的汽车列车	35000
	具有五轴的汽车列车	43000
	具有六轴的汽车列车	49000

3 其他要求

(1) 汽车或汽车列车驱动轴的轴荷不得小于汽车或汽车列车最大总质量的25%。

(2) 四轴汽车(自卸车除外)的最大允许总质量的数值(单位：t)不能超过其最前轴至最后轴的距离的数值(单位：m)的5倍。

(3) 挂车及二轴货车的货箱栏板高度不得超过600mm，二轴自卸车、三轴及三轴以上货车的货箱栏板高度不得超过800mm，三轴及三轴以上自卸车的货箱栏板高度不得超过1500mm。

十一 道路运输车辆的改装

1 已取得道路运输证车辆的改装

已获得道路运输证的车辆确需改装的，道路运输经营者应当事先获得有关部门的批准，交由合法改装企业实施车辆改装作业。改装完毕后，道路运输经营者应当到有关部门办理车辆行驶证变更手续，并经车辆综合性能检测合格后，到交通主管部门和道路运输管理机构办理道路运输证变更手续。

在不影响安全和识别号牌的情况下，道路旅客运输经营者允许自行决定对小型、微型旅客运输车辆加装前后防撞装置、增加车内装饰。

2 非法改装道路运输车辆

非法改装道路运输车辆，是指未经有关部门批准，擅自改变已获得道路运输证车辆结构、构造或者特征的车辆。

主要包括：

(1) 擅自改变车辆类型或用途。指擅自将客车改为货车、货车改为客车、普通货车改为专用货车、专用货车改为普通货车、卧铺客车改为座位客车、座位客车改为卧铺客车。

(2) 擅自改变车辆颜色。指擅自将驾驶室和车身改为与原车辆不同的外观颜色。

(3) 擅自改变车辆主要总成部件。指擅自更换与原车型不一致的发动机、变速箱、前桥、后桥或者车架；擅自更换车辆车身或者罐车罐体；擅自改变车辆悬架形式(空气悬架、复合悬架、钢板弹簧式悬架等悬架形式之间的改变)。

(4) 擅自改变车辆外廓尺寸或者承载限值。指擅自加高、加宽、加长、拆除货箱栏板或者增加车辆外廓尺寸；擅自增加或者减少轮胎数量；擅自增加或者减少车轴数量；擅自增加客车座位或者卧铺铺位。

非法改装道路运输车辆，将破坏车辆本身的结构和性能，给车辆行驶带来安全隐患，同时会造成道路运输市场的不公平竞争，不利于道路运输市场健康协调发展，危害很大。

3 对非法改装道路运输车辆的处罚规定

《中华人民共和国道路运输条例》第七十一条第二款规定：客运经营者、货运经营者擅自改装已取得车辆营运证的车辆的，由县级以上道路运输管理机构责令改正，处5000元以上2万元以下的罚款。

第二节 轮胎的合理使用

轮胎是车辆行驶系的主要部件，其性能的优劣，直接影响车辆的牵引性、通过性、制动性、稳定性和舒适性。合理使用轮胎，延长轮胎的使用寿命，是降低成本和保证车辆正常运行的重要措施之一。

一 影响轮胎使用寿命的因素

汽车轮胎的使用寿命与汽车的技术性能、工作气压、轮胎负荷、行驶速度、气温、驾驶技术、道路条件以及轮胎的维护和管理等因素有关。

1 轮胎气压

轮胎气压应符合充气标准，高于或低于标准，都将缩短轮胎的使用寿命；因此，按照规定保持最适宜的轮胎气压是延长轮胎使用寿命的最有效措施。

2 轮胎负荷

车辆负荷越大，轮胎对地面的压力越大，轮胎磨损越大；如果车辆严重超载，会造成轮胎严重超负荷运转，使轮胎侧壁的弯曲变形增大，扩大与地面接触面积，温度升高，加速轮胎磨损与损坏。因此，车辆的载重应有一定数量规定，严禁超载，以保证轮胎的正常负荷。

3 行驶速度

车辆行驶速度过高，使轮胎受到的负荷增大，磨损也随之增大，尤其在不平的路面上更为严重；所以，行驶中注意合理控制车速，以有利于延长轮胎的使用寿命，节约燃料。行驶速度要适应路面情况，掌握经济速度，避免高速行驶。

4 轮胎的使用温度

汽车在运行中，由于胎侧经常受到伸张和压缩，胎体帘线之间产生摩擦，再加上胎面之间的摩擦，引起轮胎温度升高，容易产生轮胎磨损加剧或易出现不正常的磨损和爆破。

5 底盘的技术状况

行驶系技术状况不良，也会使轮胎磨损增加，如前轮定位及轴位失准，轮盘和轮辋失准等。

6 道路条件

汽车在行驶中，路面的好坏对轮胎的使用寿命有很大影响。一般情况下，好的路面既节油，又节胎。假如，轮胎在沥青等良好路面行驶的寿命是100%，那么在砂石路面，寿命就会下降25%～30%。

7 驾驶技术

节约轮胎与驾驶员的操作技术有很大关系。如操作不当，起步过猛，骤然转向，紧急制动，行驶中压、擦硬质障碍等，都会导致轮胎的严重磨损，应充分注意改变不良的驾驶操作习惯和方法。

8 轮胎的维护和管理

轮胎不进行定期维护是影响轮胎使用寿命的重要因素之一。如轮胎换位及维护不及时；轮胎装配及选用花纹不当；保管不妥，久存老化，人为损伤，化学腐蚀等。

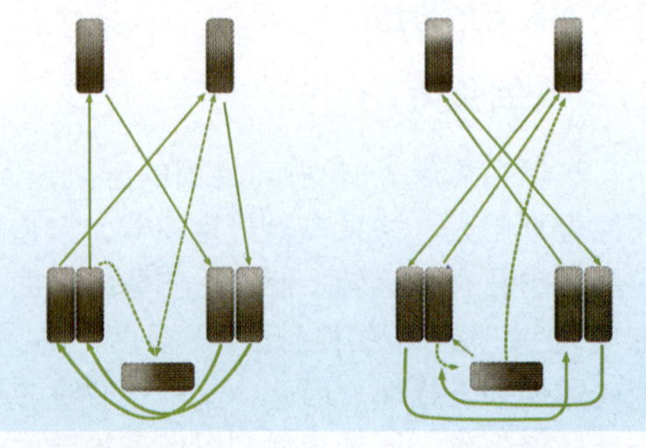

循环换位法　　交叉换位法

二 轮胎的选用

轮胎的选用对汽车性能有很大影响。为了提高汽车行驶性能和延长其寿命，应按照以下要点选择轮胎。

1 轮胎类型的选择

轮胎类型主要据汽车类型和行驶条件来选择，货车普遍采用高强度尼龙帘布轮胎，使轮胎承载能力提高；轿车应采用直径较小的宽轮辋低压胎，以提高行驶稳定性。由于子午线轮胎的结构特点使其有很多优点，应为优先选择之列。

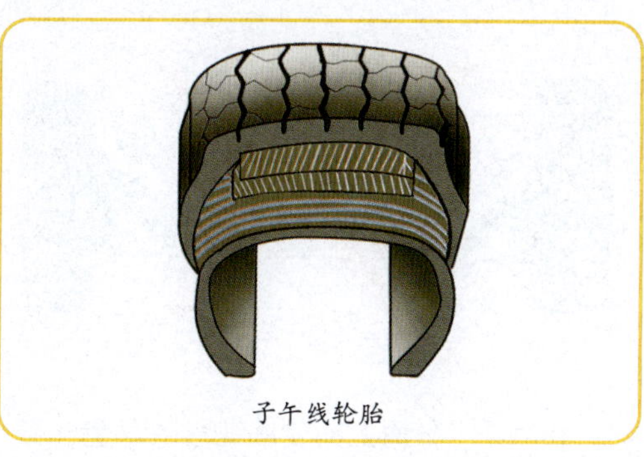
子午线轮胎

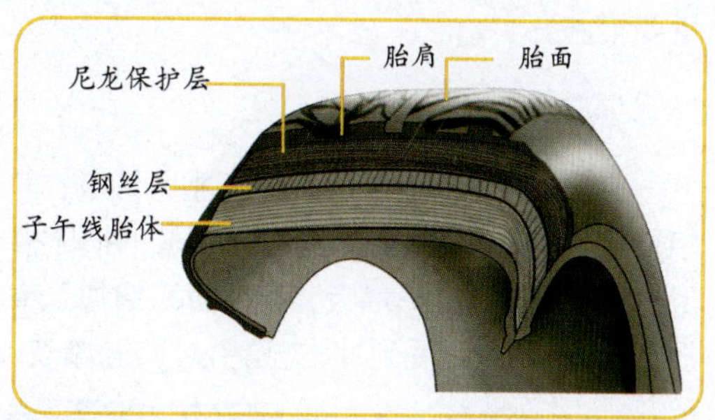

2 轮胎花纹的选择

轮胎花纹主要是据道路条件、行车速度来进行选择。经常高速行驶的汽车不宜采用加深花纹和横向花纹的轮胎，不然会因过分生热引起早期损坏。经常低速行驶的汽车轮胎采用加深花纹或超深花纹，可提高使用寿命。

3 轮胎尺寸和气压的选择

轮胎尺寸和气压主要是根据汽车承受载荷情况和行驶速度来选择，所选轮胎在承受静负荷值应等于或接近于轮胎的额定负荷。这些可通过查阅国家标准获得。

三 轮胎的正确使用

轮胎的正确使用，主要在于降低轮胎的磨损速度，防止不正常的磨损和损坏，从而延长轮胎的使用寿命。

1 保持气压正常

(1) 轮胎充气压力是决定轮胎使用寿命和工作好坏的主要因素，不同气压情况下，轮胎与地面的接触变形不同。

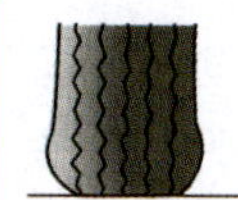
气压正常

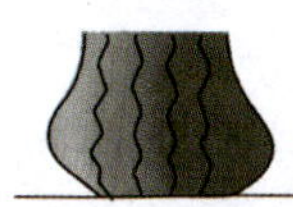
气压过高

气压过低

(2) 气压过低，胎体变形增大，造成内应力增加；易造成过度生热升温，加速橡胶老化，使帘线疲劳导致帘线折断、松散和帘布脱层；胎面接地面积增大，滑移量增加，加剧磨损，特别是胎肩磨损加剧，双胎中一胎气压过低会使另一胎超载损坏。

(3) 气压过高，接地面积小，单位压力增高，使胎冠部分磨损加剧；材料过度拉伸，轮胎刚性增大，使轮胎在受到冲击时，动载荷增大，易使胎冠爆破。保持轮胎气压符合标准是减小磨损、消除隐患、延长使用寿命的重要措施。

2 防止轮胎超载

（1）轮胎负荷对使用寿命有重大影响，车辆超载时轮胎的损坏与在低压下行驶的损坏相似；轮胎超载，变形增大，接地面积增加，磨损加剧，遇障碍物受到冲击，易引起胎冠爆破。

（2）在弯路或不平路面上行驶时，轮胎负荷超过20%，行驶里程将缩短35%；负荷超过50%，行驶里程将缩短59%；负荷超过一倍，行驶里程缩短80%以上。

（3）注意货物装载平衡，防止在车辆行驶时发生货物移动及倾斜，确保各胎均匀负担全车质量；必须按规定的载质量装货载客，不得超载。

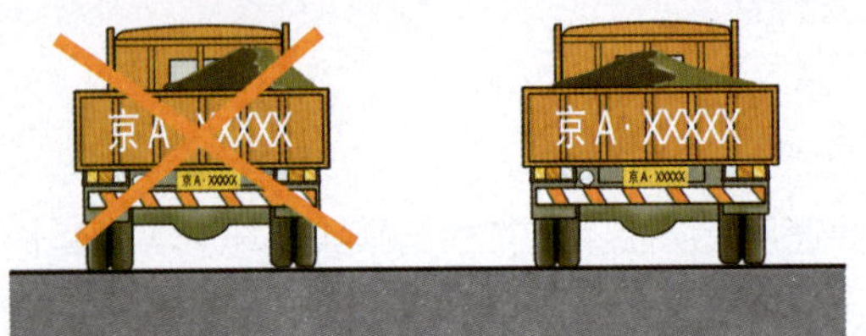

3 合理搭配轮胎

（1）同一车辆上应装配同一规格、结构、层级和花纹的轮胎；双胎并装时，还要求使用同一厂牌，以求负荷、磨损均匀。

（2）子午线轮胎和斜交轮胎不得装在同一轴上，也不能前轴装子午线轮胎，后轴装斜交轮胎。后轴装斜交轮胎，前轴装子午线轮胎，会使后轴轮胎磨损加快，产生不足转向或过度转向，严重影响车辆的操作稳定性，当地面附着系数较低或车辆快速转向时，极易发生后轮跳离地面或侧滑等危险。

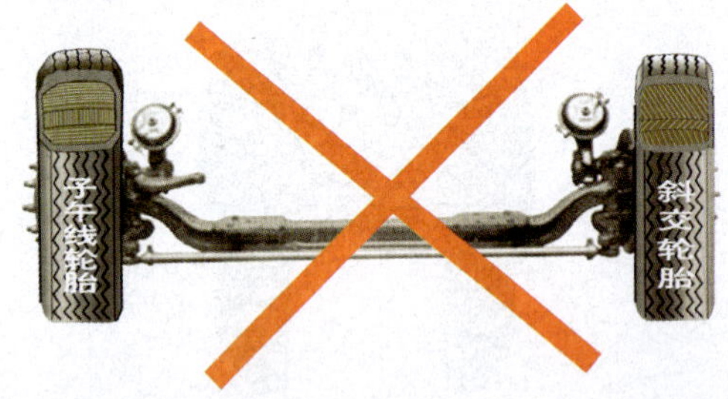

（3）同一车辆上的轮胎花纹要尽量一致，不同的轮胎花纹，对车辆性能有不同影响；轿车前、后轴轮胎应当选用相同型号的胎面花纹；载货车辆通常前轴轮胎选用纵向花纹，驱动轴轮胎选用混合型或横向花纹，这样有利于车辆的操作稳定性。

四 节约轮胎的驾驶方法

节约轮胎驾驶要做到：起步平稳，加速均匀，中速行驶，合理选择行驶路面，提前减速转向，避免紧急制动。

1 起步平稳

（1）车辆起步时轮胎由静止状态突然转动，使轮胎与路面间剧烈摩擦，加速胎面磨损；起步时，无论重车、空车均需用低速挡起步。

（2）起步加速要均匀，以避免轮胎与路面间突然发生剧烈摩擦，加速轮胎磨损。

2 中速行驶

（1）车辆行驶速度过快时，轮胎在路面上会产生滑移，轮胎磨损加剧；车辆高速行驶，轮胎变形次数增多，胎温急剧升高，胎体刚性增大，轮胎与路面接触面减小，路面稍有不平，车轮即悬空跳跃行进，使转动的轮胎与路面形成拖滑性磨损机会增多，胎面磨损增加。

（2）根据路面情况控制车速，在良好路面应均匀中速行驶，这样对保护轮胎和机件、节约燃料、保证行车安全都是有益的。

3 避免紧急制动

（1）紧急制动时会使轮胎与路面间产生滑拖，引起胎面与路面剧烈摩擦，并产生热量，加速胎面局部磨损，极易造成胎面、胎体或胎体帘布层之间脱离损坏；一次紧急制动，胎冠局部磨损可达 0.8 ~ 1mm。

（2）行车中，应根据道路和交通情况正确控制车速、谨慎驾驶，发现情况早降速。做到少用制动，尽量避免紧急制动，减少轮胎磨损。

4 注意选择行驶路面

（1）在无车行道分界线的道路上行驶时，在保证安全的前提下，车辆应尽量在中间行驶，以防止轮胎偏磨和避免个别轮胎因负荷偏重而爆裂。

（2）在不良道路上行驶时，应尽量避开路面上的尖利石块和其他障碍物，以防轮胎被刺或撞破；通过桥梁、铁路与道路交叉处时，应提前降速平稳行驶，避免高速冲击轮胎；装卸货物时，在货场要避免路旁硬质石沿和放下的栏板等硬物擦伤轮胎侧面。

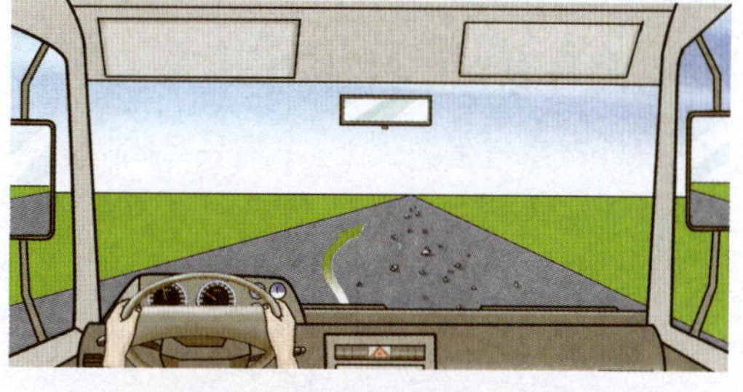

（3）若驱动轮陷入泥坑或打滑时，不可用力踩加速踏板猛冲，避免轮胎高速滑转而加速磨损。

5 防止轮胎温度过高

（1）车辆行驶时，轮胎因承受负荷不断地挠曲变形而发热，导致轮胎温度升高，轮胎气压也随之升高；尤其在高温天气行车，更为明显；因此，应避免行驶时间过长，防止轮胎温度过高。

（2）炎热季节轮胎出现胎温、胎压过高时，应选择阴凉处停车降温，让其自然恢复正常。不可采取放气或泼冷水的方法降温、降压。

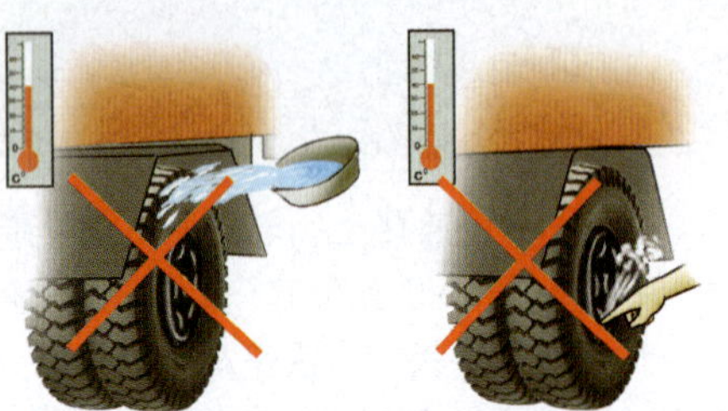

（3）行车途中涉水时，应停车休息，待轮胎温度降低后，方可涉水行驶，以免造成轮胎骤然冷却、变形、裂纹，导致早期损坏。

6 严寒季节的轮胎保护

（1）严寒气候条件下，车辆长时间停放在野外，为防止轮胎被冻裂，应在轮胎下面垫上木板、树枝、砂子等。

（2）起步时要平稳，起步后低速行驶一段距离，待轮胎温度升高后，再用正常速度行驶；轮胎在低温条件下弹性和韧性均变差，若一开始起步速度较快，轮胎因频繁变形，易造成早期损坏。

7 途中经常检查轮胎

（1）行驶中若感到车辆行驶乏力，操作困难，车身倾斜或异响、抖动、有烧焦气味时，应立即停车检查轮胎状况。

（2）注意检查轮胎气压和温度是否正常，轮胎螺丝有无松动，轮胎有无被刮擦现象；经常检查胎面或双胎之间有无杂物嵌入，一经发现，及时排除。

8 停车地点的选择

（1）停车地点选择的好坏，对轮胎的使用寿命也有一定影响。不要将车辆放在有油污等有损轮胎的地面上；应尽量避免上坡停车，减少起步次数，减少轮胎磨损。

（2）夏季停车时，应选择荫凉处，避免轮胎在烈日下暴晒；严寒季节需停车时，应选择无冰雪及避风向阳处，以防止轮胎与地面冻结。

（3）对于长期停驶的车辆应支起车架，使所有轮胎都解除负荷。

9 正确使用防滑链

(1) 防滑链的安装，不可过松或过紧，以免链条直接损坏轮胎。

(2) 通过难行冰雪路段后，应立即拆除，禁止在坚硬道路上使用防滑链。

第四节 节约燃料的基本知识

驾驶技术对节油影响极大，提高驾驶技术，掌握科学的驾驶操作方法，是降低油耗的一条重要途径。另外，使用代用燃料也是节约燃料的有效途径。

一 燃料消耗的影响因素

1 点火系技术状况对油耗的影响

(1) 点火系断电器触点间隙每增加或减小0.1mm，油耗将增加约2%~4%；分电器的离心点火提前装置不灵，使点火提前角多提前或滞后1°，油耗将增加1%；断电器触点间隙过大或过小都将影响最佳点火时间，增加油耗。

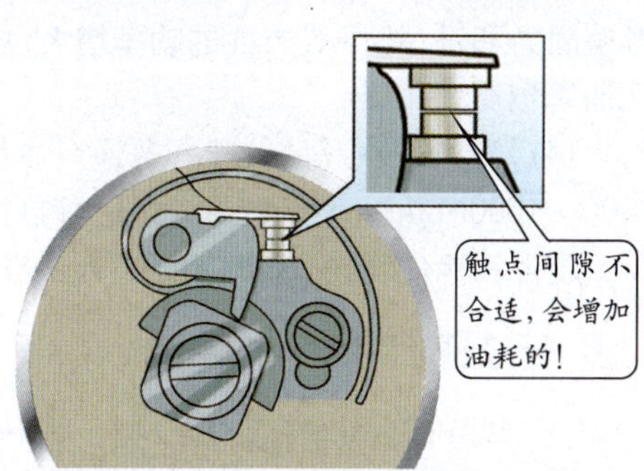

(2) 一只火花塞不工作，增加油耗约25%；两只火花塞不工作，将增加油耗约60%。选用好的热型火花塞，使燃烧传播更快，保持火花塞电极间隙要调整适当、清洁，都可以降低油耗。

2 空气滤清器技术状况对油耗的影响

(1) 空气滤清器的滤清能力是否正常对节约燃料影响较大。空气滤清器部分堵塞时，油耗增加约5%。

(2) 空气滤清器必须按规定周期进行清洗或更换，在多尘地区或遇风沙气候，要勤清洁、更换，以保持畅通。

3 传动装置技术状况对油耗的影响

(1) 离合器滑转，将不能有效地传递发动机的动力，这就意味着燃油的损失。

(2) 变速器、传动轴和主减速器等，任何一处不正常的发响和发热，都表明在动力传递中遇到了不应有的阻力，即意味着油耗的增加。

(3) 使用黏度、拉磨性及温度性能不符合要求的齿轮油，也会使油耗显著增加。在相同条件下工作时，在冬季，传动机构用夏季齿轮油代替冬季齿轮油时，燃料消耗将增加4%。

4 行驶系机件技术状况对油耗的影响

（1）轮毂轴承调整过紧，将增加车轮旋转时的阻力和磨擦损失，使燃料消耗增加；轮毂轴承调整过松，易使制动毂摆动与制动蹄片相碰，增大了运动阻力，降低车辆的滑行性能，同样会增加燃料消耗。

（2）前轮定位不准，前束失调，行驶时前轮发生摇摆，滚动中有滑动，使轮胎发生不规则磨损，运动阻力增大，增加燃料的消耗。

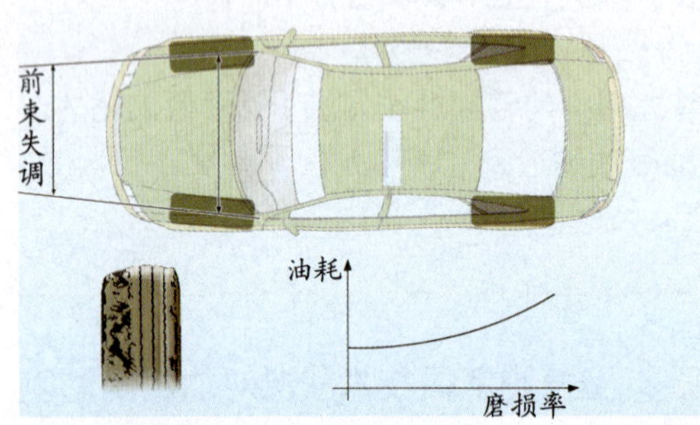

（3）轮胎气压低于标准，轮胎的变形增加，滚动阻力增大，燃料的消耗量增加，当轮胎气压低于标准气压的30%时，油耗将增加12%。

5 低温环境对油耗的影响

（1）润滑油的粘度增大，燃料不易蒸发雾化，发动机冷起动困难，燃油消耗增多，磨损加剧。

（2）蓄电池的点火能量不足，火花塞产生的火花强度减弱，发动机不易起动，使起动次数增加，燃油消耗增加。

6 发动机负荷对油耗的影响

（1）车辆的燃料经济性，取决于发动机的耗油率和车辆克服行驶阻力所发出的功率。发动机耗油率随发动机的负荷和转速而变化，当发动机接近全负荷工作时，耗油率最低，小于或大于此负荷油耗均增加。

（2）发动机负荷小时，节气门开度小，汽缸充气量少，残余废气相对增加，所以需要较浓的混合气才能燃烧，耗油率增大；全负荷时，由于化油器的省油器参加工作，所以耗油率也增大。

7 发动机转速对油耗的影响

（1）发动机在中等转速时耗油率最低，低于或高于这个转速，耗油率均增大。

（2）发动机在低转速时，化油器喉管真空度较低，空气流速低，燃料雾化不良，燃烧速度慢且不完全，热损失较多，耗油率增大。

（3）发动机在高转速时，消耗于克服机械摩擦阻力和进、排气等方面的功率增大，所以耗油率也增大。

（4）发动机在中等转速时，普通汽油机为1400～1600r/min，燃烧气体对汽缸壁热损失少，混合气雾化均匀，燃烧完全，耗油率低。

8 行驶速度对油耗的影响

（1）车辆低速行驶时克服行驶阻力所需要的功率较小，发动机的负荷小，耗油率高，车辆的燃料经济性差。

（2）车辆高速行驶时发动机负荷加大，耗油率有所下降，但同时克服行驶阻力所需要的功率增大。克服空气阻力所需要的功率，随着行驶速度的升高而明显增大，高速行驶时，行驶阻力显著增大，车辆的燃料经济性也变差。

9 不定期维护或长时间滞后维护对油耗的影响

(1) 燃油供给系，会因空气滤清器不清洁，使滤清性能降低，进气阻力增大，加剧发动机磨损，增加油耗。

(2) 燃油油路堵塞不畅，汽缸垫、进排气歧管螺栓松动，汽缸垫漏气等，会造成混合气过稀，发动机功率降低。

(3) 润滑系滤清部位易堵塞不畅，部分润滑部位得不到润滑，使润滑性能降低，损坏机件。

(4) 各部机件的配合间隙，在使用过程中会发生变化，若不及时调整消除，将增加机件磨损，出现早期损坏，甚至发生机件事故。

(5) 加强定期维护和修理，是延长车辆使用寿命，保持车辆使用经济性和可靠性的重要措施。

二 节约燃料的驾驶方法

在车辆使用过程中，驾驶技术对节油影响极大，因此，正确掌握驾驶节油技术非常重要。

1 预热、升温

(1) 预热、升温是指在低温条件下，起动冷发动机时需要对发动机进行预热，采取适当措施使发动机温度迅速升到起步所需的温度。

(2) 未预热发动机起步行驶至正常温度，将会使燃料消耗增加33%。通常采用的预热方法有热水预热、蒸汽预热、电加热预热和红外辐射预热等。

(3) 起动发动机后要使温度迅速升高，应关闭叶窗，在发动机稳定的转速条件下进行发动机起动后的升温。

2 平稳起步

(1) 发动机起动后，水温升至40 ~ 50℃

时，方可起步。起步操作要手脚协调，轻踏加速踏板，缓抬离合器踏板，做到起步平稳可靠；热车在平路上起步后，应尽快换入高速挡。

(2) 车辆载重或在坡道起步时，应避免大开节气门和使用高挡位，以克服静摩擦力和向后滑的惯性。

(3) 起步时，应避免猛踏加速踏板，因每猛踏一次加速踏板，少则耗油5～15mL，多则耗油50～60mL；另外应避免不停地踏、抬加速踏板和重复起步。

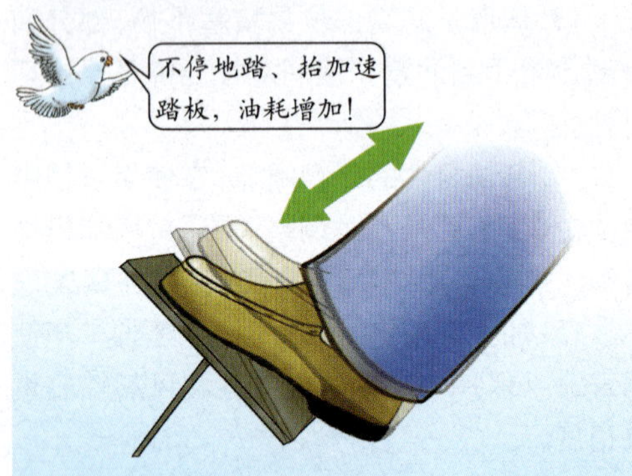

3 操作“脚轻手快”

(1) 在运用加速踏板时要做到轻踏、缓抬，若猛踏加速踏板或加“空油”，加速装置和省油装置提前起作用而“额外”供油，致使燃料消耗增加；猛抬加速踏板，发动机转速突然降低，由于发动机的牵阻作用，会抵消一部分行驶惯性，也会使油耗增加。

(2) 加挡、减挡要迅速、准确，做到不超前、不滞后，选择最佳时机及时换挡；从起步至升入最高挡一般不能超过20s，并注重在加挡中提高车速，避免急加速；换挡过程避免因挂错挡或挂挡不入，而造成燃料消耗。

(3) 使用离合器应做到轻抬、缓放，使其平稳接合，防止接合冲击或长期使用半联动。否则，易在起步时出现发动机熄火，换挡中发生窜动冲击。在离合器接合初期，应缓抬踏板，刚接合时稍稳一下踏板，使之平稳接合，一旦接合，则应彻底地放松离合器。

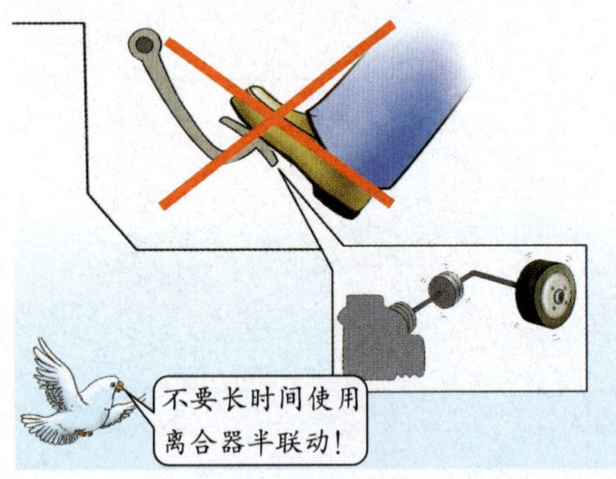

(4) 车辆正常行驶换挡或滑行换挡，离合器踏板和加速踏板要配合恰当。若离合器还未接合时，就猛踩加速踏板，发动机就会高速空转，浪费燃料；若离合器过早接合，而加速踏板没有跟上，造成发动机受阻，使车速下降，相当于发动机产生制动而使油耗增加。

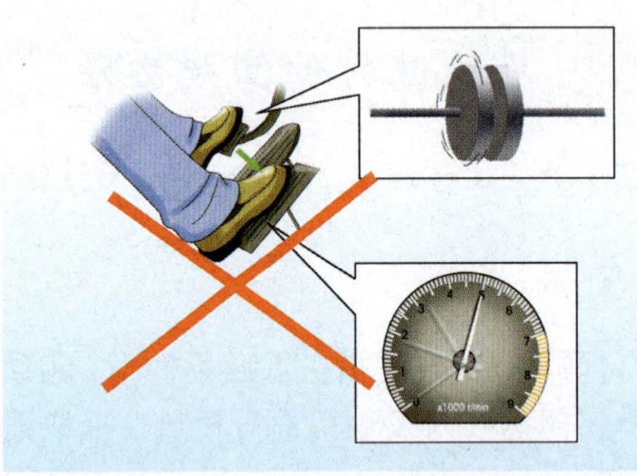

(5) 在山区上坡行驶，失去最佳换挡时机，车辆惯性会迅速消失，加上车辆重力分力的影响，易造成停车，甚至后溜，使车辆不得不重新起步，增加了燃料消耗。因此，上坡换挡应有足够的提前量，换挡后能在该挡的经济车速范围内平顺行车为好。换挡应做到脚轻手快，动作干净、利索，避免失误。

4 正确制动和停车

（1）制动减速、停车意味着车辆行驶能量的减小和转化，制动和停车次数与燃料消耗成正比。不必要的制动和停车会增加油耗，制动或停车的次数越多，浪费的燃油就越多；因此，减少不必要的制动和停车是节约燃料的重要途径。

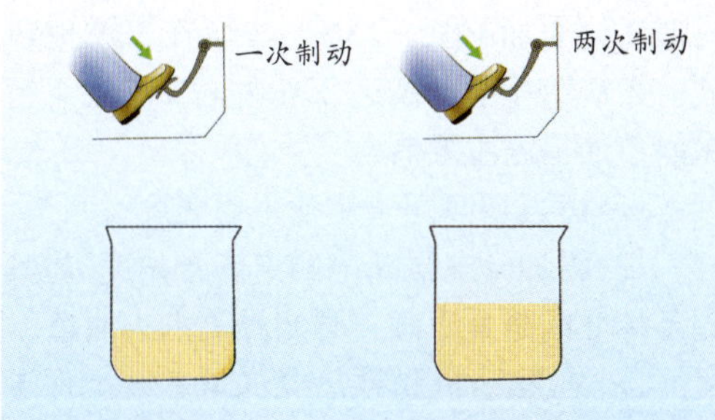

（2）行车中，在保证安全的前提下，尽可能不用或少用制动，相对减少停车次数。当遇有紧急情况，可能导致交通事故时，方可用紧急制动。

5 合理控制车速

（1）车辆以一定速度行驶时最节油的车速称为经济车速，行车中尽量保持经济车速行驶，不同车型在不同的载荷、不同海拔地区、不同行驶阻力和不同挡位行驶，具有不同的经济车速，经济车速反映的是综合指标。

（2）使发动机在耗油率最小时的转速范围内运转，并重视安全行车、减少空气阻力、提高发动机的功率利用率和车辆运行中的经济性（包括加速、减速、怠速和常用车速），满足耗油量少、运输经济效益高和行驶安全等综合要求。

（3）由发动机速度特性可知，发动机的转速在最大功率转速的50%～75%时最节约燃料，而车辆在不脱挡行驶时，发动机的转速与车速成正比，因此车辆在最高车速的50%～75%的速度范围内行驶最节约燃料。

6 安全滑行

滑行是指车辆在行驶中，解除发动机驱动后，靠车本身的动能(惯性力)或下坡的位能继续行驶。由于滑行时发动机不需要输出功率，只作怠速运转，只需消耗很少的燃油。因此，安全滑行是节约燃料的方法之一。

（1）滑行必需具备熟练的驾驶技术，车辆技术状况良好；严格遵守交通法律法规，选择视线清楚、平坦、坚实、路面宽直、视线良好、行人和车辆较少、路面及道路交通条件允许的路段，能够确保行车安全的情况下进行。

（2）加速滑行，是加速后在一定速度下空挡滑行，使发动机处于怠速状态，充分利用车辆惯性作用，达到节油的目的。滑行时应用高速挡加速到超过经济车速20%～25%时，迅速将变速器操纵杆移于空挡，车辆依靠惯性继续行驶，当车速降低到经济车速时，迅速挂

入高速挡加速行驶。

(3) 减速滑行，是指发现前方有障碍、转弯、过桥、会车、通过交叉路口，或有目的地停车之前，需要减速时，采用空挡滑行的方法。减速滑行能充分利用车辆惯性，减少制动所消耗的动力，不仅可以节约燃料，而且可减少机件磨损和冲击。

(4) 下坡滑行，是利用车辆到达坡顶后的前进惯性力和下坡时车辆重力分力相结合的操作方法。下坡滑行仅限于在起伏的丘陵地带，接近平路的坡道处或在坡度小于5%的长而缓直的坡道上进行，并适当控制车速。严禁在坡度较大或转弯的下坡道路上滑行，以确保行车安全。

7 高温下行车的节油措施

行驶中保持发动机冷却水在80～90℃的正常温度范围内，是节约燃料的重要条件之一。发动机冷却水温度过高，导致早燃爆燃，充气量和有效压力下降；发动机冷却水在沸腾状态时，燃料消耗将增加60%左右。高温下行车的节油措施主要有：

(1) 适当推迟点火时间，降低化油器油平面和蓄电池电解液相对密度。

(2) 适量调稀混合气。

(3) 及时清除冷却水垢，并检查节温器工作状况，调整皮带张力，以防打滑。

(4) 调整发电机电压，减小充电电流。

(5) 有机油散热器的，应将开关打开。保持曲轴箱通风循环良好。

(6) 换用夏季润滑油(脂)。轮胎气压比冬季低20～49kPa。

(7) 行驶中应尽量减少不必要的制动，严格控制轮胎温度。

8 低温条件下行车节油措施

发动机温度低于正常范围时，燃料的雾化性能变差，需要增加供油量加浓混合气，而燃油进入汽缸并不能完全燃烧，随废气排出，造成浪费，发动机冷却水温度降到40～50℃，燃料消耗将增加10%；车辆在40℃时行驶，燃料消耗约增加12%～13%；车辆在30℃时行驶，燃料消耗增加高达25%左右。低温下行车的节油措施主要有：

(1) 适当调高浮子室油平面高度。

(2) 增加分电器断电触点闭合角度，将其调至标准间隙偏下限，适当提高点火能量。

(3) 在发动机和散热器的罩上装上保温套。

(4) 使用防冻液。换用冬季润滑油(脂)。

(5) 提高轮胎气压(一般比夏季高49kPa左右)。

(6) 加大发电机充电电流，将发电机电压调至比夏季高0.6V。

(7) 起动发动机后要进行预热，待发动机温度达到50℃以后再起步。

(8) 起步后低速缓行一段距离，待冷却水的温度达到正常时，再转入正常速度行驶。

(9) 行驶中注意保持发动机冷却水正常的工作温度，以降低燃料消耗。

三 代用燃料的使用常识

为了节约石油资源和加强环境保护，世界上许多国家愈来愈重视代用燃料车的开发和应用。目前，以压缩天然气、液化石油气为燃料的燃气汽车和以甲醇、乙醇为燃料的汽车已比较成熟。燃气汽车已在我国不少城市和地区开始使用，而且倍受青睐，它将成为主要的代用燃料汽车。以下将重点讲解燃气汽车的使用常识。

1 常用燃气汽车的种类与布置

目前，在我国使用的燃气汽车主要是两用燃料燃气汽车。即具有两套相互独立的燃料供给系统，一套供给天然气或液化石油气，另一套供给天然气或液化石油气之外的燃料，两套燃料供给系统可分别（但不可同时）向汽缸供给燃料。使用中可以在两种燃料之间进行切换，但燃气和燃油不能混用。

常见的两用燃料燃气汽车有压缩天然气汽车和液化石油气汽车两种。

（1）压缩天然气轿车使用汽油和压缩天然气两种燃料，一般由汽油车改装而成，改装布置如图所示。

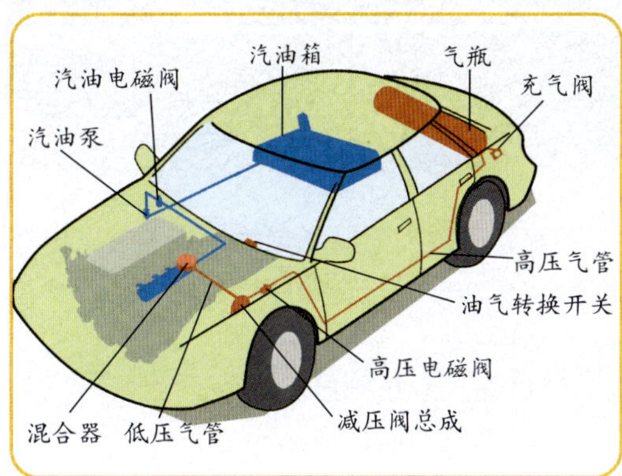

（2）液化石油气轿车使用汽油和液化石油气两种燃料，一般由汽油车改装而成，改装布置如图所示。

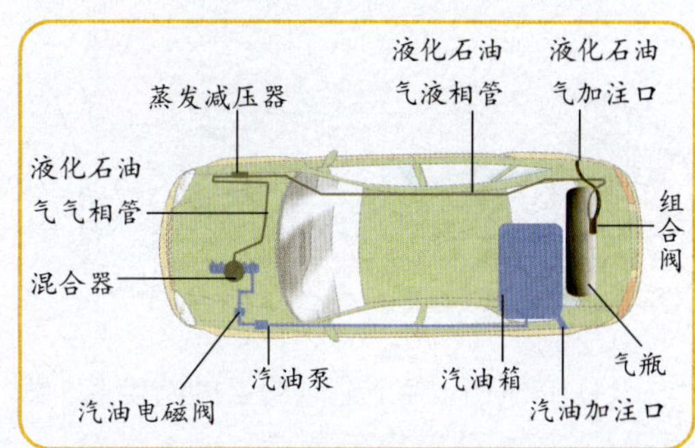

2 充装燃气

（1）进入加气站时，驾驶人员应认真阅读安全须知，严格遵守加气站安全管理规定，切记加气站与加油站的不同规定。

（2）汽车进入充气停车位置（加气岛）后，应关闭车上的所有电器装置（包括点火开关、收放机、CD机、电风扇等），断开电源总开关；将变速器操纵杆挂入低速挡，并拉紧驻车制动器操纵杆。

（3）打开汽车行李舱门，配合加气人员进行车用气瓶及液位指示情况的检查，储气瓶内的气压不得超过额定工作压力（压缩天然气瓶不大于20MPa；液化石油气瓶不大于2.2MPa）。

(4) 充气前，旋下充气阀上的防尘盖，然后插入充气插头准备充气。

(5) 充气时，严格按安全操作规程进行操作，人不能站在充气阀口正面，以防充气头滑脱，气体喷出伤人。

(6) 充气至额定压力（容量）时，取出充气插头，旋紧充气阀防尘盖。

(7) 充气完毕，打开出液阀开关(在气瓶组合阀中)，检查系统是否有漏气现象，若发现漏气和其他故障，必须排除后，方能上路行驶。

(8) 打开瓶口阀门时，人不得站在瓶口阀的正面；截止阀应缓慢开启，以防冲击压力表、阀门和其他零件。

3 油—气转换开关的操作

(1) 开关开至燃气挡，绿灯亮，汽车发动机使用的燃料是燃气；显示器的绿灯亮得多，则指示气瓶内的燃气多，反之则少；如果红灯亮，则指示气瓶内的燃气将用完（有些装置是最后一只绿灯闪烁）。

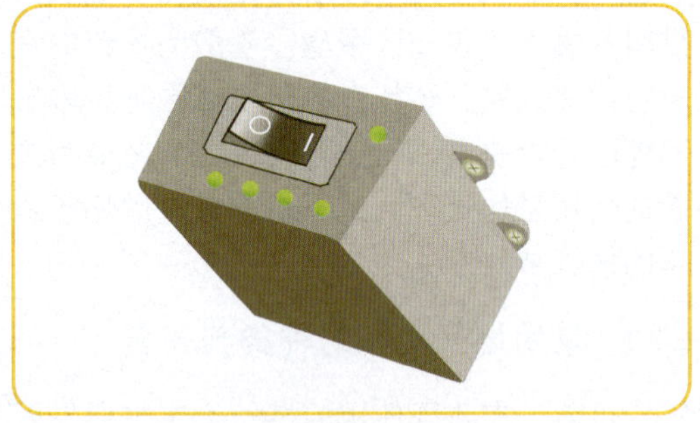

(2) 开关开至燃油挡，红灯亮，汽车发动机使用的燃料是燃油。

(3) 开关置于中间空挡位置，双燃料均不流通。

4 出车前的安全检查

驾驶员应加强对车辆的日常检查，出车前除按燃油车的检查顺序检查外，还应检查以下几项：

(1) 燃气系统的显示是否正常。

(2) 燃气的储存情况。

(3) 燃气系统高压表指示压力与停车前比较有无明显下降。

(4) 燃气装置和管路是否有漏气现象。

(5) 各部件、管路有无松动及异常情况，如有松动、漏气应及时排除。

(6) 使用双燃料汽车的燃油箱中必须保存一定量的燃油，若发现燃油箱内无存油时，必须强制实施供油系统的检查维护。

5 用燃油起动发动机

(1) 关闭主气阀。

(2) 打开点火开关至发动机ON挡。

(3) 将转换开关置于燃油挡。

(4) 等待数秒钟后，再用起动机起动发动机。

6 用燃气起动发动机

(1) 化油器中有汽油时，用燃气不易起动发动机，需先将化油器中的汽油用完后，方可用燃气起动发动机。

- 操作方法一：将转换开关置于空挡，起动发动机；当化油器中的汽油即将用完时，迅速打开主气阀至全开，将转换开关置于燃气挡，即可用燃气运行；
- 操作方法二：将化油器中的汽油用完，待发动机停止运转后，再打开主气阀至全开，将转换开关置于燃气挡，重新起动发动机，用燃气运行。

(2) 化油器中无汽油时，可打开主气阀至全开，将转换开关置于燃气挡，起动发动机，即可用燃气运行。

7 汽车行驶中的燃料转换

(1) 燃气—燃油转换：关闭燃气电磁阀，将燃料转换开关置于燃油挡，即可实现燃气—燃油的转换。

(2) 汽油—燃气转换：把燃料转换开关置于空挡，当化油器中的汽油即将用完，发动机转速开始下降时，将燃料转换开关置于燃气挡，打开燃气电磁阀，即可实现汽油—燃气的转换。

(3) 燃气—汽油转换：打开汽油开关，当化油器中的汽油被吸入汽缸后发动机转速变低时，迅速关闭燃气开关，即可实现燃气—汽油的转换。

(4) 为了避免进行燃料转换时发动机熄火，应尽量在发动机中、高转速下进行转换。

特别提示

进行燃料转换时，会出现燃料供给的过渡期，即发动机出现转速下降或轻微停顿现象，因此在行驶中进行燃料转换时，应做好充分准备，不得在交通拥挤、上下坡、转弯或视线不良的道路上进行，如果不熟悉油、气互相转换的操作，为防止发动机熄火造成交通堵塞，应提前转换。

8 燃气汽车停驶时的安全操作

(1) 燃气汽车需停驶超过10min，应关闭手动气阀及电气总开关。

(2) 每日收车后，应认真检查系统是否正常，有无气瓶松动、漏气及其他异常现象；关闭手动气阀及电气总开关，查看高压表的压力情况，以备次日判断系统是否漏气。

(3) 燃气汽车停止行驶、停入车库或停车场时，应认真检查车辆停放周围有无明火火源或易燃、易爆物品，然后切断车上所有电源，关闭气瓶组合阀上的出气阀。

(4) 燃气汽车长期停放时，应将冷却液、燃油放净，燃气用完，断开电源，拆下蓄电池线，将车停于通风、防潮、防火、防晒的场所。

9 行驶中特殊情况的应急处理

(1) 车辆在行驶中，如因高压燃气管破裂、卡套松脱造成燃气大量泄漏而无法关闭气瓶阀时，应立即靠边停车，关闭电源总开关，疏散人员，并将现场隔离，不允许人员、车辆进入，隔离火源，待燃气散尽后再作处理。

(2)发生火灾时，除立即关闭电源总开关、手动气阀和气瓶阀外，应隔离现场，用灭火器灭火。

(3)因发生交通事故，造成管路或气瓶阀无法关闭，引起燃气大量泄漏，应及时向有关部门报告，以便及时处理。

特别提示

驾驶员不得擅自拆装燃气系统装置、车用气瓶；不得擅自改变系统装置和车用气瓶的位置或方向；不得擅自废弃加气口保护盖。

10 燃气汽车使用注意事项

(1)汽车行驶中，发现燃气泄漏，应立即切断燃气开关，并关闭出液开关(在气瓶组合阀中)，检查装置各单元及紧固件的管路接头的松漏情况，及时进行处理；故障未排除时，应改用燃油行驶。

(2)加强发动机的检查及维护工作，尤其在出车前和收车后，应检查系统的显示器指示是否正常，装置和管路是否有泄漏现象。

(3)为防止燃气汽车发生“气耗高、动力差”的现象，驾驶员应经常清洗空气滤清器滤芯，一般行驶7天或2000km清洁一次，7500～15000km更换一次滤芯。

(4)燃气汽车的维修和调试应到专业维修厂进行。

第五节　汽车与环保

汽车排放污染已成为世界的一大公害，由于汽车数量的不断增加，城市的汽车尾气排放、噪声污染，给环境和人民生活带来了较大的危害，严重危及人类健康，制约了道路交通的正常发展。

一　汽车污染环境的危害

1 排放污染

汽车发动机排放的主要污染物有氮氧化物(NOx)、碳氢化合物(HC)、一氧化碳(CO)及微粒物质。其中，NOx、HC经阳光照射，在大气中形成光化学烟雾，对人的呼吸系统产生极大的危害；NOx和SO_2在大气中可产生酸雨效应，导致人类的“酸雨病症”；柴油机排放物主要是氮氧化物和微粒物，柴油机排放的微粒粉尘会危害人的眼睛和呼吸道。

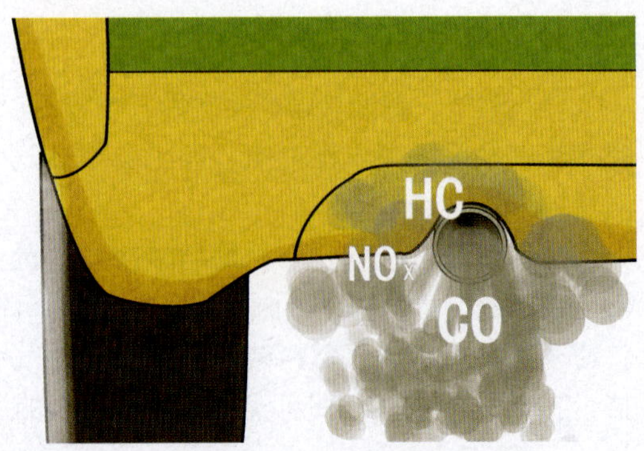

污染物及危害

污染物	对人体的危害
CO	使血液输氧能力降低，可引起头晕、头痛等症状，严重时会使心血管工作困难，甚至死亡
HC	可引起头晕、头痛、失眠等症状，还可导致白血病、癌症等
NOx	使血液的输氧能力降低，会损害心脏、肝、肾等器官
微粒物	有致癌作用

2 噪声污染

道路交通噪声是城市环境噪声的主要组成部分，占到城市噪声的75%左右；交通噪声主要来自于运行的机动车辆，其中以汽车噪声的影响最大。汽车噪声一般都是60～90dB的中强度噪声，由于汽车产生的噪声污染，城市道路交通噪声平均等效声级为71.5dB，全国80%左右的交通干线两侧环境噪声均超过国家安全标准。

汽车噪声主要来自于汽车排气噪声、发动机噪声、轮胎噪声和喇叭声，此外还有车体振动和传动系噪声等。高于70dB的噪声会使人心情不安、烦躁、疲倦和工作效率下降等，从而引发头晕、失眠等病症。汽车的噪声不仅会影响周边的环境，而且还会使驾驶员工作效率下降，反应时间加长，从而增加交通事故发生的可能性。

3 废弃物污染

随着汽车保有量的迅速增长，每年报废的汽车数量不断增加，报废汽车长期堆存，不仅占用土地，而且还会对环境造成污染，对人们的生活环境将构成新的威胁。

汽车垃圾，如废轮胎、玻璃、塑料、蓄电池、润滑油等特殊的垃圾污染地面，甚至污染附近居民的水源，给环境造成严重污染。

4 其他污染

(1) 汽车点火系统工作时发射的电磁波对无线电通讯、电视等的干扰。

(2) 汽车清洗用水所造成的水污染。

(3) 交通拥挤、车辆肇事所造成的污染。

二 降低排放污染的操作

正确地维护车辆，合理地控制车速，养成良好的驾驶习惯，能有效地降低汽车排放和噪声，减少空气和环境污染。

1 车辆的检查与维护

(1) 对车辆进行检查，确保车辆保持良好的技术性能状况，减少车体的噪声和排放污染。

(2) 检查阻风门，阻风门调整不当，使混合气浓度过高，不完全燃烧现象严重，使HC和CO排放增多，污染空气。

(3) 检查排气管，用手摸排气管的内部是否有积炭，以判断发动机工作是否良好。发动机工作不正常，未完全燃烧的HC会增加，从排气管中排出，造成空气污染。

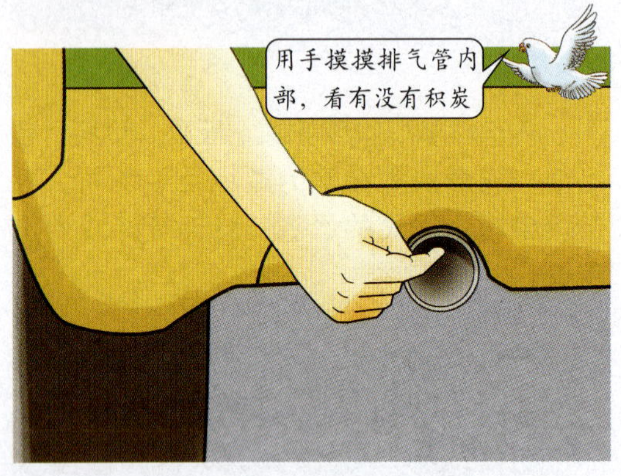

(4) 注意废气净化系统，检查系统的电线接头、管子或真空管道是否松脱，滤清器是否过脏，皮带是否张紧和完好。空气滤清器过脏会使发动机油耗上升，排污增加；燃油滤清器阻塞或过脏，是导致车辆性能变差的主要原因之一，燃油喷射式发动机更要注意。

(5) 检查发动机是否烧机油，如果有蓝色或蓝白色的烟雾从排气管内喷出，意味着燃烧室已烧机油，会污染空气，应及时检查排除。机油必须定期更换，最好使用能够节省燃料的机油，同时应定期更换滤清器芯。

(6) 检查泄漏，在每天行车前做一次车辆检查，一旦发现车辆泄漏机油或液体，须尽快修理。如果汽油泄漏应立即修理，汽油对空气的危害很大。

(7) 经常检查轮胎胎压和磨损情况，保持正常的胎压和胎面，可节省燃料，减少污染。

2 保持良好的驾驶习惯

(1) 按经济车速行驶，在市区行驶时，尽可能将车保持在50～70km/h的车速，以此速度行驶，要比以30km/h行驶时省油，排出的污染物也少。

(2) 匀速行驶，在公路上以100km/h的匀速行驶，排出的污染物最少；行驶速度时快时慢，排出的污染物及油耗都会增高；跟车行驶不要距前车太近，以免频繁制动或加速。

(3) 慎踏加速踏板，踏下加速踏板的方式，对排放和油耗有很大的影响。快速起步要比正常加速多耗油50%以上，排出的污染物也多出20%。

(4) 应慢慢松抬加速踏板，让发动机有时间调整燃烧状态。减速太快会产生大量废气，车辆以80～100km/h速度行驶，突然松开加速踏板，发动机会吸入过多的燃油，造成燃烧不彻底。

(5) 减少发动机空转和冷起动，发动机空转会排出大量的污染物，应尽量减少空转；在冷机状态下，发动机起动所消耗的燃料比热机要多10倍，污染物排放量也很高。

(6) 尽量减少加注燃油的次数，因为加注燃油时会有大量污染物随汽化的燃油进入空

气。加注燃油不宜过满，要给油箱留点空间，以免燃油因膨胀、振荡而溢出，加完后应立即盖好油箱盖。如果油箱盖的垫圈已残旧或破损，应予更换，无油箱盖不能行驶。

(7) 合理选用燃料、润滑油和轮胎等，降低燃油消耗，减少对生态环境的污染。

(8) 需要较长时间停车时，关闭发动机，以节约燃油消耗，减少汽车噪声。

(9) 防止装卸货物时的巨大噪声，尤其在深夜，避免影响附近居民的休息。

第六节 行驶记录仪和车用导航系统

一 行驶记录仪

行驶记录仪按国标定义就是：安装在汽车上，记录、存储、显示、打印车辆运行速度、时间、里程以及有关车辆运行安全的其他状态信息的数字式电子记录装置。行驶记录仪，也有称行车记录仪、机动车信息记录仪、车辆智能管理仪、汽车黑匣子等。

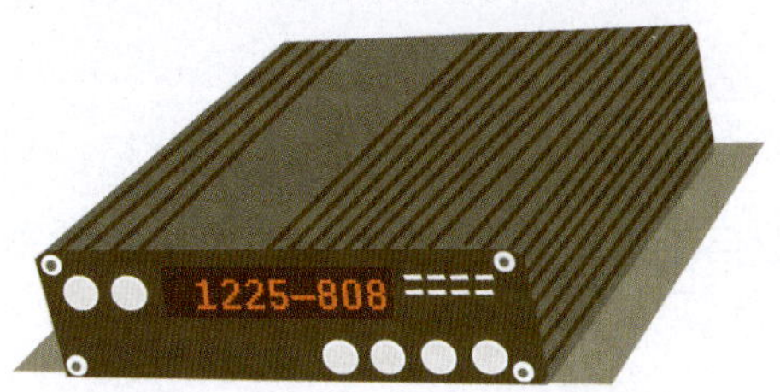

1 功用

行驶记录仪具有超速、超时(疲劳)报警及记录，记录车辆行驶的详细情况，身份识别，黑匣子信息，完善的驾驶员、车辆档案管理等功能。可详细记录停车前20s车辆的各种状态参数，为道路交通事故提供判断依据，从而有效遏制超速行车和驾驶员疲劳行车，防止车辆非授权使用，降低了企业的生产成本，保证运输行车安全。

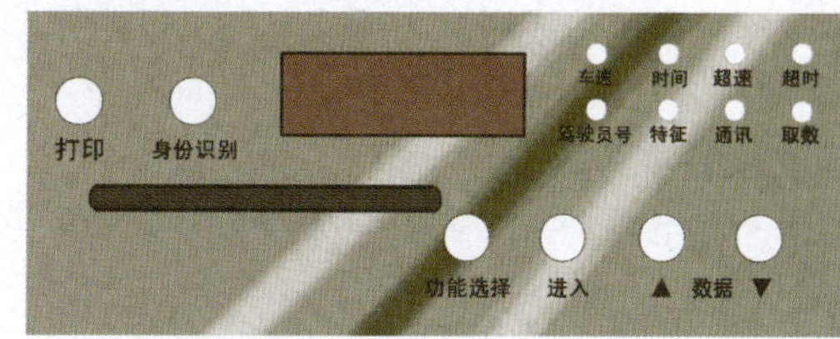

(1)预防事故：

● 超速报警：当车速超过超速报警门限值(可任意设置)时，发出报警声、光（最多持续30s)，提醒驾驶员减速，以免发生事故。

● 超速记录：当车速超过超速报警门限值后，将记录超速次数、开始超速的时刻、持续时间、最大车速值、驾驶员姓名及编号。

● 疲劳驾驶记录（超时记录）：当同一驾驶员连续驾驶超过3h，则作为疲劳驾驶记录下来。

(2) 车辆行驶管理：

● 开、停车记录：能记录车辆每一次的开

车时刻、停车时刻和行车时间、行车距离、驾驶员姓名及编号，因而能记录车辆处于运行状态下的实际运行情况。

● 月统计：能统计出两个月内每一天的出车时刻、收车时刻、行车里程、行车时间、当日最高车速及累计行驶里程，使车主和车队方便地了解到本月内车辆的使用情况，以便加强对车辆的使用管理，提高经济效益。

● 行驶状态数据记录：能记录360h内与实时时间相对应的每分钟的平均车速。

(3) 分析交通事故：

● 能记录最后12次每一次的停车前20s内与实时时间相对应的车辆行驶速度值及车辆制动，左、右转弯，鸣号等状态信号。具体数据有：停车时刻（年、月、日、时、分、秒）、车速值（km/h）、距停车点距离（m）、制动信号、左右转弯信号和鸣喇叭信号等的状态、倾翻信号。

● 事故数据的特殊保存：当车辆停车前有发生交通事故的可疑特征时（如车辆倾翻、紧急制动等），产品能将事故数据进行特殊保存，保留下极端情况的驾驶过程。

(4) 打印功能：

● 只需将电缆连接到主机的COM口，再按打印键就可完成数据打印。

● 打印内容包含车牌号码、车牌分类、驾驶员代码、驾驶证号码、打印实时时间、停车时刻前15min内每分钟的平均车速、疲劳驾驶记录。

(5) 其他功能：

● 自检功能：行驶记录仪在通电开始工作时，首先进行自检，自检正常后显示屏显示“Good”字样并鸣叫“嘀、嘀、嘀”三声表明工作正常，如有故障显示屏显示故障信息。

● 实时时钟、日期及驾驶时间的采集、记录、存储，对连续驾驶时间进行记录并提供北京时间日期和时钟。

● 断电保护：行驶记录仪内装有备用蓄电池，断电后能保证记录仪的数据在3个月内不丢失。

2 使用

使用行驶记录仪记录行车数据时，只须将行驶记录仪安装在车上并固定好，接上汽车电池(+12V ± 20%)即可记录数据了，断电后停止记录。

在行车过程中应注意以下事项：

(1) 行驶记录仪通电工作后，会启动开机自动检测程序，自检正常后，应以绿闪信号或显示屏显示方式指示工作正常；

(2) 行驶记录仪自检过程中发现故障，则以红闪信号或显示屏显示方式指示故障信息。

3 下载数据

将下载线插入数据口，再与接收下载数据的计算机(或PDA掌上电脑)连接，运行接收下载数据软件，即可得到下载数据。将该数据送往车管中心处理，在车管部门存储或分析数据。

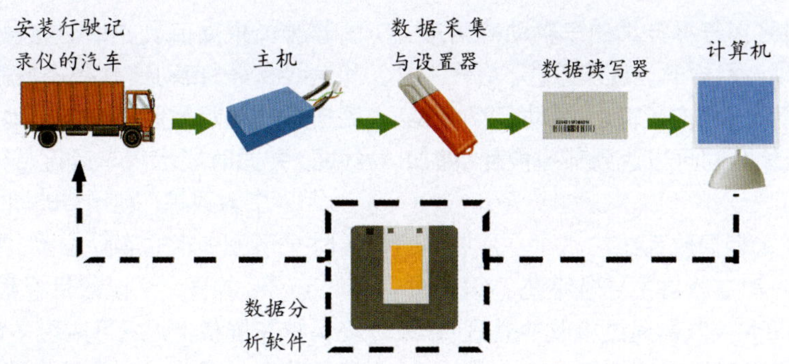

二 车用导航系统（GPS）

车用导航系统采用全球卫星定位（Global Positioning System，简称 GPS）技术，应用于汽车定位导航，提供汽车现在位置和运动轨迹的信息，利用车载设备，以空间卫星进行无线电自动导航。驾驶员只要在出行前向系统输入起始地点、目的地、选路原则，即可根据汽车装载的行驶系统到达目的地。既能提高交通运输的效率，减少交通阻塞，也可以降低排放污染和交通事故，节约出行时间。

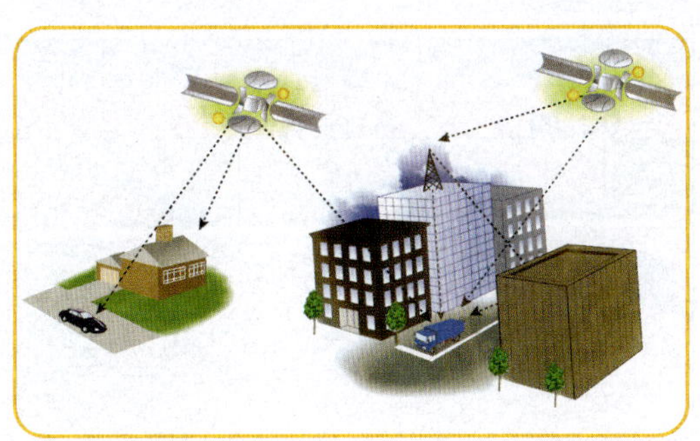

1 基本特点

（1）具有全天候、全球性的精确测定汽车的三维位置，即经度、纬度和高度的能力，而基本上不受天气变化、地理环境和时间的影响；

（2）测量快捷，只需几秒钟就可准确定位；

（3）隐蔽性强，不产生无线电干扰，在测量定位时，只接收卫星信号而不发射任何信号。

2 系统分类

GPS 车辆应用系统一般分为两类：GPS 车辆跟踪系统和 GPS 车辆导航系统。

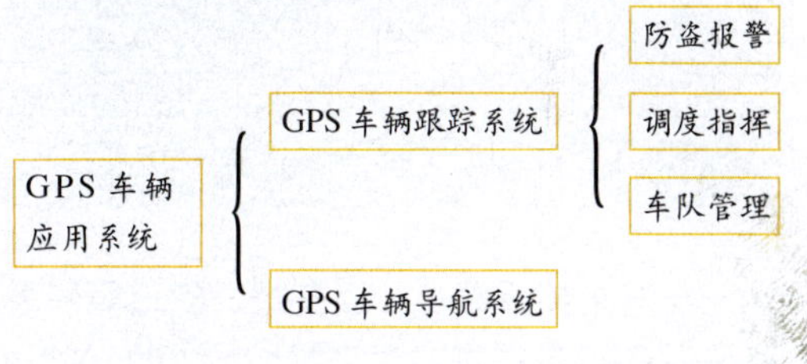

（1）GPS 车辆跟踪系统：

GPS 车辆跟踪系统分为防盗报警（含紧急救援和医疗求助）、调度指挥和车队管理（物流运输）三类。

• 防盗（劫）报警：分遇劫报警和防盗报警两类。遇劫报警时驾驶员通过触动报警开关向监控中心报警；防盗报警时，驾驶员离开车辆时通过遥控器触发 GPS 车载终端向监控中心提出监控要求，一旦车辆状态改变或者 GPS 车载终端遭到破坏，监控中心立即做报警处理。

• 调度指挥：借助 GPS 车辆调度指挥系

统，调度人员可以掌握详细的车辆动态信息，从而实现高效、科学的调度决策。

● 车队管理（物流运输）：借助GPS车队管理系统，运输公司可以达到节省能耗、增加效益的目的。

（2）GPS 车辆导航系统：

GPS 是一种车载自主导航系统，GPS 车载终端中的GPS 接收器通过接收并处理GPS星座信号定位车辆而得到车辆信息，包括车辆的动态坐标位置（经度、纬度和高度）、时间、状态等，通过车载 VCD/DVD 光盘或 CF卡提供的电子地图，在显示屏上显示出车辆的行驶轨迹。

当汽车接近路口、立交桥、隧道等特殊路段时GPS系统进行语音提示，协助驾驶员在不熟悉的地域迅速到达目的地。GPS系统还可以提供最佳行驶路线选择及路线偏离报警等功能。

3 功用

（1）给汽车提供出行路线规划和进行导航：提供出行路线规划是汽车导航系统的一项重要功能，它包括自动线路规划和人工线路设计。驾驶员确定起点和目的地，由计算机软件按要求自动设计最佳行驶路线，包括最快的路线、最简单的路线、通过高速公路路段次数最少的路线等的计算。人工线路设计是由驾驶员根据自己的目的地设计起点、终点和途经点等，自动建立线路数据库。线路规划完毕后，显示器能够在电子地图上显示设计线路，并同时显示汽车运行路径和运行方法。

（2）车辆跟踪：利用GPS和电子地图可以实时显示出车辆的实际位置，并任意放大、缩小、还原、换图；可以随目标移动，使目标始终保持在屏幕上；还可实现多窗口、多车辆、多屏幕同时跟踪。利用该功能可对重要车辆和货物进行跟踪运输。

（3）对车辆实行调度指挥和紧急援助：中心可以监测区域内车辆运行状况，对被监控车辆进行合理调度，指挥中心也可随时与跟踪目标通话，实行管理；通过GPS定位和监控管理系统可以对遇有险情或发生事故的车

辆进行紧急援助。监控台的电子地图显示求助信息和报警目标，规划最优援助方案，并以报警声、光提醒值班人员进行应急处理。

(4)在车上进行信息查询：为用户提供主要物标，如旅游景点、宾馆、医院等数据库，用户能够在电子地图上根据需要进行查询，查询资料可以文字、语言及图像的形式显示，并在电子地图上显示其位置。同时，监测中心可以利用监测控制台对区域内的任意目标所在位置进行查询，车辆信息将以数字形式在控制中心的电子地图上显示出来。

(5)遇劫报警时驾驶员通过触动车辆上安装在隐蔽位置的报警开关向监控中心报警，属于人为主动报警；防盗报警时，驾驶员离开车辆时通过遥控器触发GPS车载终端向监控中心提出监控要求，一旦车辆状态改变或者GPS车载终端遭到破坏，监控中心立即做报警处理，属于系统被动报警。驾驶员通过遥控器正常开启车门启动车辆，可触发GPS车载终端向监控中心提出解除监控的要求。

第七节 汽车保险

汽车保险包括车辆和货物保险，是运输工具保险和运输货物保险中最主要的险种，承保汽车在行驶、停放和运输过程中所发生的各种损失。汽车保险分强制保险和自愿保险两种实施形式。

一 保险基本知识

根据保障的责任范围，车辆保险又分为基本险和附加险。基本险包括交通事故责任强制保险、车辆损失险和第三者责任险；附加险包括全车盗抢险、玻璃单独破碎险、车辆停驶损失险、自燃损失险、新增加设备损失险等。

1 基本险

(1)机动车交通事故责任强制保险。简称交强险，是指当被保险车辆发生道路交通事故对本车人员和被保险人以外的受害人造成人身伤亡和财产损失时，由保险公司在责任限额内予以赔偿的具有强制性质的责任保险。

(2)车辆损失险。是被保险人或其允许的合格驾驶员在使用保险车辆过程中，因碰撞、倾覆、火灾、爆炸、外界物体倒塌、空中运行物体坠落、保险车辆行驶中平行坠落、雷击、暴风、龙卷风、暴雨、洪水、海啸、地陷、冰陷、崖崩、雪崩、雹灾、泥石流、滑坡、载运保险车辆的渡船道受自然灾害(只限于有驾驶员随车照料者)等原因造成保险车辆的损失，保险人负责赔偿。

(3)商业第三者责任险。负责赔偿保险车辆因意外事故，致使第三者遭受人身伤亡或

财产的直接损失，保险人依照保险合同的规定给予赔偿。

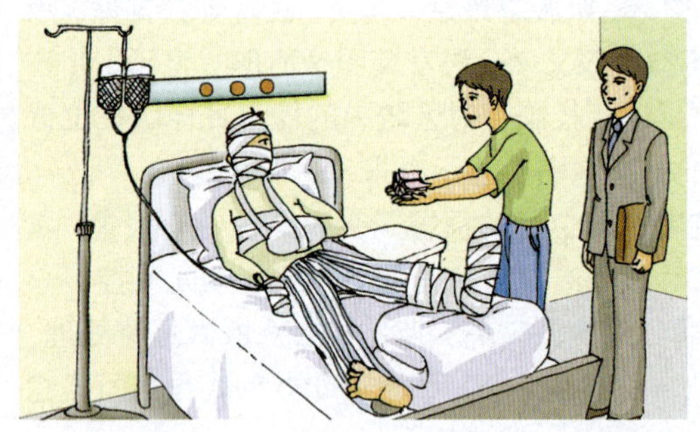

2 附加险

(1)在投保了车辆损失险的基础上方可投保全车盗抢险、玻璃单独破碎险、车辆停驶损失险、自燃损失险、新增加设备损失险等。

(2)在投保了商业第三者责任险的基础上方可投保车上人员责任险、无过失责任险、车载货物掉落责任险。

(3)在投保了车辆损失险和商业第三者责任险的基础上方可投保不计免赔特约险。附加险条款与基本险条款相抵触之处，以附加险条款为准，未尽之处，以基本险条款为准。

3 险种的选择

交强险要求在中华人民共和国境内（不含港、澳、台地区）道路上行驶的机动车的所有人或管理人必须投保，具有强制性。车辆损失险、商业第三者责任险及附加险由被保险人自愿选择投保，不具有强制性。

决定投保，必须弄清车辆种类、厂牌型号、识别代码、牌照号码、发动机号、吨位或座位、使用性质等，然后带齐资料到保险公司填写“机动车辆投保单”，经保险公司审核无误后，签订保险合同，保险公司向投保人签发保险单、保险标志，并开具“保费收据”。新车可凭销售部门的发票先办保险手续后领取车牌证。

4 保险费率和保险费

(1)按车辆使用性质划分，可将机动车辆划分为营业车辆与非营业车辆两大类。非营业车辆指各级党政机关、社会团体、企事业单位自用的车辆或家庭自用车辆；营业车辆指从事社会运输并收取运费的车辆。营业车辆与非营业车辆对应着不同的保险费率。

(2)按车辆种类划分，基本险费率包括若干个车种档次（如客车按座位分档、货车按吨位分档）和进口（A）、国产（B）两个类别。

(3)交强险保险费按照中国保险监督管理委员会（以下简称保监会）批准的交强险费率计算。签订交强险合同时，投保人应当一次支付全部保险费。

(4)车辆损失险费率和商业第三者责任险费率，车辆按投保险别分别计算保险费。非营业车车辆费率为1.01%～1.4%，营业车辆费率为1.6%～2.0%。投保时，保险期限不足一年的，按短期月费率收取保险费（不足一个月的按一个月计算）。

5 保险金额与赔偿限额

(1)交强险对每次事故的责任赔偿最高限额为60000元，其中死亡伤残赔偿限额为50000元，医疗费用赔偿限额为8000元，财产损失赔偿限额为2000元。被保险人无责任时，无责任赔偿最高限额为死亡伤残10000元、医疗费用1600元、财产损失400元。

(2)车辆损失险的保险价值根据新车购置价确定,保险金额可以按投保时保险价值或实际价值确定,也可以由被保险人与保险人协商确定,但不得超过保险价值,超过部分无效。

(3)商业第三者责任险的每次事故最高赔偿限额分为六个档次:5万元、10万元、20万元、50万元、100万元、100万元以上,且最高不超过1000万元。挂车投保后与主车视为一体。发生保险事故时,挂车引起的赔偿责任视同主车引起的赔偿责任。保险人对挂车赔偿责任与主车赔偿责任所负赔偿金额之和,以主车赔偿限额为限。

6 索赔

索赔是指被保险人或受益人在保险标的期内因发生保险事故而遭受损失,或者在保险合同期届满之时,依据保险人签发的保险单及其有关规定向保险人要求赔偿损失或付保险金的行动。

(1)索赔的手续:被保险人索赔时,应向保险人提供保险单、索赔申请书、驾驶证、行驶证、事故证明、事故责任认定书、判决书、事故调解书、相关医疗证明、损失清单和其他有关费用单据。手续齐全,才能得到保险人的受理。

(2)根据规定,被保险人损失的赔偿处理原则是保险车辆因事故受损或致使受害人财产损坏需要修理的,被保险人应在修理前会同保险人检验,协商确定修理或者更换项目、方式和费用;否则,保险人在责任限额内有权重新核定或拒绝赔偿。

(3)被保险人提供的各种必要单证齐全后,保险人应当迅速审查核定。赔偿金额经保险双方确认后,保险人在规定时间内一次赔偿结案。

二 投保人、被保险人的义务

(1)投保人投保时,对被保险车辆的情况应如实申报、填写投保单,并向保险公司如实告知重要事项,包括机动车的种类、厂牌型号、使用性质和机动车所有人、管理人的姓名(名称)、性别、年龄、住址、身份证或者驾驶证号码(组织机构代码)以及保监会规定的其他事项,交强险在签订保险合同时一次支付全部保险费。

(2)在保险期限内,被保险车辆改装、加装或使用性质改变(如非营业车辆从事营业运输)等,导致被保险车辆危险程度增加的,被保险人应当及时通知保险人。

(3)被保险人及其驾驶员应当做好保险车辆的维护工作,并按规定检验合格;保险车辆装载必须附合交通法规中有关机动车辆装载的规定,使其保持安全行驶技术状态。

(4)在保险合同有效期内,被保险车辆转卖、转让、赠送他人或变更用途,投保人应当事先通知保险人并申请办理变更手续。

(5)被保险人不得非法转卖,转让保险车辆;不得利用保险车辆从事违法犯罪活动。

(6)被保险车辆发生事故后,被保险人应当及时采取合理、必要的施救和保护措施,并立即向事故发生地公安交通管理部门报案,同时通知保险人;被保险人应在公安交通管理部门对交通事故处理结案之日起固定的时间内向保险人提交规定的或保险人要求能证明事故原因、性质、责任划分和损失确定等的各种必要单证。

(7) 发生保险事故后，被保险人应当积极协助保险人进行现场查勘和事故调查。发生与保险赔偿有关的仲裁或者诉讼时，被保险人应当及时书面通知保险人。

(8) 被保险人索赔时不得有隐瞒事实、伪造单证、制造假案等欺诈行为。

(9) 被保险人不履行规定义务，保险人有权拒绝赔偿或自书面通知之日起解除保险合同；已赔偿的，保险人有权追回已付保险赔款。

三 投保

投保是指投保人向保险公司申请投保具体险种保险合同的行为，包括填写投保单，缴纳保费。

(1) 中资保险公司（以下称保险公司）经保监会批准，可以从事交通事故责任强制保险业务。未经保监会批准，任何单位或者个人不得从事或经营强制保险业务。

(2) 交通事故责任强制保险实行统一的保险条款和基础保险费率。保监会按照交通事故责任强制保险业务总体上不盈利不亏损的原则审批保险费率。

(3) 被保险车辆没有发生道路交通安全违法行为和道路交通事故的，保险公司应当在下一年度降低其保险费率。在此后的年度内，被保险机动车仍然没有发生道路交通安全违法行为和道路交通事故的，保险公司应当继续降低其保险费率，直至最低标准。

(4) 被保险车辆发生道路交通安全违法行为或者道路交通事故的，保险公司应当在下一年度提高其保险费率。多次发生道路交通安全违法行为、道路交通事故，或者发生重大道路交通事故的，保险公司应当加大提高其保险费率的幅度。在道路交通事故中被保险人没有过错的，不提高其保险费率。

(5)投保人在投保时应当选择具备从事交通事故责任强制保险业务资格的保险公司，被选择的保险公司不得拒绝或者拖延承保。

(6)签订保险合同时，投保人应当按照约定交付全部或者部分保险费；保险公司应当向投保人签发保险单、保险标志。保险单、保险标志应当注明保险单号、车牌号码、保险期限、保险公司的名称、地址和理赔电话号码。

(7)被保险人应当在被保险机动车上放置全国统一式样的保险标志。保险单、保险标志由保监会监制。任何单位或者个人不得伪造、变造或者使用伪造、变造的保险单、保险标志。

(8)签订强制保险合同时，投保人不得在保险条款和保险费率之外，向保险公司提出附加其他条件的要求。签订强制保险合同时，保险公司不得强制投保人订立商业保险合同。

四 赔偿

被保险机动车发生道路交通事故，被保险人或者受害人通知保险公司的，保险公司应当立即给予答复，告知被保险人或者受害人具体的赔偿程序等有关事项。

1 交强险

(1)被保险机动车发生道路交通事故造成本车人员、被保险人以外的受害人人身伤亡、财产损失的，由保险公司依法在机动车交通事故责任强制保险责任限额范围内予以赔偿。道路交通事故的损失是由受害人故意造成的，保险公司不予赔偿。

(2)由于驾驶人未取得驾驶资格或者醉酒发生道路交通事故、被保险机动车被盗抢期间肇事、被保险人故意制造道路交通事故，造成受害人的财产损失的，保险公司不承担赔偿责任。对于垫付的抢救费用，保险人有权向致害人追偿。

(3)交通事故责任强制保险在全国范围内实行统一的责任限额。责任限额分为死亡伤残赔偿限额、医疗费用赔偿限额、财产损失赔偿限额以及被保险人在道路交通事故中无责任的赔偿限额。

2 商业第三者责任险

(1)被保险机动车发生道路交通事故造

成受害人人身伤亡的，由保险公司在保险责任限额范围内予以赔偿。

(2) 被保险机动车发生道路交通事故造成受害人财产损失的，由保险公司按照被保险人因过错所应承担的责任，在保险责任限额范围内予以赔偿。

(3) 由于驾驶人未取得驾驶资格或醉酒、被保险人与受害人恶意串通、被保险人或受害人故意造成受害人人身伤亡或受害人财产损失的，保险公司不承担赔偿责任。保险公司应当在保险责任限额范围内垫付的抢救费用，有权向致害人追偿。

3 其他

(1) 国家设立道路交通事故社会救助基金，对在道路交通事故中导致人身伤亡后抢救费用超过强制保险责任限额、肇事机动车未参加强制保险或机动车肇事后逃逸的丧葬费用、部分或者全部抢救费用先行垫付，救助基金管理机构有权向道路交通事故责任人追偿。

(2) 被保险机动车发生道路交通事故的，由被保险人向保险公司申请赔偿保险金。保险公司应当自收到赔偿申请之日起1日内，书面告知被保险人需要向保险公司提供的与赔偿有关的证明和资料。

(3) 保险公司应当自收到被保险人提供的证明和资料之日起5日内，对是否属于保险责任作出核定，并将结果通知被保险人。对不属于保险责任的，应当书面说明理由；对属于保险责任的，在与被保险人达成赔偿保险金的协议后10日内，赔偿保险金。

(4) 被保险人与保险公司对赔偿有争议的，可以依法申请仲裁或者向人民法院提起诉讼。

(5) 保险公司可以向被保险人赔偿保险金，也可以直接向受害人赔偿保险金。但是，因抢救受伤人员需要保险公司支付或者垫付抢救费用的，保险公司在接到公安机关交通管理部门通知后，经核对应当及时向医疗机构支付或者垫付抢救费用。

(6) 因抢救受伤人员需要救助基金管理机构垫付抢救费用的，救助基金管理机构在接到公安机关交通管理部门通知后，经核对应当及时向医疗机构垫付抢救费用。

小知识

交强险与商业第三者责任险有何区别?

(1)交强险要求在中华人民共和国境内（不含港、澳、台地区）道路上行驶的机动车的所有人或管理人必须投保，具有强制性。商业第三者责任险则由被保险人自愿选择投保，不具有强制性。

(2)交强险实行“无过错责任”赔偿原则，投保交强险的机动车不论在交通事故中是否有过错，只要致使受害人遭受的人身伤亡或财产损失，保险人均须在交强险的责任限额内负责赔偿。而现行商业第三者责任险实行的是“按责论处”的赔偿原则，保险人是根据被保险机动车在事故中的责任比例，在责任限额内承担赔偿责任。

(3)交强险保险责任范围比商业第三者责任险宽泛，交强险除了《机动车交通事故责任强制保险条例》规定的个别事项外，其赔偿范围几乎涵盖了所有道路交通责任风险。而商业第三者责任险中，保险人不同程度地规定有免赔额、免赔率或责任免除等事项。

(4)交强险责任限额分为死亡伤残赔偿限额、医疗费用赔偿限额、财产损失赔偿限额以及被保险人在道路交通事故中无责任的赔偿限额。其中无责任的赔偿限额分为无责任死亡伤残赔偿限额、无责任医疗费用赔偿限额以及无责任财产损失赔偿限额。而商业第三者责任险只设定综合的责任限额，责任限额又分成不同的档次，由投保人自由选择。

本章主要考点

1. 汽车维护的基本知识

维护的分类及作业内容。

2. 道路运输车辆技术要求

(1)《营运车辆综合性能要求和检验方法》;
(2)《道路车辆外廓尺寸、轴荷及质量限值》;
(3) 道路运输车辆改装管理的有关规定。

3. 轮胎的合理使用

(1) 轮胎使用寿命的影响因素;
(2) 轮胎的正确使用方法。

4. 节约燃料的基本知识

(1) 燃料消耗的影响因素;
(2) 节约燃料的驾驶方法;
(3) 代用燃料的使用常识。

5. 汽车与环保

(1) 汽车主要污染物的种类及危害;
(2) 降低排放污染的操作。

6. 汽车行驶记录仪和车用导航系统

汽车行驶记录仪和车用导航系统的使用方法。

第四章 常见故障处理

汽车故障是指汽车机件和电器设备，部分或完全失去工作能力，致使车辆不能正常运行的现象。车辆发生故障后，应及时诊断排除，这对恢复汽车正常运行、降低消耗、提高运输效率有利，而且可延长汽车使用寿命。汽车常见故障有发动机故障、底盘故障、电器故障。

汽车常见故障现象

故障现象	表　征
异响	总成或零、部件在运行中产生的不正常响声
泄漏	有密封要求的部位出现漏气、漏液
过热	总成或零、部件在运行中温度超过规定
失控	总成或零、部件在运行中，出现操纵失灵、无法控制的现象
乏力	运行中，出现动力明显不足的现象
费油	燃油、润滑油消耗过高，超出规定要求
振抖	运行中产生不正常的自身抖动
污染	运行中产生的有害排放物和噪声超过规定

第一节　汽车发动机常见故障

汽车发动机常见故障有发动机异响、润滑系故障、冷却系温度过高、汽油机故障、柴油机故障等。

一　常见异响的判断与处理

1 发动机出现清脆声响

(1) 现象：发动机出现清脆声响，冷车明显，热车减弱或消失，机油加注口冒烟，排气管冒蓝烟。

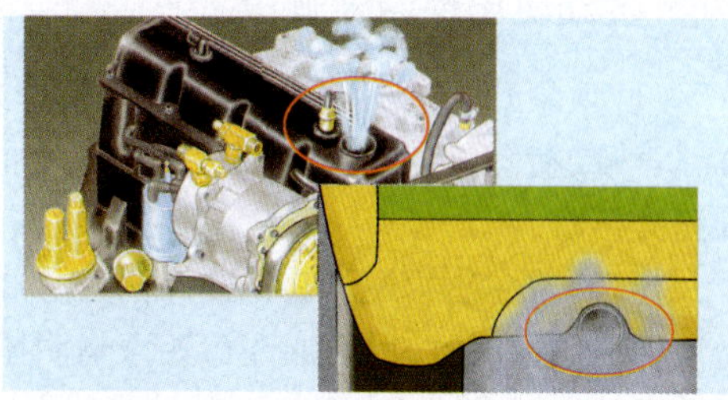

（2）听诊：声响位置在前端，单缸断火声响减弱或消失，补充适量机油后，短时间内声响减弱或消失。

（3）分析：汽缸或活塞严重磨损，间隙过大；缸壁润滑不良。

（4）处置：冷车明显，热车消失，可继续运行；响声在各种温度下不消失，应低速行驶，送修理厂修理。

2 发动机出现声响沉重

（1）现象：发动机出现声响沉重，突然加速时更为明显，机油表压力有所下降，发动机一般伴有振抖。

（2）听诊：声响位置在下部，单缸断火或停止加油无明显变化；相邻两缸断火时，声响会明显减弱；声响与温度无关。

（3）分析：曲轴、曲轴轴承故障；润滑不良。

（4）处置：补充润滑油，将车低速开往就近修理厂检修；如果距修理厂较远，最好求助救援。

3 发动机出现清晰响声

（1）现象：发动机出现清晰响声，转速越高，声响越大，突然加速时更为明显，机油表压力下降。

（2）听诊：响声位置在下部，用螺丝刀或金属棒抵触诊断时，机油加注口处声响明显；单缸断火或停止加油声响减弱或消失；声响与温度无关。

（3）分析：连杆、连杆轴承故障；缸壁润滑不良。

（4）处置：补充润滑油，将车低速开往就近修理厂检修；如果距修理厂较远，最好求助救援。

4 发动机出现清脆声响

（1）现象：发动机出现清脆声响，怠速或低速时较为明显；随着转速的升高，声响随之增大；急加速时声响更大；声响与温度无关。

（2）听诊：响声位置在发动机前端，单缸断火或停止加油声响减弱或消失；单缸断火后，在复火的瞬间，声响会敏感地突然恢复；用螺丝刀或金属棒抵触诊断时，机油加注口处声响更明显。

（3）分析：活塞销、活塞孔、连杆衬套及锁环故障；润滑不良。

（4）处置：将车低速开往就近修理厂检修；如果距修理厂较远，最好求助救援。

5 发动机出现声响钝哑

（1）现象：发动机出现声响钝哑，随转速增高而加大，而且变为嘈杂声响；机油加注口处冒蓝烟，呈脉动状，频率与声响吻合。

(2) 听诊：响声位置在发动机缸体两侧，单缸断火或停止加油声响和烟气立即消失；加注适量机油后，短时间内声响减弱或消失。

(3) 分析：活塞环、活塞环与缸壁或环槽处故障。

(4) 处置：设法将汽车送往就近修理厂检修，最好求助救援。

注：遇其他异常响声，最好的办法是求助于专业人员进行诊断或检修。

二　润滑系故障的判断与处理

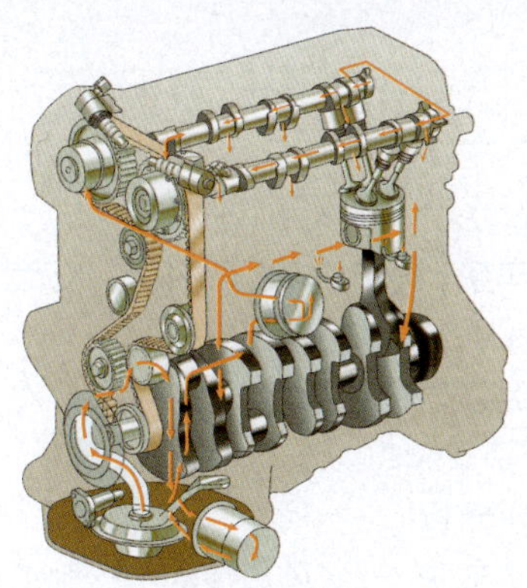

润滑系示意图

1 机油压力过高

机油压力过高，表现为油压表显示在490kPa以上或报警灯亮。

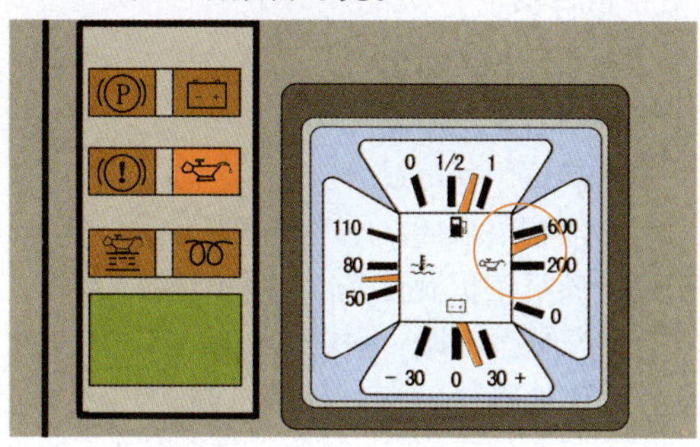

(1) 现象：

- 发动机起动后，机油压力表显示压力剧增。
- 发动机运转中，机油压力表显示值突然增高。
- 有时机油压力表显示压力增高后，又突然降下来。

(2) 分析：

- 使用牌号不对或机油老化、变质，造成机油黏度过大。
- 机油杂质过多或机油变质，造成主油道堵塞不畅。
- 滤清器旁通阀开启困难，弹力不足或装配不当。

(3) 处置：停息发动机，进行诊断，自己无法排除时，应求助专业人员。

2 机油压力过低

机油压力过低，表现为油压表在报警线以下或低压报警灯亮。

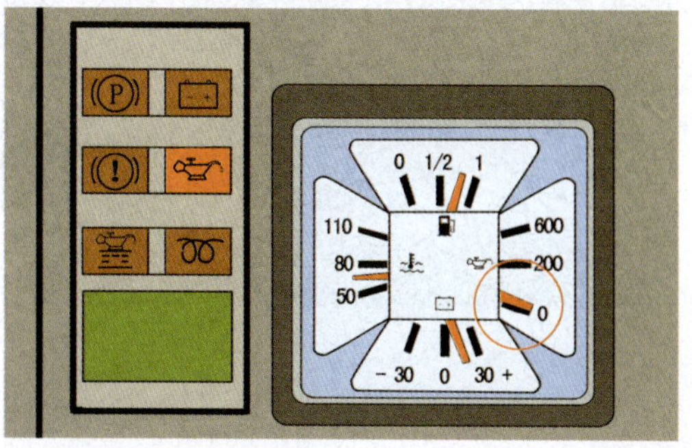

(1) 现象:

- 发动机起动后，机油压力表显示值迅速下降，甚至降至0。
- 发动机机油压力始终过低。
- 检查机油尺，机油被稀释，黏度下降，右面升高，带有浓厚的汽油味或带有水泡沫。

(2) 分析:

- 机油量不足、机油黏度过低、机油变质、机油或冷却水进入油底壳，造成机油压力失常。
- 机油泵磨损过甚、装配不当、限压阀弹簧折断或弹力过低，造成机油泵工作失常，机油压力过低。
- 曲轴轴承、连杆轴承、凸轮轴轴承磨损，造成轴承间隙过大，机油压力过低。
- 粗滤器滤芯或集滤器堵塞，造成机油压力过低。

(3) 处置：停息发动机，进行诊断，若因机油量不足造成机油压力过低，应及时添加机油；其他原因造成的机油压力过低，应求助于专业人员。

三 冷却系温度过高的判断与处理

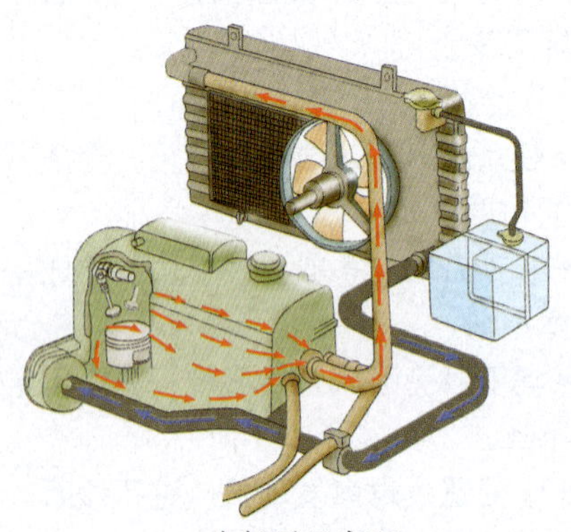

冷却系示意图

冷却系温度过高时，温度表显示超过95℃以上，继续升温，甚至沸腾。

(1) 现象:

- 车辆行驶中冷却液温度正常，停车后立即沸腾。
- 车辆行驶中冷却液消耗异常，造成温度过高。
- 温度表显示值接近100℃，但冷却液不沸腾。

(2) 分析:

- 冷却液不足、风扇传动带松弛或断裂造成散热不良、冷却液管路失常。
- 发动机润滑油不足、汽车长时间在上坡路段行驶、汽车超速或超载。
- 发动机分水管损坏、汽缸体渗漏、水套内水垢过多。
- 水温表或水温传感器失效。
- 混合气过浓或过稀。
- 排气门间隙过大。
- 汽缸垫损坏，水套与汽缸串通。
- 燃烧室积炭过多。
- 气候、道路、风向的影响。

(3) 处置:

- 将车停在安全（夏季选择阴凉处）的地方，打开发动机罩，使发动机保持怠速运转进行降温。

●发动机温度明显降低不再沸腾后(也可观察温度表)，用湿毛巾或湿棉纱包着水箱盖(或冷却液贮液罐盖)，先拧松进行放气，然后再完全打开，此时脸部要避开加水口，以防热气喷出烫伤脸部。

●向水箱(或冷却液贮液罐)渐渐加注冷却液。

●因风扇传动带松弛造成散热不良使水温过高时，应调整传动带的张紧度，其挠度调至12~14mm为宜。若风扇传动带过松无法调整或断裂时，应进行更换。

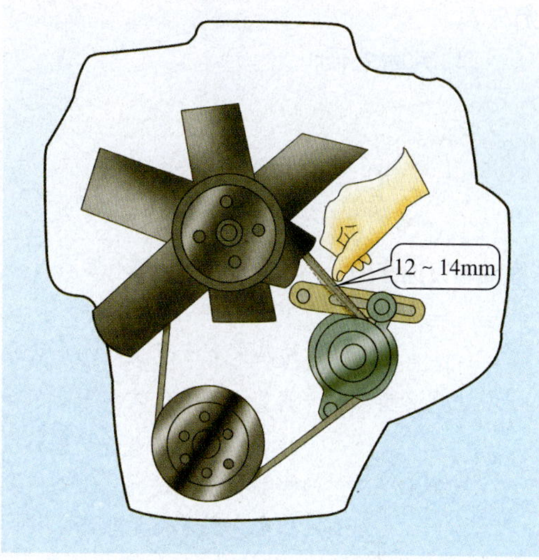

●其他原因造成水温过高时，应求助于专业人员。

四 汽油机故障的判断与处理

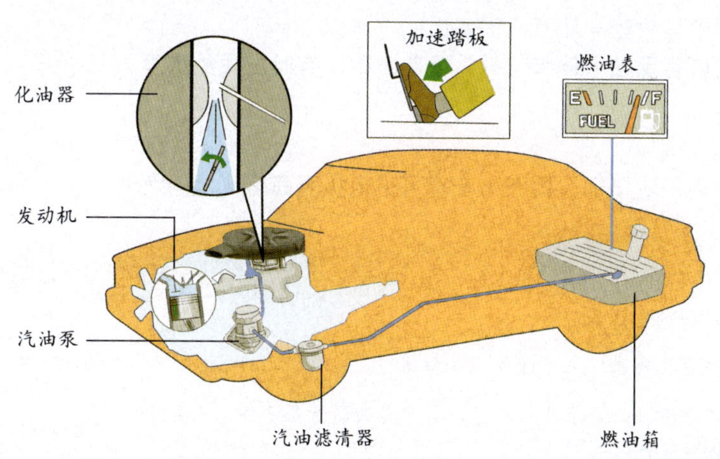

汽油机燃油系：燃油箱→汽油滤清器→汽油泵→化油器→汽缸

1 不来油或来油不畅

(1) 现象:

- 发动机起动时无着火征兆或起动后不久即熄火。
- 拉阻风门或多次踏加速踏板，发动机能勉强起动，加速时化油器出现回火(火焰从进气歧管进入化油器，并从化油器喷出)，但很快就熄火。
- 用汽油泵手拉杆泵油，待化油器浮子室油满后，发动机能短时间运转，短时间后逐渐熄火。

(2) 判断处理:

故障部位	原因分析	处理
燃油箱及油管路	燃油箱开关未开	打开开关
	燃油箱无油或油量不足	添加燃油
	燃油箱管路堵塞；燃油箱通气孔受阻；油管碰瘪或油管及接头松脱、破裂、漏气	立即检修或应急处置
	油路中有空气或汽油中含水、冬季结冰堵塞	清除空气、水分、结冰
汽油滤清器	滤芯堵塞；沉淀杯裂纹、漏气；中心螺栓衬垫处漏气	立即检修或应急处置
汽油泵	摇臂磨损过甚或汽油泵摇臂折断、脱出；摇臂与凸轮间的间隙安装得过大、过小；油杯衬垫漏气、滤网堵塞、膜片破裂、膜片弹簧折断；进、出油阀卡滞	立即检修或应急处置
化油器	进油滤网堵塞；主量孔或浮子室出油孔堵塞；浮子或三角针阀卡死；平衡孔堵塞；加速泵失效	立即检修或应急处置

2 混合气过浓

(1) 现象:

- 发动机不易起动。
- 化油器节气门轴或浮子室衬垫等处有汽油渗出。
- 发动机起动后，排气管冒黑烟，伴有“扑、扑”声响，有时出现放炮声。
- 发动机怠速不稳。
- 发动机动力不足，耗油增加。
- 火花塞电极及燃烧室内积炭增加，拆下火花塞可见电极表面有潮湿的汽油。

(2) 判断处理:

故障部位	原因分析	处理
化油器	省油器球阀弹簧过弱	更换
	空气制动量孔堵塞；主喷管渗气孔堵塞	清洗疏通
	省油器球阀卡住，处于开启状态；真空省油器活塞卡住，使真空省油处于供油状态	及时检修

故障部位	原因分析	处理
化油器浮子室、主量孔	浮子室油面过高	检修、调整
	三角针阀与阀座不能密封	检修、更换
	主量孔配剂针旋出过多	调整
	浮子破裂进油、卡滞	更换
	主量孔扩大或衬垫损坏	更换
其他	阻风门未完全打开	及时检修
	空气滤清器的机油平面过高	调节
	空气滤清器滤网过脏	清洗
	汽油泵泵油压力过高	检修、校正

3 混合气过稀

(1) 现象:

- 发动机难以起动。
- 发动机怠速不稳，容易熄火。
- 加速困难，猛踏加速踏板时，化油器有时会出现回火现象。
- 动力不足，稍拉阻风门时情况有所好转。
- 发动机易过热。

(2) 判断处理:

故障部位	原因分析	处理
供油部分	油管破裂、凹瘪或油管接头松动、漏气、部分堵塞；汽油滤清器堵塞或漏气	立即检修或采取应急处置
	燃油箱盖空气孔堵塞或燃油箱燃油量不足	疏通、添加
汽油泵	滤网过脏、堵塞，内、外摇臂磨损、间隙过大	立即检修或应急处理、更换
	汽油泵与发动机机体间衬垫过厚	
	进、出油阀贴合不严，油杯漏气，膜片破裂，膜片弹簧过软	
化油器	主量孔针阀旋出过少，浮子卡住或调整不当使油平面过低	调整
	进油口滤网过脏、堵塞，出油孔不畅，主量孔不畅	清洗疏通
其他	化油器与进、排气歧管间衬垫损坏	更换
	化油器与进气歧管间的紧固螺栓松动	紧固
	汽油中有水混入	查明漏水原因后处理

4 低压电路断路

(1) 现象:

- 打开点火开关，电流表指针指在“0”的位置。
- 发动机不能起动。

(2) 判断处理:

故障部位	原因分析	处理
蓄电池	蓄电池无电或蓄电池内部断路	立即检修或更换
	桩柱接线松脱或接触不良	立即检查、紧固
点火线圈	低压线圈断路、附加电阻熔断	更换
分电器断电触点	间隙过大，不能闭合	调整
	触点严重脏污	清洁
	触点严重烧蚀	修磨或更换
其他	熔断丝熔断、点火开关损坏	更换
	点火开关接线松脱、低压线路中接头松脱	紧固
	低压线路中导线断路	立即检修

5 低压电路小电流放电

(1) 现象:

- 打开点火开关，电流表指针指在3～5A的位置不动。
- 起动起动机，电流表指针指示值略有增加。

(2) 判断处理:

故障部位	原因分析	处理
点火线圈	点火线圈的低压线圈与外壳短路、低压接线柱导线短路、附加电阻短路	立即检修、更换
分电器	分电器断电触点未张开、活动触点臂或弹簧片短路；接线柱导线与活动触点短路	立即检修
其他	电容器击穿	更换
	低压电路连接导线短路	立即检修

6 低压电路大电流放电

(1) 现象:

- 打开点火开关，电流表指针指在10A以上的位置。
- 起动起动机，电流表指针指示值更大。

(2) 判断处理:

故障部位	原因分析	处理
点火开关	点火开关短路、点火开关接线柱短路	立即检修或更换
点火线圈	点火线圈内部线圈短路或线圈接线柱短路；附加电阻短路	更换或立即检修
导线短路	点火开关至仪表或组合继电器间导线短路；起动机开关导线短路	立即检修

7 高压电路故障

（1）现象：打开点火开关，摇转曲轴，电流表指针指示3～5A，并间歇摆回“0”位，发动机不能发动。

（2）判断处理：

故障部位	原因分析	处理
点火线圈	中心插孔漏电或电阻过大；高压线圈断路或短路	更换
分电器	分火头击穿漏电；分电器盖中心插孔与旁孔间窜电；	更换
	分电器高压线漏电、脱落、断线、短路或分级错乱	插牢、更换、校正
火花塞	火花塞工作不良	调整或更换

8 发动机不能起动和不易起动

（1）现象：

- 发动机无起动征兆。
- 发动机冷车甚至热车也难以起动。
- 电流表指针指“0”不动。
- 电流表指针指示放电位置不动。
- 电流表指针作左右间歇摆动。

（2）判断处理：

故障部位		原因分析	处理
燃料系	混合气	真空管处吸入空气；进气歧管垫片损坏或化油器底座不密封而吸入空气	立即检修
	化油器	化油器量孔堵塞、怠速不良、阻风门卡滞；浮子室油平面高度不符要求	立即检修、调整、疏通
	供油装置	汽油泵工作不良；汽油滤清器堵塞；供油管路堵塞、漏气或管路中有空气	及时检修、清洗疏通
点火系	低压线路	蓄电池容量低；电容器、点火线圈不良；分电器断电触点不良或间隙不当；低压线路断路或接触不良	立即检修、调整、更换
	高压线路	点火线圈、火花塞、分电器盖、分火头不良；高压线路连接、接触不良	立即检修、更换
	点火正时	点火不正时	调整

故障部位	原因分析	处理
汽缸压缩系统	汽缸、活塞环、活塞磨损；进、排气门及座不密封	检修
	汽缸垫损坏	更换

9 发动机怠速不良

(1) 现象：

- 发动机不易起动。
- 发动机起动后，抬起加速踏板易熄火。

(2) 判断处理：

故障原因	原因分析	处理
混合气过稀	空气量孔扩大	更换
	有关衬垫处漏气、供油不足	及时检修
发动机温度过低	冬天气温低、保温措施不当	视情处理
	节温器失效	更换
电路故障	调节器电压过低、分电器盖窜电	调整、更换
	分电器断电触点烧蚀、接触不良或个别高压分线、火花塞工作不良	立即检修或更换
	点火过早或过迟	调整
其他	发动机压缩压力过低；燃油汽化、雾化不良	视情检修

10 加速不良

(1) 现象：

- 急加速时，排气管出现“突、突”声。
- 加速时，发动机转速不能随之提高。
- 化油器出现回火。

(2) 判断处理：

故障部位	原因分析	处理
油路	浮子室油面过低	立即检修、调整
	加速喷管堵塞	清洗疏通
	加速泵工作不良、加速联动装置失效	及时检修或更换
电路	分电器断电触点间隙过大	调整
	分电器活动触点臂弹力过弱或漏电；点火线圈工作不良或电容器失效	更换
	火花塞工作不良	清除积炭、调整、更换
	个别高压线脱落、漏电	立即检修

故障部位	原因分析	处理
其他	点火过迟	调整
	机械性能不良	检修

11 行驶中熄火

(1) 现象：行驶中突然熄火或逐渐熄火。

(2) 判断处理：

故障部位		原因分析	处理
油路		油路有漏气处；油管爆裂；燃油箱缺油；油路中汽油滤网堵塞；汽油泵进、出油阀卡滞；汽油泵摇臂或膜片弹簧折断、泵膜片破裂；化油器三角针阀突然卡住，使油平面过高或过低	立即检修
低压电路	断路	蓄电池桩柱松脱；低压线路断路；熔电器熔断；点火线圈烧断；分电器断电触点烧结不能闭合	立即检修
	短路	低压电路连接或点火线圈内部短路；点火开关短路；分电器断电触点未张开	立即检修
高压电路		分火头击穿、高压线脱落	立即检修
其他		分电器松动，点火不正时	调整、紧固
		凸轮轴正时齿轮损坏、汽缸垫多缸冲穿、曲轴轴承或连杆轴承烧结卡滞	立即检修、更换

五 柴油机故障的判断与处理

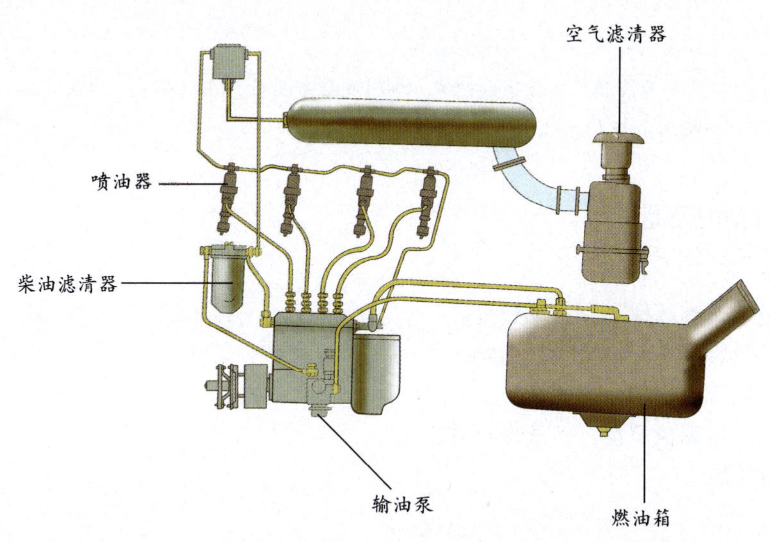

1 柴油机起动困难

（1）现象：

- 发动机不易起动，有的有起动征兆，有的无起动征兆。
- 起动时不排烟，或冒白烟，或冒黑烟。
- 松开喷油泵放气螺钉，用手油泵或电动燃油泵泵油，放气螺钉处无油流出，或虽有油流出，但喷油器却无油喷出。

（2）判断处理：

故障部位	原因分析	处理
燃油箱、管路	燃油箱开关未打开、燃油箱内无油或油量不足；柴油品质低劣、牌号不符	视情处理、更正
	燃油箱盖通气阀失灵、油路中有空气或水	立即检修
	燃油箱上油管堵塞、开裂（焊接处）、脱落、折断	疏通
输油泵	柴油滤清器滤芯或输油泵滤网堵塞	清洗疏通或更换
	输油泵活塞损坏或咬住、止回阀粘滞、密封不良或弹簧折断	检修、更换
喷油泵	挺杆与柱塞脚间隙过大、调速器调整不当	调整
	加速踏板拉杆处于不供油位置或供油齿条卡滞	立即检修、更换
	油量调节叉或扇形齿轮固定螺钉松动、脱落	
	柱塞与套筒间隙过大或粘滞	
	出油阀粘滞、密封不良或弹簧折断	
	溢油阀密封不良或弹簧折断	
喷油器	针阀式喷油器孔堵塞或受热后咬住、针阀积炭或烧结而不能开启	检修、更换
	压力弹簧调整松动、过硬	调整或更换
	喷雾品质不良	视情检修
其他	蓄电池存电不足、起动机故障	充电或更换
	空气滤清器及进气通道堵塞、个别汽缸不工作或工作不良、排气制动阀未打开、汽缸压缩压力过低	立即检修

2 柴油机动力不足

（1）现象

- 柴油机转速难以提高，排烟过少。
- 柴油机运转不均匀，排大量白烟。
- 柴油机运转不均匀，排黑烟。
- 柴油机运转忽快忽慢，转速提不高。

（2）判断处理：

故障部位	原因分析	处理
输油机件	加速踏板拉杆不能保证最大供油量、输油泵供油不足	及时检修、校正
	输油泵滤网或柴油滤清器堵塞、油管堵塞	清洗、疏通或更换
	油路中有空气	视情处理、排气
喷油泵	油量调节齿杆达不到最大供油位置、扇形小齿轮固定螺钉松动	及时检修、更换
	挺杆粘滞、挺杆滚子或凸轮磨损过甚、挺杆调整螺钉调整不当或松动	
	柱塞粘滞或弹簧折断、柱塞磨损过甚	
	出油阀密封不良或弹簧折断、凸轮轴轴向间隙过大	
	喷油正时不准	校正
喷油器	喷油器泄漏，使供油量减少	及时检修、调整或更换
	针阀不密封、粘滞、烧结，不能关闭	
	压力调整弹簧折断或弹力不足	
	密封垫积炭	清除
调速器	调速器固定松动、飞块销孔、座架磨损松旷、飞块过重或收张不一致	及时检修、更换
	调速弹簧变形或折断、调速器润滑油过脏、过少	添加、更换
柴油品质	柴油内有水分；柴油粘度过大，流动不畅	视情处理、更换
发动机	发动机汽缸破裂或汽缸垫破损；发动机汽缸压力过低，活塞环在槽内卡滞、抱死；排气制动阀失灵或未打开	及时检修、更换
	油底壳内油平面过高、空气滤清器内机油过多或堵塞	调节、清洗或更换

3 柴油机振抖

（1）现象：

- 柴油机运转时振抖，转速愈高，振抖愈烈。
- 伴有清脆而有节奏的金属敲击声，急加速时愈烈，排黑烟。
- 伴有无节奏的敲击声，排黑烟。
- 伴有低沉不清晰的敲击声。

（2）判断处理：

故障原因	原因分析	处理
机件声响	曲轴轴承或连杆轴承间隙过大，合金脱落；活塞与汽缸壁间隙过大或活塞顶碰气门；活塞销座孔或与连杆铜套的间隙过大；气门与气门导管的间隙过大	及时检修、更换
	气门间隙过大	调整
	进气门不能关闭；气门摇臂与摇臂轴的间隙过大；正时齿轮啮合间隙过大或过小；正时齿轮松动或轮齿损坏；其他紧固件松动或脱落	及时检修、紧固、更换

故障部位	原因分析	处理
着火敲击	喷油时间过早或过迟；喷油雾化不良；汽缸喷油不一致	调整
	出油阀磨损或卡滞；柴油机温度过低；调速器失常；喷油器柱塞调节齿轮锁紧螺钉松动；吸入汽缸内的空气量不足	及时检修
	选用柴油牌号不当	纠正
柴油机支承出现问题	支架螺栓松动或断裂；支承位置不当，与变速器轴不同心；支架垫老化、破损、脱落	及时检修、调整、更换

4 柴油机超速(飞车)

(1) 现象：

- 转速升高或突然升高，超过允许的最高转速，疾转不止，失去控制。
- 伴有极大的声响。

(2) 判断处理：

故障部位/原因	原因分析	处理
喷油泵	油量调节齿杆和调速器拉杆脱开；供油调节齿杆卡滞；加速踏板拉杆卡滞；柱塞卡住于高速位置；柱塞油量调整齿圈固定螺钉松动、失控；凸轮轴轴向间隙过大	及时检修
	柱塞泵弹簧折断	更换
调速器	高速调节螺钉或最大供油量调整螺钉调整不当	调整
	调速器内部润滑油过多、过脏或粘度过大	调整、更换
	拉杆、销子脱落；飞块销轴断裂、甩脱；飞块质量不等、压力轴承损坏；弹簧折断或弹力下降	立即检修、更换
额外增油	汽缸窜油，机油窜入燃烧室；惯性油浴式空气滤清器存油过多被吸入燃烧室；增压器油封损坏，机油被吸入燃烧室；低温起动装置的电磁阀漏电，使多余的柴油进入燃烧室	立即检修
	清洗空气滤清器滤芯后的残留汽油过多，汽油蒸气被吸入燃烧室；多次起动不着火，缸内积聚柴油过多	稍后再起动

第二节　汽车底盘常见故障

一　传动系常见故障的判断与处理

1 离合器分离不彻底

(1) 现象：挂挡困难，有撞击声；挂挡后不抬离合器踏板，汽车即行走或使发动机熄火。

(2) 判断处理:

故障原因	原因分析	处理
调整不当	踏板自由行程过大；分离杆内端面不在同一平面或过低；中间主动盘限位螺钉调整不当	调整
磨损与破碎	分离杆内端面磨损、支架销孔磨损或脱出；摩擦片破碎	更换
折断	分离杆折断；个别分离弹簧折断、过软或高低不均；部分压紧弹簧折断或弹力不均	更换
变形	分离杆弯曲；从动盘翘曲；中部主动盘翘曲	检修、更换
松旷	分离杆调整螺钉松动；从动盘铆钉松脱	紧固
其他	从动盘花键槽与变速器第一轴花键齿卡滞	检修、更换
	液压操纵系统中有空气或漏油	放气、检漏

2 离合器打滑

(1) 现象:

- 起步时，虽已抬离合器踏板，但仍不能顺利起步，有时直至完全抬起时，才勉强起步。
- 加速时，速度不能随之提高；上坡加油时，发动机转速虽提高，但仍感乏力。
- 重负荷时，发出焦臭味和黑烟。

(2) 判断处理:

故障原因	原因分析	处理
踏板工作不良	踏板活动阻滞	立即检修
	踏板没有自由行程	调整
	踏板复位弹簧弹力不足、折断、脱落	立即检修、更换
摩擦片不良	摩擦片过薄、硬化、烧蚀、铆钉外露、沾有油污、出现斑点	更换
压盘压紧弹簧不良	压盘压紧弹簧过软、折断、弹力不足；膜片式弹簧裂纹	更换
松旷	离合器盖松旷；飞轮松动	紧固
分离杆调整不当	分离杆调整过高	调整

3 离合器发抖

(1) 现象:

- 起步不稳，有突然窜动的感觉。
- 起步瞬间伴有车身抖动现象，严重时整车抖振。

(2) 判断处理:

故障部位	原因分析	处理
分离机构	分离杆变形	更换
	分离叉、分离套筒卡滞	及时检修
	分离杆调整不当，其内端面不在同一平面内	调整
摩擦盘、片	主、从动盘翘曲或磨损起槽；摩擦片破损、变形、松动、铆钉外露、表面油污、烧焦、硬化；减振盘破裂	更换
弹簧	压紧弹簧疲劳、弹力不均、折断；膜片弹簧疲劳、弹力不均、断裂；减振弹簧疲劳、弹力不均、折断	更换
其他	离合器踏板没有自由行程	调整
	发动机、变速器固定不牢；飞轮、离合器壳松动	紧固
	离合器从动盘与变速器第一轴间锈蚀、积垢而卡滞	及时检修、更换

4 离合器异响

(1) 现象

- 怠速时，踏下离合器踏板，发出异响；踏板放松时异响消失。
- 有时踏下和松抬离合器踏板，均有异响。

(2) 判断处理：

故障部位	原因分析	处理
分离机构	分离杆螺钉弹簧松动	紧固
	分离杆螺钉折断、杆支架销及销孔磨损松旷	更换
	分离叉卡滞	及时检修
分离轴承	润滑不良、卡滞、烧毁	润滑、检修、更换
	磨损过甚、损坏；轴承座复位弹簧弱、折断、脱落；轴承与套筒松旷；分离套筒与变速器第一轴松旷；离合器踏板复位弹簧折断	更换
从动盘	减振弹簧折断；摩擦片变形、破裂、铆钉外露、松动、钢片翘曲、变形；从动盘壳歪斜、键槽磨损	更换
其他	离合器与压盘配合松旷(单片式)；传动销与中间主动盘销孔松旷(双片式)；传动销过长	及时检修

5 变速器挂挡困难

(1) 现象：挂挡不顺利，有齿轮撞击声。

(2) 判断处理：

故障部位	原因分析	处理
变速操纵	操纵机构调整不当	调整
	远距离操纵机构变形；变速杆弯曲变形；变速叉变形、轴弯曲变形	及时检修、更换
变速器锁止机构	变速叉轴锁止弹簧过硬；钢球毛糙、卡滞、破裂	更换
同步器	同步器散架、耗损、缺陷	更换
变速器第一轴	第一轴弯曲、变形；第一轴花键严重磨损	更换
齿轮油	齿轮油品质下降	更换
	齿轮油油量不足	加注

6 变速器跳挡

（1）现象：汽车以某一挡位行驶时，当抬起加速踏板或遇颠簸，变速杆自行跳到空挡的位置。

（2）判断处理：

故障部位	原因分析	处理
变速机构	齿轮、齿套磨损过甚；变速器轴承磨损松旷；齿轮啮合长度不足；第一轴、第二轴与中间轴平行度超差；滑动齿轮花键槽及第一轴花键齿磨损过甚	更换
锁止机构	变速叉轴磨损过量；锁止弹簧过软、折断	更换
同步器	同步器散架、锁销松动、锥盘齿轮磨损过量	更换
其他	变速杆变形；变速叉磨损、变形；变速器第一轴与发动机曲轴同轴度超差	更换
	变速器固定螺栓松动	紧固

7 变速器异响

（1）现象：

- 空挡有异响，踏下离合器踏板时声响消失。
- 低速挡有异响，高速挡声响减弱或消失。
- 仅在个别挡位有异响。
- 直接挡无异响，可其他挡位均有异响。
- 各挡位均有异响。

（2）判断处理：

故障部位	原因分析	处理
变速操纵机构	变速杆变形；变速叉轴变形；变速叉变形或固定螺钉松动	及时检修、更换
	变速操纵机构各连接处松动	紧固
变速齿轮	齿轮油量不足	添加
	齿轮油品质下降；齿轮齿形磨损异常、轮齿磨损或折断、齿隙过大；常啮合齿轮副不匹配	更换

故障部位	原因分析	处理
轴承	第一轴前、后轴承松旷、损坏；第二轴前端滚针轴承损坏；第二轴后轴承松旷、损坏；中间轴前、后轴承损坏；倒挡齿轮组滚针轴承松旷、损坏	更换
部件变形、损坏	第二轴弯曲；中间轴弯曲；衬套破碎；同步器耗损；止推垫圈破碎	更换
定位	变速器壳前端面与第一、第二轴轴心线垂直度超差；第一、第二轴与发动机曲轴同轴度超差；第二轴花键与滑动齿轮毂配合松旷；变速器总成定位不准	及时检修

8 传动轴异响

(1) 现象:

- 起步或变速时有异响，伴有车身抖动。
- 起步无异响，行驶时却有异响。
- 起步无异响，滑行时却有异响。
- 起步或松抬加速踏板有异响。
- 整个行驶过程中均有异响，车速愈高，声响愈大。

(2) 判断处理:

故障部位	原因分析	处理
万向节、伸缩节	十字轴及滚针磨损、断碎	更换
	十字轴装配过紧，不灵活；两端万向节叉不在同一平面内	调整
	万向节连接处松动	紧固
	伸缩节花键槽、齿磨损；变速器第二轴花键齿与凸缘花键槽磨损过甚	更换
中间轴承支架	松动、位置偏斜、垫块隔离套紧固螺钉过紧或过松	紧固、调整
	橡胶垫环隔套损坏、轴承磨损过甚	更换
	轴承润滑不良	润滑
	轴承安装不当	及时检修
传动轴	传动轴弯曲	矫正或更换
	传动轴未按标记安装或安装不当、凸缘和轴管焊接歪斜、平衡块脱落、轴凹陷；十字轴回转中心与传动轴同轴度超差	及时检修、矫正

9 后桥异响

(1) 现象:

- 行驶中出现异响，高速行驶时或急剧改变车速时，声响明显。
- 行驶中出现异响，脱挡滑行时，有的异响不消失，有的减弱或消失。

- 直线行驶时无异响，但转弯时却出现异响。
- 上坡时出现异响或下坡时出现异响，或上、下坡均有异响。

(2) 判断处理:

故障现象	原因分析	处理
直线行驶良好，曲线行驶时出现异响	行星齿轮转动困难	调整、更换
	行星齿轮轮齿表面损伤、折断；行星齿轮与半轴齿轮不配套，啮合不良	更换
	减速器从动齿轮与差速器壳的铆钉松动	重铆
行驶有异响，脱挡滑行时减弱或消失	行星齿轮与半轴齿轮啮合间隙过小；半轴齿轮花键槽与半轴配合松旷；圆柱主、从动齿轮啮合不均或间隙过大、轮齿损伤或折断；圆锥主、从动齿轮轮齿损伤、折断	调整、更换
行驶、滑行时均有异响	后桥润滑油量不足	添加
	后桥轴承预紧度过大；圆柱主动齿轮滚柱轴承磨损、调整不当、松旷、凸缘未压紧；圆锥主、从动齿轮啮合间隙过小；差速器圆锥滚子轴承盖紧固螺栓松动	及时检修、调整、更换

二 制动系常见故障的诊断与处理

1 液压制动不良

(1) 现象:

- 将制动踏板踩到底，车辆不能立即减速、停车。
- 制动时，出现跑偏。
- 制动时，出现侧滑。

(2) 判断处理:

故障部位	原因分析	处理
制动主缸	制动液不足、变质、有杂质	添加、更换
	补偿孔堵塞、加液口盖通气孔堵塞	疏通
	皮碗、皮圈老化、发胀、变形或被踏翻、活塞与缸体磨损或漏油	立即检修
	活塞复位弹簧过软、自由长度不足、回油阀密封不良；出油阀弹簧过软、折断或密封不良	更换
制动轮缸	轮缸皮碗老化、发胀、复位弹簧过软或折断	更换
	轮缸活塞卡滞；轮缸活塞与缸体磨损、漏油	立即检修
车轮制动器	制动器间隙不当；制动摩擦片接触面积和部位不符合要求	调整
	制动鼓失圆、起沟槽；制动鼓磨损过量；制动摩擦片硬化、油污、水湿、铆钉外露、破碎、磨损过量、轴锈蚀卡滞	更换

故障部位	原因分析	处理
其他	制动踏板自由行程过大	调整
	制动系统内渗入空气、温度过高而发生气阻	排气
	制动管路凹瘪；制动管路接头松动、渗漏；制动软管老化、破裂、堵塞	立即检修、更换
	前轮定位不准；前轴变形	及时检修

2 气压制动不良

(1) 现象：将制动踏板踩到底，车辆不能立即减速、停车。

(2) 判断处理：

故障部位	原因分析	处理
空气压缩机	皮带松弛打滑	调整
	皮带油污打滑	应予清洗或更换
	皮带老化、裂开；空气压缩机阀座松动、漏气或阀门卡滞、损坏	立即检修、更换
制动阀	制动阀调整不当	调整
	制动阀膜片、接头处漏气	及时检漏、更换
	制动阀出气阀复位弹簧过硬	更换
制动室与调整臂	制动室平衡弹簧预张力过小	更换
	制动室推杆行程过长；调整臂蜗杆调整不当	调整
车轮制动器	制动摩擦片表面烧焦、磨损过薄、破碎、铆钉外露或制动摩擦片硬化、油污、水湿；制动鼓磨损过量、起沟槽、失圆	更换
	制动摩擦片接触面积和部位不符合要求；制动器间隙不当	调整
	促动凸轮轴锈蚀卡滞；制动蹄片轴锈蚀卡滞	立即检修
其他	制动踏板自由行程过大	调整
	贮气筒气压不足	视情检修
	制动管路破裂或接头松动漏气	紧固、更换

三 前桥和转向系常见故障的判断与处理

1 转向沉重

(1) 现象：转动转向盘感觉沉重费力。

(2) 判断处理：

故障部位	原因分析	处理
转向器	蜗杆上、下轴承过紧、损坏	及时检修、更换
	蜗杆与滚轮啮合过紧	及时检修、调整
	转向器缺油	添加
转向节	转向主销与衬套配合过紧或润滑不良；转向止推轴承润滑不良或损坏	润滑、调整、更换
	转向节臂变形	检修或更换
横、直拉杆	球头调整过紧或润滑不良；横拉杆与转向节臂过紧或润滑不良	调整、润滑
前钢板弹簧	前钢板弹簧折断或挠度不符合要求	更换
其他	转向轮胎气压不足	充气
	前轮定位不准；车架变形	矫正
	超载	纠正

2 行驶跑偏

(1) 现象：车辆行驶中，不能保持直线方向，而自行偏向一侧。

(2) 判断处理：

故障部位	原因分析	处理
钢板弹簧	两侧钢板弹簧弹力不均或一侧钢板弹簧折断	更换
	一侧钢板弹簧错位	检修
轮胎	左、右轮胎气压不一致、规格不一、花纹差异过大	纠正、更换
制动器	一侧制动器分离不彻底或轮毂轴承过紧	及时检修、调整
位置不准	前轴、车架变形；前轴与车架定位不准；左、右轴距不等；后桥轴管变形；前轮定位不准；转向节臂或转向节变形	矫正、更换

3 行驶摆头

(1) 现象：

- 速度在 20km/h 以下时，感到方向不稳，前轮摆动。
- 高速行驶或在某一高速时，出现转向盘发抖、摆振，行驶不稳。

(2) 判断处理：

故障部位	原因分析	处理
传动系统	传动系统有部件松动	紧固
	传动轴弯曲、变形	矫正、更换
转向机构	蜗杆与滚轮的啮合间隙过大；蜗杆上、下轴承间隙过大；扇齿轮与蜗杆啮合间隙过大	调整、更换

故障部位	原因分析	处理
转向机构	循环球磨损或横、直拉杆球头磨损、松旷	更换
	转向器或横、直拉杆调整不当	调整
前轴	前轴变形	矫正、更换
	前轴在制造或维修过程中存在工艺误差	修正、更换
前轮	前轮辋拱曲；变形	更换
	前轮毂螺栓数量不全	补全
	前轮轴承过松；转向节主销与衬套间隙过大	调整
	转向节轴颈锁紧螺母松动	紧固
	前轮动态不平衡；前轮定位不准、松旷	校正
其他	车架变形	矫正、更换
	车架铆钉松动	重铆
	左、右钢板弹簧刚度不均；减振器失效	及时检修、更换
	装载货物超长，后轮超负荷	纠正

第二节 汽车电气设备常见故障

汽车电气设备常见故障有蓄电池故障、起动机故障、充电系统故障、照明及其他故障。

一 蓄电池常见故障的判断与处理

1 自放电

(1) 现象：蓄电池停用一段时间或数天后，电能自行消失，无法使用。

(2) 原因：蓄电池外部不清洁，造成正、负极接线柱间导通；外部电路有个别短路；蓄电池内部电解液中含有过量的铜、铁等金属杂质，造成短路。

(3) 处理：清洁、检修；更换电解液。

2 极板硫化

(1) 现象：蓄电池容量下降，起动性能差；充电时电解液温度异常升高，并过早产生气泡；放电时电压下降过快。

(2) 原因：蓄电池长期充电不足、电解液长期欠缺或放电后长期放置，在极板上生成一层白色的粗晶粒状的硫酸铅，堵塞了极板空隙，阻碍电解液的渗入，使蓄电池容量下降，内阻增大。

(3) 处理：避免蓄电池过度放电，尽快充电。

3 内部短路

⑴ 现象：起动发动机时，起动机运转无力；充电时温度上升快，长时间充电气泡仍很小；检查单格电池的外电压，电压很低，甚至为零。

⑵ 原因：蓄电池内部分极板翘曲、隔板损坏、大量极板活性物脱落后沉积，造成正、负极板之间短路。

⑶ 处理：检查、及时清洗。

二 起动机常见故障的诊断与处理

1 起动机不转动

⑴ 现象:转动点火钥匙至“START”位置，能听到起动机电磁开关动作的声音，起动机不转。

⑵ 判断处理：

故障部位	原因分析	处理
蓄电池	电能不足或电源线接线柱接触不良	检修、清洁或充电
点火开关	失效、损坏	更换
继电器	接触不良、失效	
电磁开关	接触不良、失效	检修或更换
起动机	电刷或换向器磨损、烧蚀、接触不良	检修或更换
	激磁绕组或电枢短路、损坏	检修或更换起动机
起动系	电路接触不良或断路	检修电路

2 起动机运转无力

⑴ 现象：转动点火钥匙至“START”位置，起动机能运转，但转动无力。

⑵ 判断处理：

故障部位	原因分析	处理
蓄电池	电能不足或电源线接线柱接触不良	检修、清洁或充电
电磁开关	触点接触不良	检修或更换
起动机	电刷磨损、弹簧弹力下降	检修或更换
	换向器磨损、玷污、接触不良	检修或更换起动机
	激磁绕组或电枢匝间短路、抽头接触不良	
起动系	电路接触不良或断路	检修电路

3 起动机空转

(1) 现象：转动点火钥匙至“START”位置，起动机空转。

(2) 判断处理：

故障部位	原因分析	处理
单向离合器	磨损、打滑	检修或更换
电磁开关	接通过早、驱动齿轮未接合	检修或调整
驱动齿轮	轮齿损坏	检修或更换
飞轮齿圈	轮齿损坏	检修或更换
吸拉线圈	失效	检修或更换
调节螺栓	失调	调整

4 起动齿轮不回位

(1) 现象：转动点火钥匙至“START”位置，发动机起动后，起动齿轮不回位。

(2) 判断处理：

故障部位	原因分析	处理
拨叉	回位弹簧断裂	检修或更换
点火开关	短路、失效	
单向离合器	发卡	
螺旋槽	变形、发卡	
驱动套筒	发卡	
起动机	安装螺栓移位	检查调整、紧固

5 起动机异响

(1) 现象：起动发动机时，起动机有异常响声。

(2) 判断处理：

故障部位	原因分析	处理
电磁开关	接通稍早，驱动齿轮撞击飞轮齿圈	检修或调整
起动机	安装螺栓移位	检查调整、紧固
驱动齿轮	驱动齿轮端轴承磨损	检修或更换
飞轮齿圈	损坏	

三 充电系统常见故障的判断与处理

1 不充电

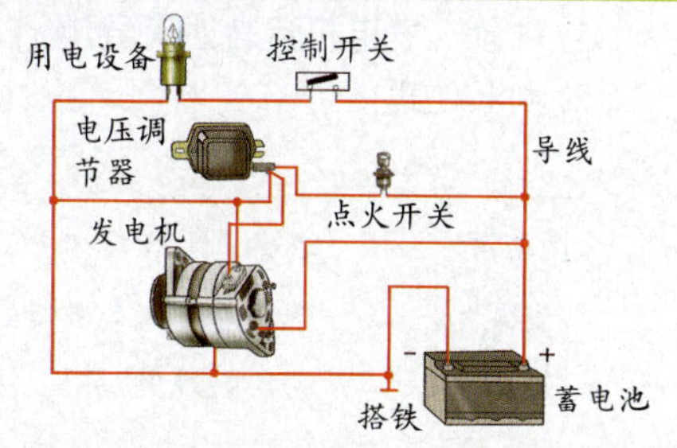

(1) 现象：充电指示灯亮或电流表指示放电。

(2) 判断处理：

故障部位	原因分析	处理
发电机	传动带过松或断裂	检查、调整或更换
	电刷或滑环磨损、玷污、烧蚀、接触不良	检修或更换
	激磁绕组或电枢导线短路或断路	检修或更换发电机
电压调节器	低速触点烧蚀、玷污或弹簧失调（过松）	检修或更换
整流二极管	烧蚀或连接线断路	检修或更换
充电系	电路断路或短路	检修

2 充电量过小

(1) 现象：电流表指示值过小或大灯昏暗。

(2) 判断处理：

故障部位	原因分析	处理
发电机	传动带过松或打滑	检查、调整或更换
	电刷或滑环磨损、玷污、烧蚀、接触不良	检修或更换
	激磁绕组或电枢绕组个别匝间短路	检修或更换发电机
电压调节器	低速触点玷污、弹簧失调	检修或更换
整流二极管	个别整流二极管损坏	

3 充电量过大

(1) 现象：电流表指示值过大或灯泡、电器易烧毁。

(2) 判断处理：

故障部位	原因分析	处理
蓄电池	过量放电	及时充电
电压调节器	高速触点烧蚀或弹簧失调（过紧）、附加电阻烧毁	检修或更换电压调节器
电路	接错	检修电路

4 发电机异响

（1）现象：发电机运转时有异响。

（2）判断处理：

故障部位	原因分析	处理
传动带	过紧、过松或打滑	检查、调整或更换
支架	螺栓松动或支架断裂	
轴承	缺油或烧毁	检修或更换

四 照明及其他常见故障的判断与处理

1 灯光故障判断处理

故障现象	原因分析	处理
前小灯一个灯不亮	灯泡损坏	更换灯泡
前后小灯都不亮	开关或继电器损坏；插座接触不良；熔断丝烧坏；线路故障	更换或及时检修
前照灯一个灯不亮	灯泡损坏或熔断丝烧坏	及时更换
远、近光灯都不亮	开关或继电器损坏；插座接触不良；熔断丝烧坏；线路故障	更换或及时检修
前雾灯不亮	灯泡损坏	更换灯泡
前后雾灯都不亮	开关或继电器损坏；插座接触不良；熔断丝烧坏；线路故障	更换或及时检修
转向指示灯闪动过快	一侧灯泡损坏；开关或继电器损坏；插座接触不良；线路故障	更换或及时检修

2 报警灯亮故障判断处理

故障现象	原因分析	处理
燃油报警灯亮	燃油箱储油量不足	及时补充
蓄电池报警灯亮	发电机发电不正常；线路故障	立即检修
制动报警灯亮	未放松驻车制动器操纵杆；缺少制动液；制动片过薄	放松、补充、更换
机油报警灯亮	机油液面过低；机油压力低；传感器或仪表故障；线路故障	补充或立即检修
水温报警灯亮	冷却液液面过低、过高或泄漏；风扇皮带过松或断裂；传感器故障	补充或立即检修
安全气囊报警灯亮	系统故障	检修
ABS 报警灯亮	轮速传感器、制动开关或制动灯、控制单元、相关线路故障	检修

本章主要考点

1. 发动机常见故障

(1)发动机常见异响的判断与处理;
(2)发动机润滑系故障的判断与处理;
(3)发动机冷却系故障的判断与处理。

2. 底盘常见故障

(1)传动系常见故障的判断与处理;
(2)制动系常见故障的判断与处理;
(3)前桥和转向系常见故障的判断与处理。

3. 电气设备常见故障

(1)蓄电池常见故障的判断与处理;
(2)起动机常见故障的判断与处理;
(3)充电系统常见故障的判断与处理;
(4)照明及其他常见故障的判断与处理。

第五章 道路旅客运输知识

道路旅客运输是用客车通过道路来实现旅客的位移，向旅客提供服务的过程。由于道路旅客运输的服务对象是人，因此，道路旅客运输具有不同于其他形式运输的特点，安全、及时、经济、方便、舒适、文明是对旅客运输的品质要求。为保证旅客运输的品质，道路旅客运输驾驶员必须掌握基本的客运知识。

第一节 旅客运输的基本知识

一 道路旅客运输的分类

根据运输方式不同，道路旅客运输分为班车客运、包车客运、旅游客运和出租客运。

1 班车客运

班车客运是指营运客车在城乡道路上按照固定的线路、时间、站点、班次运行的一种客运方式，包括直达班车客运和普通班车客运。

2 包车客运

包车客运是指以运送团体旅客为目的，将客车包租给用户安排使用，提供驾驶劳务，按照约定的起始地、目的地和途经线路行驶，按行驶里程或包用时间计费并统一支付费用的一种客运方式。

3 旅游客运

旅游客运是指以运送旅游观光的旅客为目的，在旅游景区内运营或其线路至少有一端在旅游景区(点)的一种客运方式。

4 出租车客运

出租车客运是以小型客车为主，根据用户要求的时间和地区行驶、上下及等候，按里程或时间计费的一种客运方式。

二 道路旅客运输的特点

1 运输区域广

道路旅客运输线路密集、运输区域广，能够建立城市与城市、城市与乡村、乡村与乡村之间的联系，直接服务到社会生产、生活的各个角落。

2 运输方式多样

道路旅客运输可以满足多种客运需要，长途、超长途、高速、旅游、包车、出租等运输，可以满足不同旅客的多种需求。

3 适应性强

道路旅客运输不受地理环境的限制，对道路、气候环境的适应性强，既可在高速路面行驶，又可在偏远山区和乡村道路上运行，能够深入到其他运输方式达不到的地方。

4 机动、灵活、便利

道路旅客运输机动、灵活、方便，可实现门到门的直达运输。既可组织成一定规模完成大批量的运输任务，也可单车作业，上门接、送乘客；既可独立承担客运任务，又可与其他运输方式组合成联合运输。

三 道路旅客运输的基本环节

旅客运输主要包括售票、行包承运、候车服务、客车准备、检票上车、客车运行、到达下车、检票出站、交付行包及其他服务性工作。

1 售票

车票是旅客支付客车运费、乘车的凭证，是承运人与旅客之间的一种简易合同。售票通常有窗口售票、预约售票、候车室售票、上门售票、设点售票、随车售票等。随车售票一般是由班车、出租车上的乘务员或驾驶员在旅客上车后或下车前发售车票。

2 行包承运

（1）行李、包裹（简称行包）运输是旅客运输的重要组成部分。行包须凭有效客票托运，且不能超越客票的有效行程和规定的质量。行包应由托运人包装完整牢固，行包中不得夹入危险品、易碎品、贵重品、禁运品等，以保证人民财产的安全。

（2）对旅客托运的行包应由站务工作人员查看包装、件数、标志以及有无危险品等，并进行计量、开票、收费、填写标签以及将标签吊挂在每件行包上。

（3）根据行包随车联填好交接清单对号点件装运，装载的先后次序应按先远后近，下重上轻的顺序均衡装载，装好后的行包要加盖雨布，系牢绳索。行包的交接运送是一个中间环节，要交接清楚，避免差错。

（4）客车到达后，驾驶员应与车站值班人员履行行包交接手续。托运人凭票提取行包时，应该核对提取单和标签，点明件数和查验质量，交付行包时由承运部门收回提取单。

（5）在中途无站点地方旅客提取行包时，驾乘人员须查对无误，方可将行包交付旅客并收回行包提取单。

3 候车、上车

组织旅客有序地上车，是旅客运输的一项重要工作。组织乘车是由站务员按售出车票的座位号组织旅客排队，然后顺序检票，引导旅客上车，对号入座。

（1）检票时对上车旅客持有的车票在确认车次、日期、到达站后加剪，加剪即表示旅客旅行的开始，运输企业即承担起旅客的旅行和安全的责任。检票也是检查旅客有无误乘、漏乘的必要手续。

（2）旅客上车就座后，驾乘人员应利用发车前的时间讲解乘车注意事项，讲解的内容包括本次班车的终点、中途停靠站、途中膳宿地点、正点发车时间、到达时间以及行车中的安全注意事项等。

(3)组织旅客乘车完毕后，车站值班站长或值班人员应对车辆的前、后、左、右、上、下作最后一次检查，确认安全和各项工作就绪后，发出放行信号，驾驶员得到信号后，即可起程。

4 客车安全运行

(1)根据运输形式按照规定的路线、班次、站点和时间运行、停靠。运输过程中做到：安全、及时、经济、方便、舒适、文明。

(2)旅客运输车辆驾驶人员应当遵守道路运输法律法规和道路运输驾驶员安全操作规程，安全驾驶，文明服务。不断提高业务知识、职业技能，自觉遵守职业道德行为。

(3)不得采用不正当的手段招揽旅客或强迫旅客乘车；不得擅自更换客运车辆或者敲诈旅客，不得中途将旅客交给他人运输或者甩客。

(4)严禁随车携带国家规定的禁运物品或危险物品，或在客运车辆上从事播放淫秽录像等不健康的活动；严禁疲劳、超速、饮酒或服用国家管制的精神药品或麻醉药品驾驶客车。

5 到站

班车到站，驾驶员应按值班人员指挥将车辆停放在适当地点，将路单、行包交接清单等有关资料交予站务人员，并向值班人员说明本站下车人数，点交本站的行包及公文、物品等。

四 道路旅客运输的基本要求

1 客运车辆要求

(1)技术性能符合国家标准《营运车辆综合性能要求和检验方法》(GB 18565)的要求。

(2)外廓尺寸、轴荷和质量符合国家标准《道路车辆外廓尺寸、轴荷和质量限值》(GB 1589)的要求。

(3)从事高速公路客运或者营运线路长度在800km以上的客运车辆，其技术等级应当达到行业标准《营运车辆技术等级划分和评定要求》(JT/T 198)规定的一级技术等级；营运线路长度在400km以上的客运车辆，其技术等级应当达到二级以上；其他客运车辆的技术等级应当达到三级以上。

(4)车辆必须经过公安车辆管理部门定期安全审验合格，技术状况良好，无残损迹象，车容整洁；安装有运输管理部门统一制作的标示、标志灯和设施。

(5)车前风窗玻璃下侧放置运输管理部门统一制作的营运路线、区间标志和运输用途标志。

(6)客运车辆外部的适当位置喷印企业名称或标识，在车厢内公示运输管理机构监督电话、票价和里程表。

(7)从事班线客运的，要携带线路牌；从事包车客运的，要携带包车线路标志牌；从事旅游客运的，要携带旅游线路标志牌。

(8)配有符合使用要求的苫布、绳网等物品。

2 客运驾驶员安全驾驶行为要求

(1)严格遵守安全驾驶操作规程及客运管理等有关规定，认真进行车辆日常维护工作，确保车辆技术状况良好；保持车辆清洁和车内空气清新，保证车上消防等各项设施齐全有效。

(2)随车携带行驶证、驾驶证和道路运输证、从业资格证等有关证件，在规定位置放置客运标志牌；客运班车驾驶人员还应当随车携带道路客运班线经营许可证明。

(3)遵守《汽车客运站安全生产管理规范》的有关规定，服从站内管理人员的指挥和管理，保证正点运行；行驶中遇有道路运输管理机构执法人员检查时应主动停车接受检查。

(4)协助乘务员组织旅客上车，装运行李，维护好乘车秩序，检查行李装捆情况，禁止乘客在门道或过道上放置行李；提醒乘客注意行车中的安全，不要将手和头部伸出窗外。

(5)按客车上车规范进入驾驶室后，系好安全带，调整好座椅和后视镜位置，并提醒旅客系好安全带。

(6)旅客上车坐稳后，查看仪表和车内设施的工作情况，确认车门关好；观察外后视镜，注意车身两侧的障碍物，同时从室内后视镜观察旅客的情况；起步或停车时，应保持行驶平稳，以避免乘客受伤。

(7)行车中时刻将乘客的生命放在第一位，以乘客的生命安全为最高原则；严格遵守交通法律、法规，平稳驾驶，提前处理情况，避免紧急制动、急转转向盘、曲线行驶、频繁变道。

(8)转弯时，要考虑到车辆的平稳和乘客的舒适，提前减速，转动转向盘的幅度要小，转向应平缓，转动速度尽量放慢。

(9)途中密切关注车辆技术状况，发现故障或安全隐患，应及时排除、维修，不得驾驶带病车辆继续行驶。

(10)行车中，遇道路上有凹凸沟槽时，应及时减速，低速缓慢通过，以免因车辆突然颠簸而伤害乘客。

(11)客车行经险桥、危险地段应提前停车观察；确认安全后，组织旅客下车步行通过，车辆方可低速通过；不能通过时应设法绕道行驶。

（12）车辆行经渡口前,应先组织旅客下车，按渡口管理人员的指挥，进入行人通道上船；车辆按照渡口的要求驶入指定的位置等待过渡，上船时应服从管理人员的指挥，依次平稳上船。

（13）通过漫水桥时，应停车观察，确认安全后，让乘客下车步行过桥，车辆在引导下低速通过；若遇洪水或河水漫过桥面时，不得冒险通过。

（14）加注燃油前，必须选择远离加油站的安全地方让旅客下车等候，加完燃油后再组织旅客上车，并清点好车上人数；途中停车休息或就餐后必须核实乘客人数后方可开车。

（15）停车时应考虑到旅客的舒适和安全，提前减速，缓慢转动转向盘，使用制动不能过急，使车辆在停车过程中旅客无离心感，停住时旅客身体不前倾。

（16）提醒旅客车辆未停稳前不准开启车门和上下车；开门上下旅客前要注意车身右侧的移动障碍物，避免发生冲撞；同时，要提醒下车的旅客注意来往的车辆。

3 客运驾驶员应急处置

（1）车辆在运输途中突然出现故障时，应迅速设法将车停到安全的地带。先向旅客说明抛锚的原因，稳定住旅客的情绪；同时尽快设法进行维修或设法转运旅客，确保旅客顺利到达目的地。

（2）行车中遇转向突然失控时，切勿使用紧急制动，应告诉车上旅客不要惊慌，迅速抓住车内的固定物；随即使用轻踏制动踏板、轻拉驻车制动器操纵杆的方法，尽快使车辆停住。

(3) 当车辆无法避免地要发生碰撞时，首先应考虑的是旅客的人身安全，在绝对保证乘客安全的前提下，选择碰撞的部位，尽力减轻对乘客造成的伤害。

(4) 车辆发生火灾时，应迅速设法让旅客离开车辆；如果车门无法打开时，应打开安全门或打破玻璃窗组织旅客尽快脱离；组织旅客疏散时，要迎着来风的方向躲避，同时注意保护裸露的皮肤，不要张大嘴呼吸或高声呼喊。

(5) 车辆行驶途中突然熄火时，应缓慢减速并逐渐驶向路边，同时提醒旅客不要紧张，待车辆停稳后，打开危险报警闪光灯，放置警告标志，排除故障后再继续行驶。

(6) 车辆发生侧滑时，如果是因制动引起的应立即松抬制动踏板；如果是转向或擦撞引起的，不可踏制动踏板减速，应一边通知乘客不要慌张，一边迅速向侧滑同方向转动转向盘，并及时回转，待控制住方向后逐渐停车，先稳定一下旅客的紧张情绪后再继续行驶。

(7) 行车中发生爆胎时，迅速握紧转向盘，尽力抵住转向盘的自由行程，极力控制车辆直线行驶，并告知乘客发生了什么事情，同时轻踏制动踏板，使车辆缓慢减速，尽量使车辆平稳地停在路边。

(8) 车辆行驶途中突然出现制动失灵、失效后，无法用制动有效控制车速时，应果断地将车体向有障碍的一侧碰擦，并迅速通知车上乘客向另一侧或车中间靠拢，并要求乘客抓住车内固定物，迫使车辆停住；无论如何都要确保车辆不发生倾翻。

(9) 发生交通事故或车辆因故障不能离开道路时，首先应设法让旅客迅速离开车辆，并组织乘客远离事故现场，选择安全的地方等待，以防发生二次事故。

(10) 运输过程中发生侵害旅客人身、财产安全的治安违法行为时，要冷静、沉着，在自身能力许可的情况下，应当及时向公安机关报告并配合公安机关及时终止治安违法行为。

(11) 遇到非常情况或者发生事故时，应当立即报警，尽快呼救、抢救伤员，保护好现场，及时组织旅客疏散。

4 道路旅客运输中禁止的行为

(1) 驾驶客车不按批准的客运站点停靠或者不按规定的线路、公布的班次行驶。

(2) 采用不正当的手段招揽旅客。

(3) 运输途中擅自变更运输车辆或者将旅客移交他人运输。

(4) 驾驶客车时与他人进行交谈、吸烟、拨打或接听手持电话等分散注意力的活动。

(5) 伪造、变造或者使用伪造、变造的机动车驾驶证、道路运输证和从业资格证。

(6) 超载运行或者违反规定载货；在载客人数已满的情况下，搭乘超过核定载客人数10%的免票儿童。

事故案例

2005年11月19日10时10分，湖南怀化市溆浦县坪头村凉水井路线，一辆中型客车（核载16人，实载27人），因车辆超载，且驾驶员操作不当，导致车辆左侧车轮压垮路基后翻下7m高的坎下，造成11人死亡，3人重伤，13人轻伤。

5 行车日志的使用

行车日志是记录经营性道路旅客运输驾驶员每日运送旅客时，车辆的具体运行路线、运行时间、客运站安全检查情况、行经道路状况、中途停经驶离站点与时间、行车中车辆发生故障与事故、运行途中车辆检查与修理等情况的表单。

行车日志是运输企业加强对驾驶员和车辆动态监管的重要手段。经营性道路旅客运输驾驶员应当按照各省的规定，规范填写行车日志的每一项内容，以便为驾驶员安全教育、驾驶员绩效安全考核提供详实的记录。

6 承运人责任险

道路客运承运人责任险(以下简称承责险)是一种责任保险，主要是指对客运经营者在运输过程中发生交通事故或者其他意外事故，致使旅客遭受人身伤亡或直接财产损失，依法应当由被保险人对旅客承担的赔偿责任，由保险公司在保险责任限额内给予赔偿。承责险的保障范围包括旅客人身伤亡赔偿、旅客财产损失赔偿、相关的法律诉讼费用三个部分。

承责险的被保险人为承运人，把投保人、被保险人和受益人统一为承运人。承责险的投保人是合法从事道路客运服务的承运人，保险受益人是旅客。

保险标的是被保险人在运输过程中发生意外事故，致使旅客遭受人身伤亡和直接财产损失依法所应承担的民事责任。一旦因交通意外事故造成乘客人身和财产损失，保险公司代表承运人承担赔偿责任，起到了既能对乘客的人身伤害和财产损失进行赔偿，保障乘客权益，又能使承运人的责任风险得以转嫁的双重作用。

承责险的保险责任范围包括因承运人的责任造成的乘客人身伤害的赔偿，乘客的行李物品损失，以及相关的法律诉讼费用的赔偿。

按照《道路旅客运输及客运站管理规定》的要求，客运经营者应当为旅客投保承运人责任险。客运车辆未为旅客投保承运人责任险，或未按最低投保限额投保，或投保的承运人责任险已过期，未继续投保的，均将由县级以上道路运输管理机构责令限期投保。拒不投保的，原许可机关将吊销其道路运输经营许可证或者吊销相应的经营范围。

第二节 旅客运输服务规范

一 班车客运服务规范

1 班车客运形式

（1）直达班车客运，是指由始发站直达终点站，中途只作必要的技术性、生活性间歇，但不上下旅客的班车。

（2）普通班车客运，分普快班车和普客班车。普快班车是指站距较长，沿途只停靠县、市及乡、镇等主要站点的班车。普客班车是指运距较短，停靠站点较多，配备随车乘务员的班车。

（3）加班车客运是班车客运的一种补充形式，在客运班车不能满足需要或者无法正常运营时，临时增加或者调配客车按客运班车的线路、站点运行的方式。

（4）农村客运班线，是指县内或者毗邻县间至少有一端在乡村的客运班线。

2 班车客运线路

班车客运的线路根据经营区域和营运线路长度分为以下四种类型：

（1）一类客运班线：地区所在地与地区所在地之间的客运班线或者营运线路长度在800km以上的客运班线。

（2）二类客运班线：地区所在地与县之间的客运班线。

（3）三类客运班线：非毗邻县之间的客运班线。

（4）四类客运班线：毗邻县之间的客运班线或者县境内的客运班线。

3 班车运行应遵守的规定

（1）客运班车应当按照许可的线路、班次、站点运行，在规定的途经站点进站上下旅客，无正当理由不得改变行驶线路，不得站外上客或者沿途揽客。

（2）经许可机关同意，在农村客运班线上运营的班车可采取区域经营、循环运行、设置临时发车点等灵活的方式运营。

（3）进站客运班车应当在发车30min前备齐相关证件进站等待发车，不得误班、脱班、停班。如果不按时派车辆应班，1h以内视为误班，1h以上视为脱班。但因车辆维修、肇事、丢失或者交通堵塞等特殊原因不能按时应班、且已提前告知客运站经营者的除外。

（4）进站客运班车因故不能发班的，应当提前1日告知客运站经营者，双方要协商调度车辆顶班。对无故停班达3日以上的进站班车，客运站经营者应当报告当地道路运输管理机构。

4 班车客运驾驶员应遵守的规定

（1）班车客运驾驶人员应当随车携带道路运输证、道路客运班线经营许可证明、从业资格证等有关证件，在规定位置放置客运标志牌。

(2) 准时将客车驶入指定站位，做好旅客上车准备，并与车站服务人员和乘务员做好配合。

(3) 旅客上车后，配合站务人员或乘务员共同检查旅客的人数和行李的装载情况，以免发生漏乘或出现差错。

(4) 进站或到站时，应按指定的位置或站位平稳停车，并协助车站人员或乘务员组织旅客下车。

(5) 行驶途中，每隔2h左右让旅客休息一次，重新开车前须配合乘务员清点车上人数；客车驾驶人员连续驾驶时间不得超过4h。

(6) 发车前向旅客介绍本次班车的班次，沿途停靠站和终点站，发车时间和到达时间，紧急出口的位置等行车安全注意事项。

二 出租客运服务规范

1 出租客运的方式

出租客运有定线定点、定线不定点和不定线不定点等运输方式。不定线不定点是出租客运采用的主要方式。

(1) 不定线出租客车，没有固定的行驶线路，是按照乘客要求的地点上、下车，完全满足乘客“门到门”的运输要求，是一种最方便、迅速、舒适的客运方式。

(2) 出租客运的计费方式分为计程和计时两种，在市区通常是按载客里程收费，在夜间或郊区，还要按照规定标准加收夜间服务费和空驶费，随车载运旅客携带物品以不超过车内及行李仓的容积和负荷为限，不另收费。

2 出租客运的特点

(1) 方便乘客，乘客可通过电话预约、到停车场或营业站、预约登记和沿途招手等形式要车。

(2) 可按照乘客的要求、路线、时间和地点，直接到达目的地，实现“门到门”服务。

(3) 运送速度快，乘坐舒适，工作效率高，运输成本低，机动灵活。

3 出租客运服务要求

(1) 随车携带行驶证、驾驶证、道路运输证、从业资格证、驾驶员服务标志、营业执照或副本等有关证件。

(2) 遵纪守法，依法经营，文明行车，礼貌待客，约时不误，安全正点；做到服务主动、热情、耐心、周到；乘客用车，先请上车，后问去向，主动为乘客解决困难，准确回答乘客提出的问题，不得拒载和强行拉客。

(3) 空驶出租车受乘客招拦停车后，一般不得拒绝乘客租用；乘客上、下车时，主动打开车门，帮助乘客提拿行李，搀扶老弱病残者上、下车。

(4) 在出租车租用过程中应按乘客指定到达地点，选择最佳路线行驶，严禁故意兜圈绕道多收费。出租车受雇期间，未经租用人同意，驾驶员不得再招揽他人同乘。

(5) 使用标准计价器，按计价器显示金额收费，并给予专用票据，不得使用损坏的计价器。

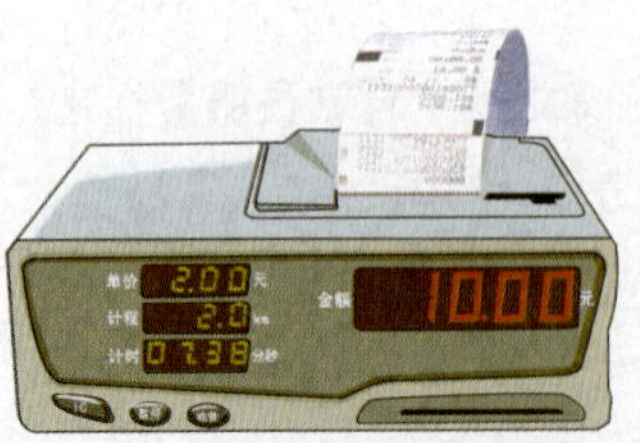

(6) 不得以任何方式直接或变相多收费，不得擅自提价、改变收费方法敲诈乘客，不得暗示、索要、私收礼物或小费。

(7) 等候乘客时人不离车，乘客放在车上的物品应妥善看管，乘客遗忘在车上的物品应及时返还。

4 出租客运收费要求

(1) 计费项目：

- 出租车的运价包括的项目有车公里价、基价公里、起租费、等候费、深夜用车费、空驶费、回空费等服务费。
- 过桥费、过渡费、过路费等，虽不属运价范畴，但一般在营运结束时与车费一并向乘客收取。

(2) 计费方法：

- 里程费包括载客里程和车公里租价。载客里程是指乘客乘坐出租车的实际里程（招手租车，以乘客上车为起始；上站租车以车辆出站为起始；电话租车或预约租车以约定候车地点为起始）。当开始计价时，将计价器清零；车公里租价以物价部门确定的乘客所用车辆的公里运价为准，每辆车的车公里价均标注在出租车的显著位置。

- 里程费的计算：旅客乘车不足基价公里数的，按基价公里计算，用车里程超过基价公里数，其车费为基价公里费和基价公里以外实际用车里程乘车公里租价。

●起租费是指乘客使用一次出租车应付的最低租车费，一般情况下起租费与基价公里费相同，有些地区起租价大于基价公里费。

●等候费是指乘客租车过程中，需要停车等候而收取的必要费用。等候费的收取标准，按规定的时间为计数单位，收取等候费，乘客需多次等候的，按各次等候时间累加计费；因车辆发生故障、交通事故或由于出租车驾驶员的责任造成的停车等候，不得向乘客收取等候费。

●乘客深夜租车须多付一定数额的深夜用车费。深夜时段按当地规定，此段时间租用车辆，除必须支付规定的里程费外，还须加收原车公里价的10%～30%深夜用车费。

●单程回空费是指乘客单程租车到郊区或市区较偏僻的地段，出租车返回时，因空驶而由乘客支付一定数额的损失补贴。空驶费不得超过车公里价的80%；如需收取单程回空费的，在乘客租车起程前，就应向乘客说明；用车里程未超基价公里数的，不得收取单程回空费。

(3) 出租车发票的使用：

●出租车客运经营者，必须使用由出租车管理机构和税务机关统一核定、印制的出租车统一车费发票；统一车费发票必须逐本依照编号顺序使用，不准倒号、跳号，不准交替使用。

●驾驶员领取的发票均只限领取人使用，不得互相调换、转借；不准不给、拒给乘客发票，不得将车费发票移作它用。

●固定线路的出租车须在上车时付给乘客发票，非定线车应在下车时按运价标准或计价器显示金额付给乘客发票。

三 包车客运服务规范

1 包车客运的种类及特点

(1) 包车客运是将客车包租给用户安排使用，按行驶里程或包用时间计费的一种营运方式。按照其经营区分为省际包车客运和省内包车客运，省内包车客运分为市际包车客运、县际包车客运和县内包车客运。

(2) 包车客运应按照与包车人约定的时间、起始地、目的地和线路运行，并持有包车车票或包车合同。

(3) 包车运送的是团体旅客，不能按班车模式定点、定线运行，不得招揽包车合同以外的乘客乘车。

(4) 除道路运输管理机构下达的紧急包车任务以外，其线路一端必须是车籍所在地。

(5) 单程的去程包车回程载客时，应向回程客源所在地县级以上道路运输管理机构备案。

(6) 在客流高峰期运力不足时，道路运输管理机构可临时调用车辆技术等级不低于三级的营运客车和社会非营运客车开行包车或者加班车。

2 包车客运的服务要求

(1)包车人包车一般应事先向运输经营者预约，并填写"汽车旅客运输包车预约书"，办理包车手续。

(2) 包车人要求变更使用包车的时间、地点或取消包车，须在使用前办理变更手续。

(3) 运输经营者要求变更车辆类型、约定时间或取消包车，应事先与包车人协商，经同意后，方能变更。

(4) 运输经营者在客运车辆包用期间，要服从包车人的合理安排，保证车辆正常使用。

(5) 包车必须使用包车票、包车行车路单，不得使用其他票种。

3 处罚规定

(1) 客运包车不按约定的起始地、目的地和路线行驶的，由县级以上道路运输管理机构责令改正，并处以1000元以上3000元以下的罚款；情节严重的，由原许可机关吊销道路运输经营许可证或吊销相应的经营范围。

(2) 运输经营者自行变更车辆类型或未按约定时间供车，按违约或延误供车处理。

四 旅游客运服务规范

1 旅游客运的种类和特点

(1)旅游客运按营运方式分为定线旅游客运和非定线旅游客运；定线旅游客运按照班车客运管理，非定线旅游客运按照包车客运管理。

旅游客运的运送对象是以旅游观光为目的的旅客，运营线路必须是在旅游景区（点）内或者至少有一端在旅游景区(点)内，具有地域性、季节性较强，客流均衡性较差，服务对象对服务品质要求高的特点。

(2) 非定线旅游客运是按照用户要求的线路、景点、时间，运送团体旅客，并停靠等待的旅游客运。

(3) 定线旅游客运，在线路的一端组客，实行定线、定班、定时、定价、定载容量，一端是风景区，乘客随车返回。

(4) 区域旅游车在风景旅游区开行，没有固定线路和班次，在确定的区域内，根据旅游客流的变化，灵活地安排车辆。

2 旅游客运服务要求

(1) 旅游客运须有固定的发车点和游览点，旅游班车须按合理的线路行驶、停靠，并应保证乘客有足够的游览时间。

(2) 旅游客运的发车站点应设置旅游区线路图、旅游名胜简介、公布旅游车型、导游服务项目、食宿地点和食宿标准。

(3) 提供旅游综合服务的旅游客车上，应备有饮水、常用药等服务性物品，并根据实际情况，装配御寒或降温设备，随车配备导游人员。

(4)提供旅游综合服务的旅游客运使用旅游客票，按旅客要求发售直达旅游客票或往返旅游客票，如代办食宿和其他服务的款项单独列出，载入旅游客票票面一并计收。无旅游综合服务的旅游客运，可使用班车客票。

(5)提供旅游综合服务的旅游客运，退票须在开车前办理，退还原票款中运费部分，核收退票费，代办食宿和其他服务费用根据具体情况办理，对不予退还的，应在售票时公告。无旅游综合服务的旅游客运，退票按班车办理。旅客中途终止旅游的不予退票。

第三节 旅客急救的基本知识

一 旅客急救原则

1 对途中生病患者的处置

(1)旅客发生意外事件时，要积极承担应尽的义务，为其提供服务。遇乘客在车上发生急病和意外伤害时，应迅速送往医院进行救护，并及时报告有关部门。

(2)胸部和腹部突然出现疼痛时，要使病人安静，能就近找到医生处理最好；腹部肌肉紧张疼痛时，可采用将膝盖下垫高的处理方法进行缓解。

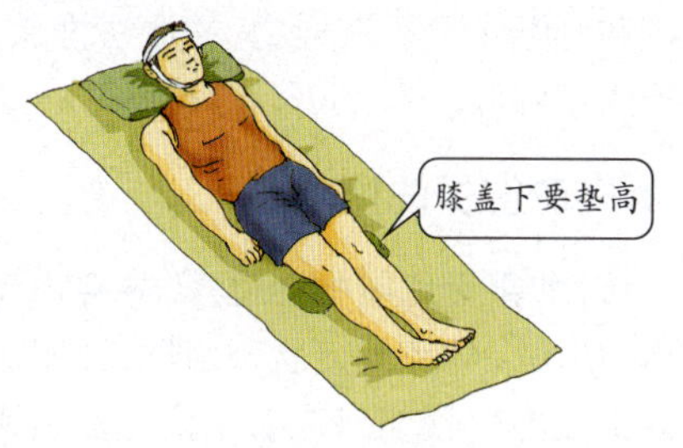

(3)有心脏和肺病的患者，呼吸困难时可保持半坐姿势，没有医生的嘱咐，不要乱服药，严禁吃、喝、抽烟等。

2 对伤员的处置

旅客运输车辆发生交通事故往往是多人受伤。抢救时应先抢救重伤员，再抢救轻伤员；先救命，后治伤。抢救过程要着重注意以下几点：

(1)尽快把受伤者救离事故现场，尽量选择救护车能够接近的安全地点实施抢救。

(2)受伤者在车内无法自行下车时，可设法将其从车内拖出，尽量避免二次受伤。

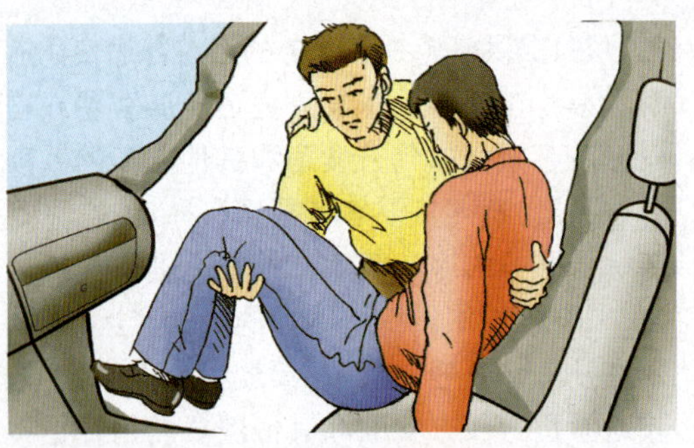

(3) 对伤员全身做一次检查，分清伤情；注意隐蔽性损伤，如脑出血、腹内脏器出血等。

(4) 不要急于将伤员送往医院，防止由于一些致命伤没有被发现，在搬运时加重伤势，运送途中死亡。

(5) 抢救人员要沉着，从车中移出伤员或搬运伤员时不要生拉硬扯，动作要轻柔。

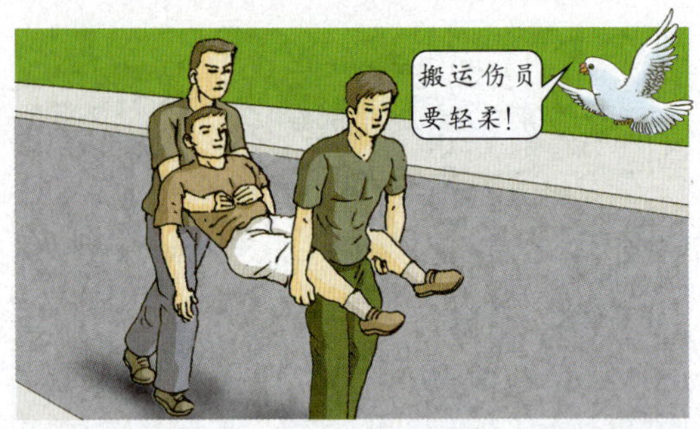

(6) 如发现伤员心脏停止，应立即实施人工呼吸和胸外心脏按压。

(7) 应尽可能用救护车运送伤病员，可以使伤员平卧，减少运送途中的再损伤。

二 危重伤员应急抢救措施

1 昏迷不醒伤员的抢救

(1) 可能产生昏迷的原因有天气炎热、缺氧、各种原因中毒、暴力刺激大脑等。

(2) 昏迷失去知觉的伤者症状是不会讲话；抢救前应检查伤者呼吸，保持侧卧。

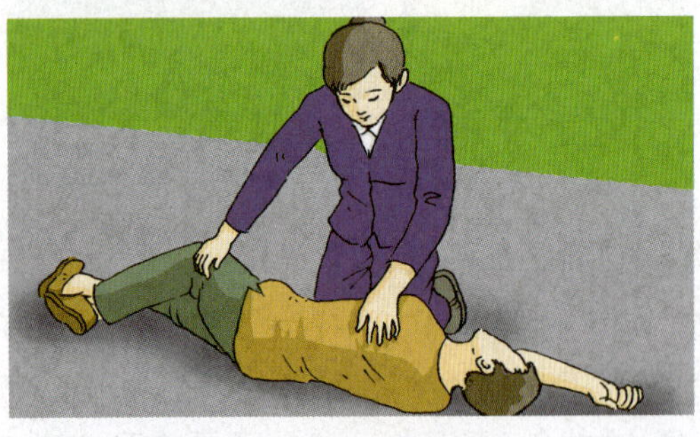

2 呼吸中断伤员的抢救

(1) 呼吸中断后，应立即进行抢救，否则会由于缺氧而危及生命。呼吸中断者的症状表现为无呼吸声音和无呼吸运动。

(2) 抢救时，抬起下颔角使呼吸道畅通，这种措施在很多场合下对恢复呼吸起很大作用；如果受伤者仍不能呼吸，就要进行口对口的人工呼吸。

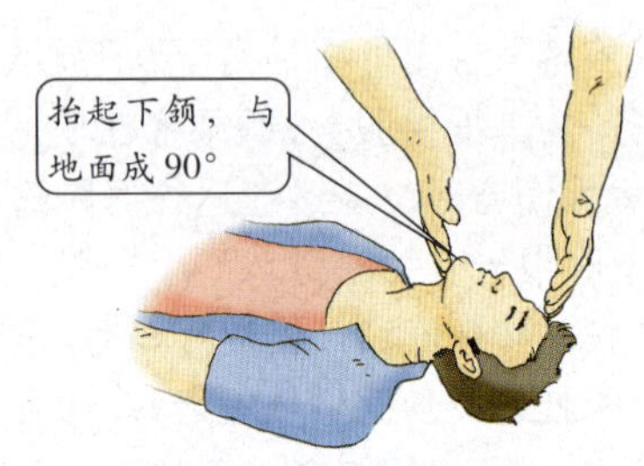

(3) 如果人工呼吸不能起作用时，就要检查嘴和咽喉中是否有异物，并设法排除，继续进行人工呼吸。

3 失血伤员的抢救

(1) 如果受伤者失血过多，将会出现生命危险，如出现休克等症状；处理失血措施可通过外部压力，使伤口流血止住，然后系上绷带。

(2) 失血过多，往往会产生休克，所以流血止住后，应接着采取一些防止休克的措施。

4 休克伤员的抢救

受伤者失血过多会出现休克，其症状表现为：面色苍白、四肢发凉、额部出汗、口吐白沫、显著焦躁不安，脉搏跳动变得越来越快和虚弱，最后脉搏几乎摸不出来。这些症状有时会部分出现，有时又会同时出现。休克时间过长，可能使伤员致死，应及时采取下列措施：

（1）将伤员安置到安静的环境。

（2）抬起伤员腿部直到处于垂直状态，使休克停止。

（3）采取保暖措施，防止热损耗。

（4）反复检查呼吸和脉搏。

（5）迅速呼救并送往医院。

5 烧伤伤员的抢救

烧伤伤员的症状为：皮肤发红、起泡、感觉疼痛。内部组织受损的烧伤可引起呼吸困难、休克、烧伤性疾病等危险。应采取下列急救措施：

（1）迅速扑灭衣服上的火焰或脱掉烧着的衣服。

（2）全身燃烧时，可向身上喷冷水。

（3）用消过毒的绷带包扎烧伤口。

（4）防止热损耗，可饮盐水（1杯水中放1匙食盐）。

（5）不可使用粉剂、油剂、油膏或油等敷料。

（6）脸部烧伤时，不要用水冲洗，也不要覆盖。

（7）反复检查呼吸和脉搏，防止休克。

6 中毒伤员的抢救

（1）应迅速把中毒的伤员送到有新鲜空气的地方，以防止继续中毒。

（2）对昏迷不醒的伤员要采取侧卧位。

（3）反复检查呼吸和脉搏，停止呼吸时，应进行适当的人工呼吸。

7 头部损伤伤员救护

（1）如果伤员神志清醒，呼吸脉搏正常，损伤不严重时，可进行伤部止血，包扎处理后，扶伤员靠墙或树旁坐下，找一块垫子将头和肩垫好，若伤员出现昏迷，要保持呼吸道畅通，并密切注意呼吸和脉搏。

（2）在救护转移时，护送人员扶置伤者呈半侧卧状，头部用衣物垫好，略加固定，再转移。

8 骨折伤员处置

（1）防止伤员休克，不要移动伤员身体的骨折部位。脊柱可能受损时，不要改变伤员姿势。

（2）确实是骨折，要小心用消毒胶片包扎，并按发生后的状态保持部位静止。

(3) 关节损伤（扭伤、脱臼、骨折）的伤员，应避免活动，不要改变损伤时瞬间的位置、姿势，更不能自行复位；安放到固定位置后，保持损伤骨节的静止。

(4) 把骨折伤员抬上担架时，要遵循医护工作人员的指导。由3名救护人员把手托放在伤员身下，在统一指挥下，一起抬起伤员的躯干，抬上担架。

三 常用急救方法

1 人工呼吸法

伤员呼吸停止后2～4min内便会死亡，在这种情况下，应及时对伤员进行口对口的人工呼吸抢救，以挽救伤员的生命。

(1) 让伤员仰卧，面部向上，颈后部（不是头后部）垫一软枕，使其头尽量后仰。

(2) 抢救者位于伤员头旁，一手捏紧伤员鼻子，以防止空气从鼻孔漏掉；同时用口对着伤员的口吹气，在伤员胸壁扩张后，即停止吹气，让伤员胸壁自行回缩，呼出空气；如此反复进行，每分钟约16～20次；对儿童每3～4s一次，一分钟15～20次，要有规律地、正确地反复进行。

(3) 吹气时要快而有力，并密切注意伤员的胸部，如胸部有活动后，立即停止吹气，并将伤员的头偏向一侧，让其呼出空气。

(4) 成人每次吹气量应大于800mL，但不要超过1200mL；低于800mL，通气可能不足；高于2000mL，常使咽部压力超过食管内压，使胃胀气而导致呕吐，引起误吸。

(5) 每次吹气后抢救者都要迅速掉头朝向伤员胸部，以求吸入新鲜空气。

(6) 进行4～5次人工呼吸后，应摸摸颈动脉、腋动脉或腹股沟动脉。如果没有脉搏，必须同时进行心脏按压。

2 胸外心脏按压法

胸外心脏按压是从伤员体外压迫一度停止跳动的心脏，使之恢复跳动的一种急救方法。

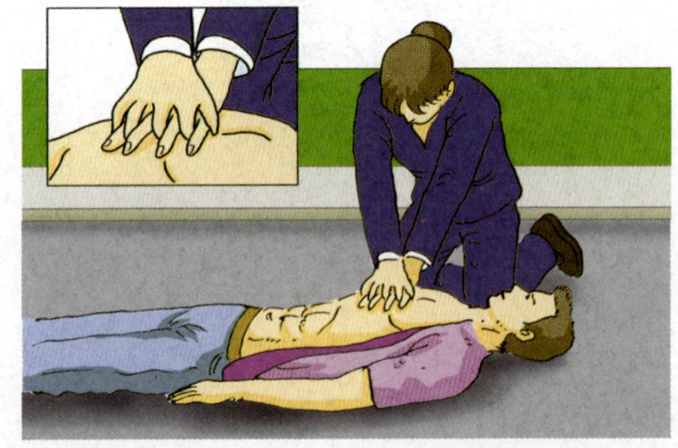

(1) 使伤员仰卧在硬板上或地上，抢救者站在或跪在伤员侧面（左侧或右侧均可），两手相叠，一只手掌放在胸骨中央下二分之

一处，另一只手放在前一只手的上面加强力量；将手掌根部放在伤员的胸骨下方、剑突之上。

（2）借自己身体的重量，以手掌根部用力向下作适度压陷，然后放松压力，让胸廓自行弹起；以每分钟60～80次的规律速度按压，向下按压和松开的时间必须相等；按压的间歇不再使胸部受压，便于心脏充盈；但手掌根不要抬起离开胸壁，以免改变按压的正确位置。

（3）抢救者的双臂应绷直，双肩应在伤员胸骨的正上方，上半身可向前倾斜，利用上半身的体重和肩、臂部肌肉度和宽度应够大；不然会使压迫心脏的力量减弱而减小了按压的作用。

（4）如伤员在钢丝床上，应在其背后垫一块硬板，其长度和宽度应够大，不然会使压迫心脏的力量减弱而减小了按压的作用。

（5）对儿童伤员心脏按压要轻而快。只用一只手，试着力量进行，压力约为成人的二分之一左右，以每分钟80～100次的规律速度按压；若是幼儿，可用两个手指压迫，压力为儿童的二分之一，每分钟100～110次为妥。

3 双人心肺复苏抢救法

双人心肺复苏法是指两人同时进行徒手操作，即一人进行心脏按压，另一个进行人工呼吸。

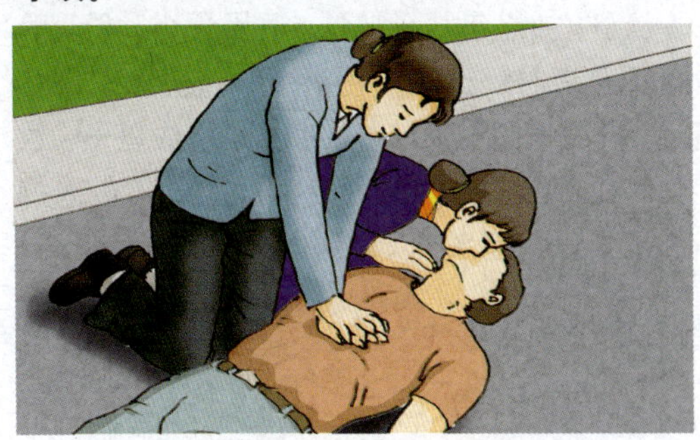

（1）双人抢救的效果要比单人进行的效果好。心脏按压速度为一分钟60次。心脏按压与人工呼吸的比例为5∶1，即5次心脏按压，1次人工呼吸，交替进行；每次操作中断时间最多不得超过5秒。

（2）操作时由按压者数口诀：1下、2下、3下……，人工呼吸者打开伤员气道作准备，每当口诀数完第4下时，人工呼吸者开始深吸气，在按压者数完第5下松手时，深吹一口气，气体吹入肺内，可以看到伤员胸廓膨起。然后按压者按压5次，人工呼吸者吹气1次，如此反复进行。

（3）触摸伤员的手足，若温度略有回升时，则进一步检查颈动脉搏动，确定心跳开始后，立即停止心脏按压。为了防止心跳再次停止，必须一面注意观察，一面作再次按压的准备。

4 单人心肺复苏抢救法

（1）如遇伤员无呼吸时，应立刻对伤员进行口对口吹气两次，然后检查颈动脉，如脉搏存在，表明心脏尚未停搏，无需进行体外按压，仅做人工呼吸即可，按每分钟12次的频率进行吹气，同时观察伤员胸廓的起落。

（2）检查脉搏，如无搏动，则人工呼吸与心脏按压同时进行；抢救者计数1、2、3、4、5……15次按压后，迅速倾斜头部，打开伤员气道的同时深吸气，捏紧患者鼻孔，快速吹气2次。然后再回到胸部，重新开始心脏按压15次，如此反复进行。

（3）单人进行心肺复苏抢救1min后，可通过看、听和感觉来判定有无呼吸。以后每4～5min检查一次，中断时间最多不得超过5s；一但心跳开始，在立即停止心脏按压的同时，尽快把伤员送到医院继续诊治。

5 指压止血法

血液是维持人生命的重要物质，当人受外伤，引起大出血，其出血量超过全身血量的四分之一，生命就会发生危险。指压止血法是指较大的动脉出血后，用拇指压住出血的血管上方（近心端），使血管被压闭住，中断血液。

(1) 颞动脉压迫止血法：用于头顶及颞部动脉出血。用拇指或食指在耳前正对下颌关节处用力压迫。

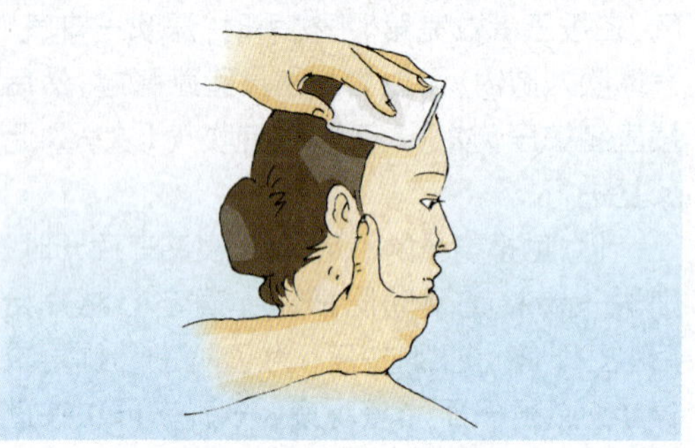

(2) 颌外动脉压迫止血法：用于肋部及颜面部的出血；用拇指或食指在下颌角前约半寸外，将动脉血管压于下颌骨上。

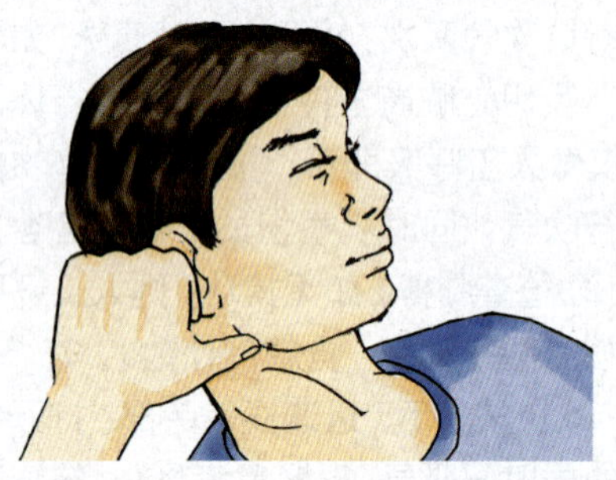

(3) 颈总动脉压迫止血法：常用在头、颈部大出血而采用其他止血方法无效时使用。方法是在气管外侧，胸锁乳深肌前缘，将伤侧颈动脉向后压于第五颈椎上，但禁止双侧同时压迫。

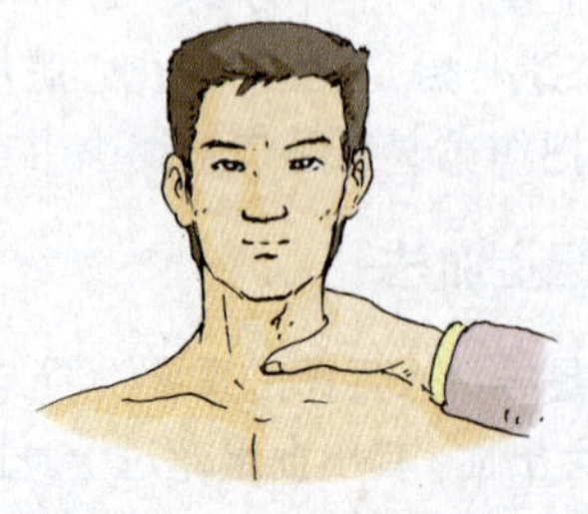

(4) 锁骨下动脉压迫止血法：用于腋窝、肩部及上肢出血。用拇指在锁骨上凹摸到动脉跳动处，其余四指放在病人颈后，以拇指向下内方压向第一肋骨。

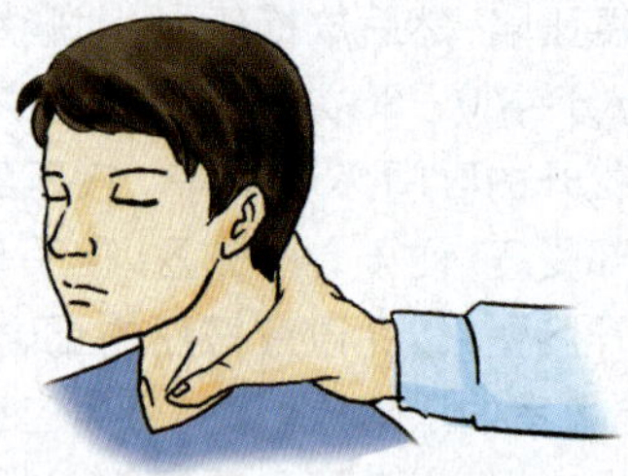

(5) 肱动脉压迫止血法：用于手、前臂及上臂下部的出血。在病人上臂的前面或后面，用拇指或四指压迫上臂内侧动脉血管。

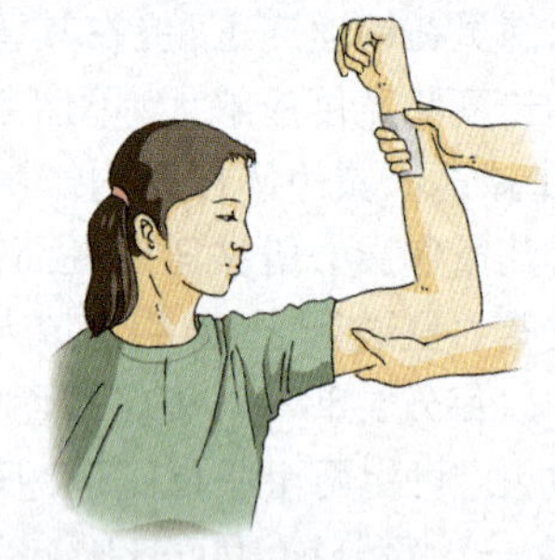

6 包扎止血法

包扎止血法是指用绷带、三角巾、止血带等物品，直接敷 在伤口或结扎某一部位的处理措施。

(1) 加压包扎止血法：适用于小动脉、静脉及毛细血管出血。用消毒纱布垫敷于伤口后，再用棉团、纱布卷、毛巾等折成垫子，放在出血部位的敷料外面，然后用三角巾或绷带紧紧包扎起来，以达到止血目的。

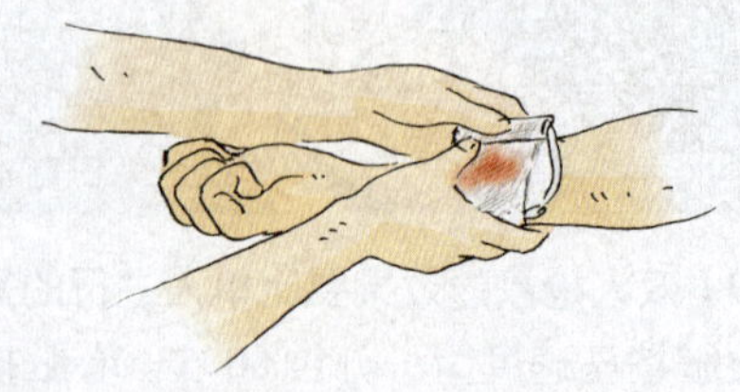

（2）加垫屈肢止血法：在上肢或小腿出血，且没有骨折和关节损伤时，可采用屈肢加垫止血。如上臂出血，可用一定硬度、大小适宜的垫子放在腋窝，上臂紧贴胸侧，用三角巾、绷带或腰带固定胸部；如前臂或小腿出血，可在肘窝或腘窝加垫屈肢固定。

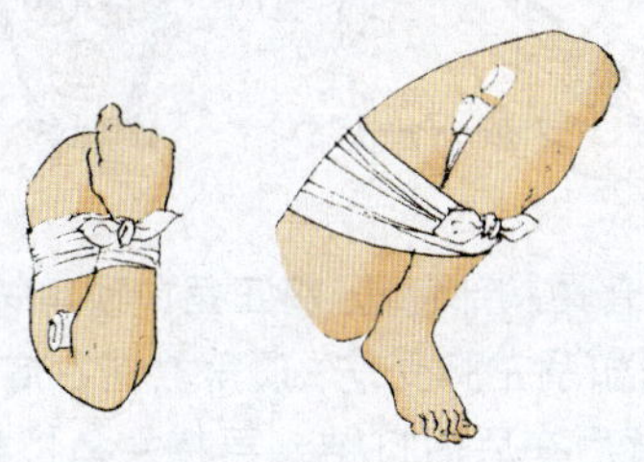

（3）止血带止血法：材料取弹性的橡皮管、橡皮带。上肢结扎于上臂上三分之一处，下肢结扎于大腿的中部。包扎时应先将伤肢抬高，底部垫上敷料或毛巾等软织物，将止血带适当拉长，绕肢体两周，在外侧打结固定。要标明扎止血带时间，每40min放松一次。

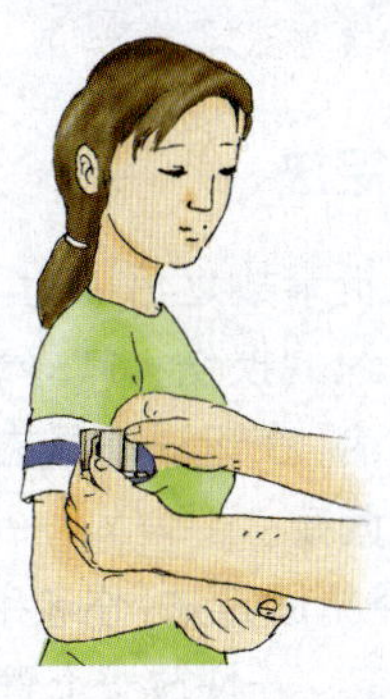

（4）一般小动脉和静脉出血可用加压包扎止血法；较大的动脉出血，应用止血带止血法；在紧急情况下，须先用压迫法止血，然后再根据出血情况改用其他止血法。

（5）如伤处有骨折时，须另加夹板固定；伤口内有碎骨或异物存在时，不得应用加压包扎止血法；用止血带止血，一定要扎紧，如果扎得不紧，深部动脉仍有血液流出。

7 绷带包扎法

用绷带包扎伤口，目的是固定盖在伤口上的纱布，固定骨折或挫伤，并有压迫止血的作用，还可以保护患处。

（1）环形法：多用于手腕部，肢体粗细相等的部位。先将绷带作环形重叠缠绕，第一圈环绕稍作斜状，第二、三圈作环形，并将第一圈之斜出一角压于环形圈内，最后用胶布将带尾固定，也可将带尾剪成两个头，然后打结。

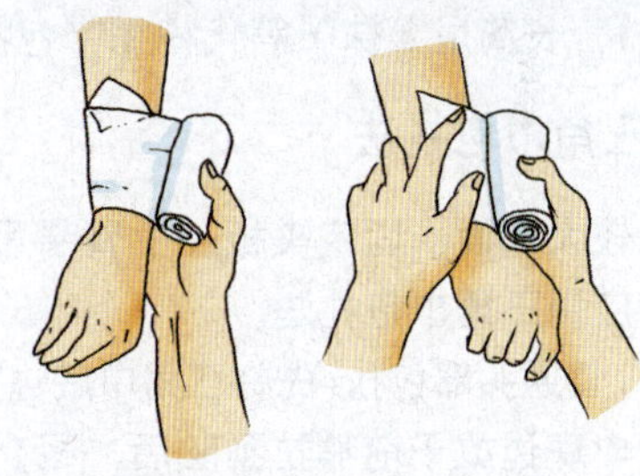

（2）蛇形法：多用于夹板的固定。先将绷带按环形法缠绕数圈，按绷带的宽度作间隔斜着上缠或下缠。

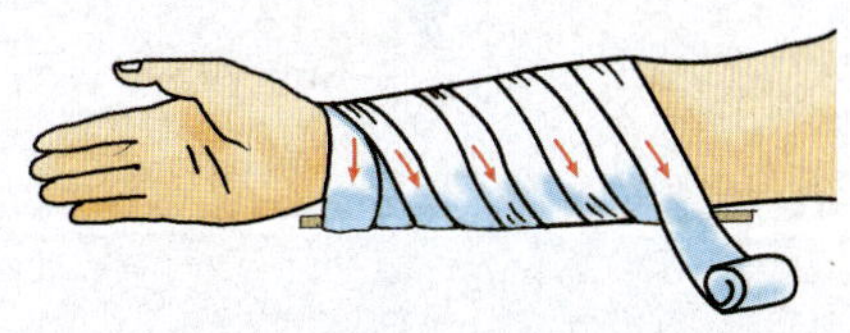

（3）螺旋形法：多用于肢体粗细相同处。先按环形法缠绕数圈，上缠每圈盖住前圈三分之一或三分之二呈螺旋形。

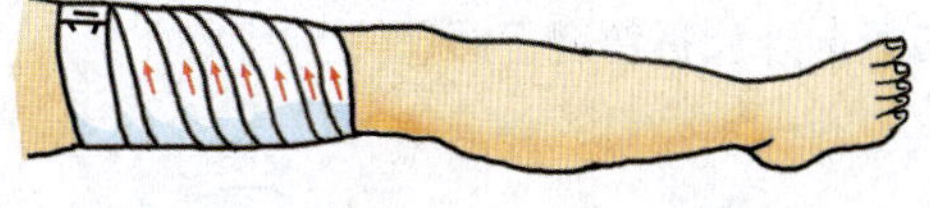

（4）螺旋反折法：多用于肢体粗细不等处。先按环形法缠绕，待缠到渐粗处，将每圈绷带反折，盖住前圈三分之一或三分之二，依此由下而上地缠绕。

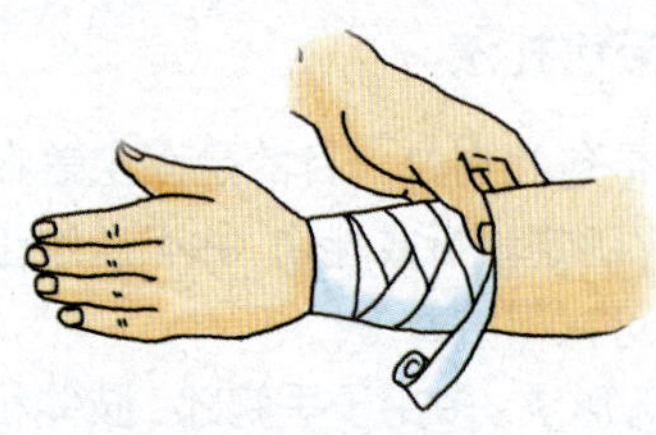

(5) 绷带不能打得过紧，也不能过松，不然会引起血液循环不良或松得固定不住纱布；打结时，不要在伤口上方，也不要在身体背后，以免睡觉时压住不舒服。在没有绷带而必须急救的情况下，可用毛巾、手帕、床单（撕成窄条）、长筒尼龙袜子等代替绷带包扎。

8 三角巾包扎法

对较大创面、固定夹板、手臂悬吊等伤员，需应用三角巾包扎法。

(1) 普通头部包扎：先将三角巾底边折叠，把三角巾底边放于前额拉到脑后，相交后先打一半结，再绕至前额打结。

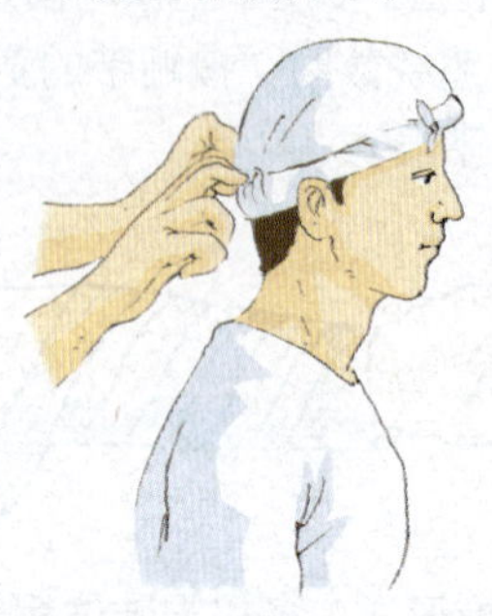

(2) 风帽式头部包扎：将三角巾顶角和底边中央各打一结成风帽状。顶角放于额前，底边结放在后脑勺下方，包住头部，两角往面部拉紧向外反折包绕下颌。

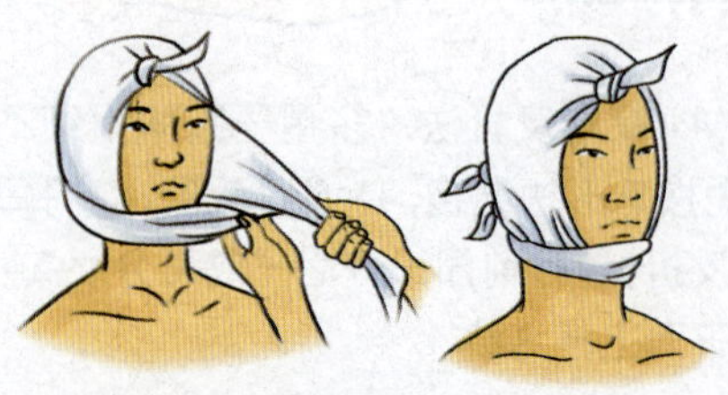

(3) 普通面部包扎：将三角巾顶角打一结，适当位置剪孔（眼、鼻处）。打结处放于头顶处，三角巾罩于面部，剪孔处正好露出眼、鼻；三角巾左右两角拉到颈后在前面打结。

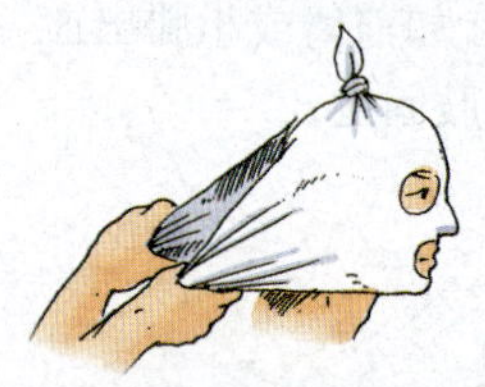

(4) 普通胸部包扎：将三角巾顶角向上，贴于局部，如系左胸受伤，顶角放在右肩上，底边扯到背后在后面打结；再将左角拉到肩部与顶角打结；背部包扎与胸部包扎相同，位置相反，结打于胸部。

9 骨折固定法

当发生骨折事故之后，为了使断骨不再加重对周围组织的损伤，减轻患者的疼痛和便于医生的诊治，在运送伤员去医院的途中，应进行必要的固定。

(1) 肱骨骨折固定法：伤者手臂呈屈肘状，用两块夹板固定，一块放于上臂内侧，另一块放在外侧，用绷带固定。如只有一块夹板，则夹板放在外侧加以固定，用三角巾悬吊伤肢。

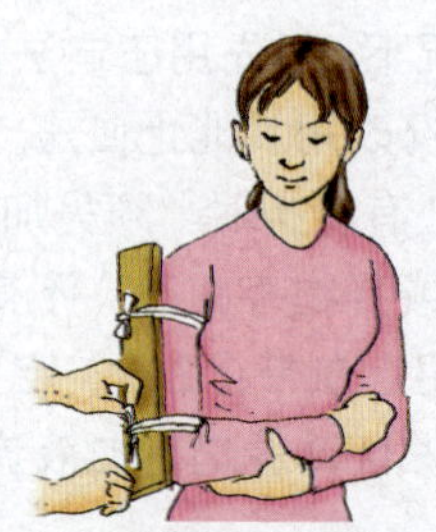

(2) 大腿骨折固定法：将伤腿拉直，夹板长度上至腋窝，下过脚跟。两块夹板放于大腿内、外侧。用绷带或三角巾缠绕固定。

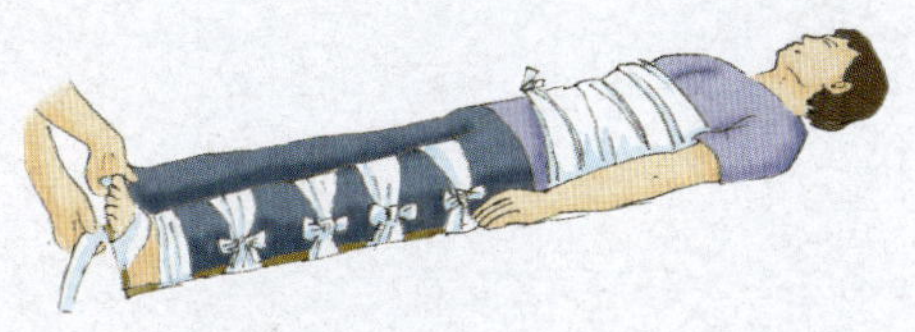

(3) 脊柱骨折固定法：严禁乱加搬动，应轻巧平稳地在保持脊柱安定状况下，移至硬板担架上，用三角巾固定后，及早送往医院。切勿扶持伤者走动或使用软担架运送，以免使脊柱骨折加重，引起终生截瘫。

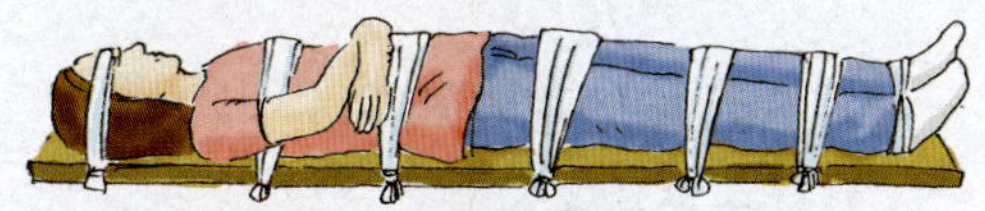

(4) 骨折处有出血时应先止血和消毒包扎伤口，然后固定。对于大腿、小腿和脊椎骨折，一般应就地固定，不要随便移动伤者。

(5) 固定力求稳妥牢固，要固定骨折的两端和上下两个关节。上肢固定时，肢体要弯着绑屈肘状；下肢固定时，肢体要伸直绑。

本章主要考点

1. 旅客运输的基本知识

(1) 旅客运输的分类；
(2) 客运驾驶员安全驾驶行为要求；
(3) 行车中的应急处置；
(4) 旅客运输中的禁止行为；
(5) 行车日志的使用；
(6) 承运人责任险的相关规定。

2. 旅客运输服务规范

(1) 班车客运服务规范；
(2) 出租客运服务规范；
(3) 包车（旅游）客运服务规范。

3. 旅客急救的基本知识

(1) 旅客急救原则；
(2) 危重伤员应急抢救措施；
(3) 常用急救方法。

第六章 道路货物运输知识

道路货物运输是以载货车辆为主要工具，通过道路来实现货物空间位移的活动。道路运输可根据用户的要求，实现门到门服务，运输形式方便、灵活、及时。道路货物运输生产是向运输需求者提供服务的过程，为了保证货物完整无损地送到目的地，道路货物运输驾驶员必须掌握基本的货运知识。

第一节 道路货物运输的基本知识

一 道路货物运输的分类及特点

道路货物运输包括普通货运、道路货物专用运输、道路大型物件运输和道路危险货物运输。

1 道路普通货运

普通货运以运输货物分类中普通货物为主，包括贵重货物、鲜活货物。

(1) 一等普通货物主要是沙、石、渣、土等。

(2) 二等普通货物主要是日用百货。

(3) 三等普通货物主要是蔬菜、农产品、水产品等。

2 道路货物专用运输

道路货物专用运输是指使用集装箱、冷藏保鲜设备、罐装式容器等专用车辆进行的货物运输。运输条件和要求高，专业性强。

(1) 集装箱运输是指使用汽车承运载货集装箱或空载集装箱的运输。具有高速、高效、安全、经济的特点。

(2) 冷藏货物运输是指使用保温、冷藏专用运输车辆，运送对温度有特别要求的并能保证货物质量的货物运输。

(3) 罐装式容器运输使用与运输货物相适应的专用容器的运输车辆，运送无包装的液体货物以及有许多小颗粒或粉末状构成的货物，如汽油、水泥和粮食等。

3 道路大型物件运输

道路大型物件运输是指在道路上运用汽车运载大型物件的运输。货物具有超长、超高、超宽、质量超重等特点。

大型物件级别

级别	标准			
	按长度计	按宽度计	按高度计	按质量计
一级	≥ 14m 且 < 20m	≥ 3.5m 且 < 4.5m	≥ 3m 且 < 3.8m	≥ 20t 且 < 100t
二级	≥ 20m 且 < 30m	≥ 4.5m 且 < 5.5m	≥ 3.8m 且 < 4.4m	≥ 100t 且 < 200t
三级	≥ 30m 且 < 40m	≥ 5.5m 且 < 6m	≥ 4.4m 且 < 5m	≥ 200t 且 < 300t
四级	40m 以上	6m 以上	5m 以上	300t 以上

4 道路危险货物运输

危险货物运输是指承运《危险货物品名表》列明的易燃、易爆、有毒、有腐蚀性、放射性等危险货物和虽未列入《危险货物品名表》但具有危险货物性质的新产品的运输。

二 道路货物运输的基本环节

1 货物的装卸

(1) 装卸货物时，应严格遵守安全操作规程，按货物的分类和要求进行，不得违规装卸。

(2) 货物搬运装卸作业应当做到轻装轻卸，堆码整齐，清点数量防止混车、撒漏、破损。严禁有毒、易污染物品与食品混装，危险货物与普通货物混装。

不同特性货物装卸要求

货物特性	性能特征	装卸要求
耐温性差的货物	遇温度变化易变质	采取防热措施
耐湿性差的货物	受潮后成分和性能发生变化	采取防潮措施
脆弱性货物	受撞击或重压易破碎或变形	装卸时应小心轻放
互抵触性的货物	相互接触能产生有害作用	严禁混装和混合储存
易腐性货物	一般温度下易变质、腐坏	采取防腐措施
自燃性货物	与空气接触燃烧	注意密封，避免与空气接触

(3) 装货时注意查看货物的包装，发现未按规定包装、包装破损或有潮湿、发热等现象的货物，不能装车。应及时联系托运人进行更换、整理、加固包装后再装车。

(4) 货物装完后，应检查货物的外部状态、货物数量、加固情况，是否有超限、超载、固定不牢和质量失衡现象。

(5) 卸货前，先联系收货人验收、交接货物，按收货人指定地点卸货。卸货时，承运车辆驾驶员会同理货人员核单监卸，逐批清点货物名称、件数，指导装卸人员轻拿轻放，按流向分库进货位码垛。

2 货物的保管

(1) 驾驶员对受理承运的货物负责保管，防止丢失、失窃、损坏、腐烂等损失。

(2) 运送鲜活、易腐货物，应根据其特点，采用相应保鲜、保活和固定措施，运输途中应积极配合随车押运人员定时停车照料，以保障货物品质。

(3) 运送贵重物品，应特别注意安全，并采取有效的防盗、抢措施，谨防货损货差，确保货物安全运达目的地。

3 货物的运输过程

(1) 货物运输过程是将货物有目的进行空间位移，是实现“门到门”安全运输的重要环节。

(2) 运输过程中，认真遵守法律、法规和有关规定，严格按照安全操作规程操作，平稳驾驶，不超速行驶，遇转弯、路况较差的路面时，应减速慢行，避免颠簸，以免造成货物损坏。

(3) 运输途中，经常检查货物捆扎、堆垛、偏载情况，防止货物丢失。

(4) 货物交接时，承运人、托运人双方对货物的重量和内容有质疑，检验复磅的费用由责任方承担。

4 货运驾驶员的安全驾驶行为要求

(1) 服从行车调度和现场人员指挥，按照排定车次装运；

(2) 装运前，做好车辆日常维护工作，并按国家有关规定接受定期检测；

(3) 装卸货物时，协助并监督装卸人员严格遵守安全操作规程，按货物要求进行装卸；

(4) 装货时应注意查看货物的包装，发现未按规定包装或包装破损，有潮湿、发热等现象，不应装运，应联系托运人更换、整理、加固包装后再装运；

(5) 装完货物应检查货物是否有超限、超载和质量失衡现象；

(6) 运输途中，经常检查货物的捆扎、堆垛、情况，防止货物丢失；

(7) 运送危险货物时，必须严格遵守国家有关危险货物运输的法律、法规及危险货物运输的规定；途中经常检查，发现问题及时采取措施；

(8) 危险货物如有丢失、被盗或者在运输途中发生交通事故，应当协助押运人员立即报告当地公安部门危险货物的品名、数量等，并采取一切可能的警示措施；

(9) 卸货时，应先联系收货人交点货物，按指定地点卸货。

5 货车运输中的禁止行为

(1) 违法载客或载人。

(2) 运输国家规定的禁运物品或危险化学品。

(3) 运输危险货物时搭乘无关人员或与普通货物混装。

(4) 运输危险货物过程中吸烟、拨打或接听手持电话等分散注意力的活动。

三 提高道路货物运输效率的措施

运输效率与运输经营者的经济效益密切相关，因此，如何提高运输效率是运输经营者普遍关心的问题。车辆的运输效率具体体现为车辆的时间利用、技术速度利用、行程利用、载质量利用等几个方面。

(1) 首先要提高车辆的工作时间，减少停驶时间。具体措施有加强驾驶员组织，尽可能"停人不停车"；积极组织货源，提高车辆工作时间，减少停车待货时间；最低限度缩短车辆停歇时间。

(2) 车辆的技术速度取决于车辆本身的技术性能，这里的速度主要指的是营运速度。其措施有通过提高机械化水平来提高装卸效率，减少装卸作业时间，减少车辆的等待时间。

(3) 车辆的行程利用指的是提高车辆的有载行程，减少空载行驶。其措施有加强货源组织，提高车日行程；做好回程货物的配载，避免回程空驶。

(4)车辆载质量利用指的是提高实载率或拖运率。车辆载质量利用对车辆生产率的影响比较显著，运输经营者可以通过作好货物配载、开展拖挂运输等方法提高车辆载质量利用。如在以重载货物运输为主的情况下，同时搭载一些轻泡货物（每立方米重量不足333千克的货物）。

第二节 普通货物运输

被运送货物本身的性质普通，在装卸、运送、保管过程中没有特殊要求的，称为普通货物运输。普通货物运输有整车运输、零担货物运输、集装箱运输等形式。

一 整车运输

凡托运人一次托运货物3t以上或不足3t，但其性质、体积、形状需要1辆3t以上车辆运输的，称为整车货物运输。应托运人要求和道路、装卸条件限制，使用1～3t车辆一次托运货物，或虽不属于上述条件限制，由承运人安排3t以下车辆一次托运货物的，也视为整车运输。

1 整车运输的特点

适宜批量较大、品种繁杂的普通货物“门到门”运输，其生产方式简单、灵活，投入少，见效快，是道路货物运输中较为普遍的一种直达运输方式。

2 整车货物运输的受理

整车货物托运受理，是运输合同订立和履行的开始，随着运输市场的开放，受理方法也灵活多样，其主要方法有：

(1) 订立道路货物运输合同，根据承运人与托运人双方的运输合同办理运输事宜。运输合同可采用书面形式、口头形式和其他形式。

(2) 上门受理：到货主所在地上门办理道路货物托运受理。

(3) 现场受理：在货物集散地设立临时托运受理处，现场办理受理业务。

(4) 驻点受理：在商业繁华区、大型厂矿企业、货物集散地(车站、码头、港口)，大型建筑工地等设点受理。

(5) 信件和数字电文受理：承运人对本地或外地货主单位采用邮件信函、电报、电传、传真、电子数据交换和电子托运，代填运单。

二 零担货物运输

托运人一次托运计费量不足3000kg货物的运输称为零担货物运输，装运零担货物的车辆称为零担车。

1 零担货物运输

(1) 零担货物运输运量零星、流向分散、批量较多、品种杂，加之零担货物性能比较复杂，件包装类货物居多，包装质量也各不相同，有时几批甚至几十批货物才能配装成一零担车装运，因此，零担货运是一项比较细致和复杂的运输。

(2) 零担货运具有安全、快速、方便、价廉、服务周到、运送方法多样的特点，但其计划性较差、组货渠道杂、单位运输成本比较高。

2 零担货物运输的要求

(1) 一般不予办理零担货物运输的货物有：国家明令规定的禁运、限运的货物，如危险货物、易破损、易污染、易腐烂及鲜活物品等。

(2) 按件托运的零担货物，单件体积一般不小于0.01m^3，不大于1.5m^3；单件质量一般不超过200kg；货物的长、宽、高度分别不超3.5m、1.5m和1.3m。

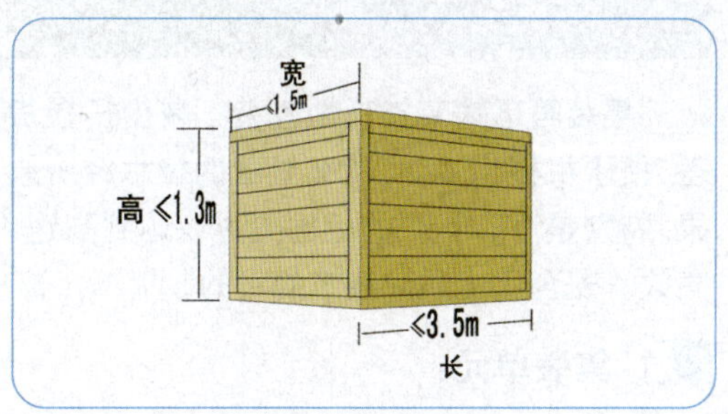

3 零担货物运输的组织

(1) 直达零担班车运输是将起运站各个托运人托运到同一站，且性质适宜配装的各种零担货物，同车装运至到达站的运输形式。其特点是：送达速度快，避免了中转换装作业，减少了中转费用和换装破损，尤其适用于季节性商品和贵重商品的运输。

（2）沿途零担班车运输是在同一线路沿线收发零担货物的运输，其特点是货运量零星、流向分散，但服务面广、适应性强，常用于城乡之间的零担货物运输。

（3）零担货物配载应充分利用车厢空间和装载负荷巧配满载，并严格执行有关货物混装限制的规定；做到配载货物的品名、件数及到站与随车同行的零担货物运单和交接清单内容一致，货物实际质量不超过承运车辆的核定吨位。

三 集装箱运输

集装箱运输是将需运输的货物在出发点就组成具有一定标准体积和质量的集装单元，保证货物在整个运输过程中不致损失，便于机械化装卸、搬运的一种货物运输形式。

集装箱运输节省货物包装，减少货损货差，便于机械化装卸，具有显著的技术经济效果。特别是“门对门”的运输更可以达到高速、高效、安全、优质、经济的目的。

1 集装单元

（1）集装单元，就是将散装或一般的箱装、袋装、捆扎等集装程度较低的货物，按照一定的标准质量或体积，整齐地汇集成一个便于装卸储运的单元。

（2）集装单元的形式一般有集装箱、托盘、集装袋和集装网四大类。集装箱是一种能反复使用，具有标准化规格，能直接中转换装和便于机械化装卸，具有一定刚度和强度，容积在 $1m^3$ 以上的便于货物装满和卸空的大型容器和运载工具，是最常用的一种集装单元。

2 集装箱运输的特点

集装箱运输，具有高速、高效、安全、经济的特点，特别对件货、杂货运输最为适宜，与其他的运输方式相比具有明显的优点：

（1）减少物资途耗。采用集装箱运输可以实现“门对门”运输，发货方可事先将货物装箱或货物不落地即可装箱，直送收货人仓库，连箱送达或开箱收货。运输过程中如需中转，可连箱带货一起中转，避免了货物中转的搬倒次数，从而减少了货物由于中转而产生的损害所造成的损耗。

（2）节约包装材料及费用。采用集装箱可以简化甚至取消包装，节约包装材料，减少包装费用。

（3）提高装卸效率，加速车辆周转。实行集装箱运输，全部装卸可实行机械化，装卸时间短，从而加快了车辆周转。

（4）简化运输交接手续。实行集装箱运输可以简化挂贴票签、按件交接手续，一箱一件凭铅封交付，手续简便，避免了差错。

(5) 节约仓库投资。集装箱本身就是一个流动的仓库，可以露天存放，且运输和装卸不受天气限制。集装箱还可以成叠堆码，占地少，流动方便。

(6) 货物运输安全。使用集装箱在货物仓储和运输进程中可以避免失窃、丢失、擦损等，减少了货差货损。

(7) 便于联合运输。集装箱的规格是标准统一的，可以在道路、铁路、航运通用，这就使得联运得以实现，同时减少了联运的中间环节。

3 集装箱的货运方式

(1) 根据收、发货人以及货流的构成情况，集装箱的货运方式可以分为整箱货运(FCL)和拼箱货运(LCL)两大类。

(2) 整箱货运方式类似普通货运中的整车运输，它的交接地点一般在发货人或收货人的仓库内，交接检收凭箱口的铅封，不点件计收。

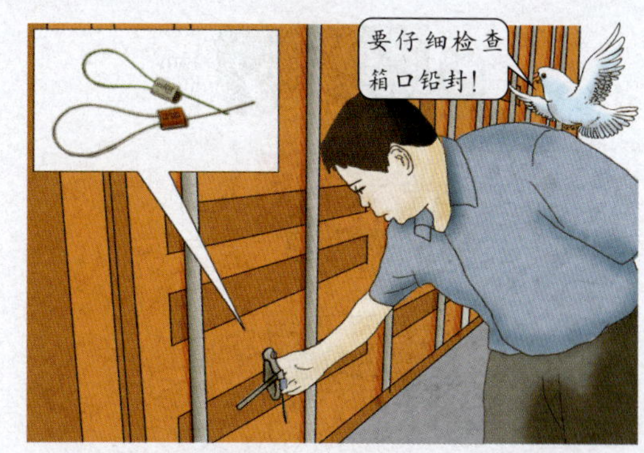

(3) 整装集装箱运输一般适用于货流大，且货流集中、中途不停靠站点、直达目的地点整装整卸的场合。

(4) 拼装集装箱货运类似普通货运中的零担货运，其交接货物地点呈多个站点，在其站点需拆箱装卸货物，按件点交给收货人。通常适用于货源分散，托运人单件托运量小，运送目的地各不相同的情况。

四 普通货物的装载及保管

1 货物装载

运输的货物应当符合货运车辆核定的载质量，载物长、宽、高不得违反装载要求；禁止超限、超载运输；为了保证货物安全，不得野蛮装卸，应按国家标准规定的操作规程作业。

(1) 装车时，货物应当重不压轻，有包装的在下，无包装的在上，远距离的在里，近距离的在外，要将车厢充满，在空隙处加入填充物；在车门处要加隔离物，防止开门时货物脱落。

(2) 车辆装载长度、宽度不得超出车厢；重型、中型载货车辆、半挂车载货高度从地面起不得超过4m，载运集装箱不得超过4.2m，其

他机动车不得超过 2.5m。

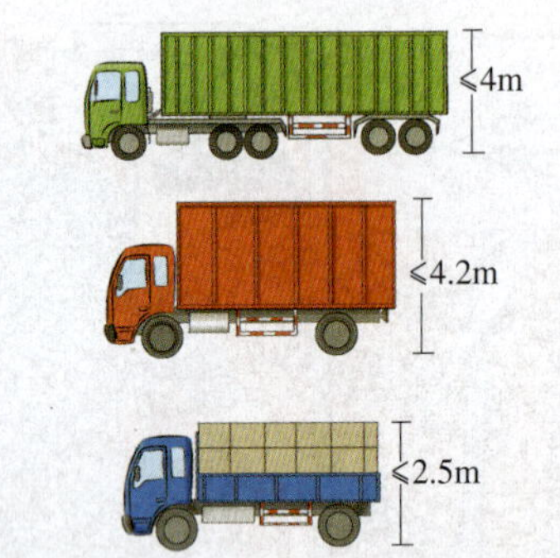

(3) 敞篷车辆运输货物时，要捆扎牢固，防止脱落；厢式货车、集装箱运输时，要把车门、箱门关好；运输集装箱时，要用转锁将集装箱锁牢；采用罐状车辆运输时，要检查有关设备是否齐全，运行正常，关好闸门。

(4) 道路货物运输经营者需运输超限货物时，应当按照国家有关规定办理超限手续后，按指定的路线进行超限运输；没按规定办理超限手续的，不允许车辆运输。

(5) 货物在摆放时应当使重心保持得尽可能低，重的货物应当摆放在车辆的中心，并放置在轻的货物前面；货物叠放时应当将重的货物放在底部。

2 货物保管

(1) 货物保管应按照货主提供的货物性质、状况及保管要求进行分类存放，也可以约定保管场所或保管方法，除紧急情况或为了寄存人的利益以外，不得擅自改变保管场所或保管方法。

(2) 货物存放分为按照货物的性质分类存放、按照货物的流向存放、按照重不压轻的原则存放、按照货物的存放要求（如有标注存放位置的，不应倾斜、倒置的，易受潮货物，要有防潮措施）存放等。

(3) 验收入库后，发生仓储物的品种、数量、质量不符合约定的或因保管不善造成仓储货物毁损、灭失的，应当承担损害赔偿责任。

第三节 特种货物运输

特种货物运输主要指大型物件运输、鲜活易腐货物运输、贵重货物运输以及危险货物运输（第七章专门介绍）等。

一 限运、禁运、凭证运输货物的相关知识

1 限运、凭证运输货物

(1)限运、凭证运输的货物是指根据国家有关法律法规的规定，必须向有关部门办理准运手续方可运输的货物，如枪支、烟草、麻醉药品、剧毒化学品、木材、野生动植物、致病微生物、血液制品、核材料、食盐等。

(2)限运、凭证运输的货物一般是具有高度危险属性的物品或者是具有专营要求的物品，法律法规规定要求这类货物在运输前必须向有关管理机关办理准运手续后方可运输。

(3)法律、行政法规规定需要办理限运、凭证运输的，货主、货物托运人必须按照规定办理限运、凭证运输手续后，才能办理承运。

(4)在受理法律法规规定限运、凭证运输的货物时，应当查验有关运输手续是否齐全、有效，如品名是否一致，数量是否一致，是否在有效期内，是否有指定路线等。

2 禁运物品

(1)禁止运输的货物一般是指非法生产的违禁物品，如毒品、假劣药品以及伪造、变造、非法印刷的人民币。

(2)货运经营者不得运输法律、行政法规禁止运输的货物。法律、行政法规规定必须办理有关手续后方可运输的货物，货运经营者应当查验有关手续。

小知识

《野生动物保护法》规定，运输、携带国家或者地方重点保护野生动物或者其产品的，由工商行政管理部门没收实物和违法所得，可以并处罚款。

《药品管理法》规定，知道或者应当知道属于假劣药品而为其提供运输、保管、仓储等便利条件的，没收全部运输、保管、仓储的收入，并处违法收入50%以上3倍以下的罚款。

二 道路大型物件运输

1 大型物件的特点

大型物件是指单件长度在14m以上、宽度在3.5m以上、高度在3m以上、质量在20t以上（单体货物或不可解体的组合件和捆扎件）的货物。

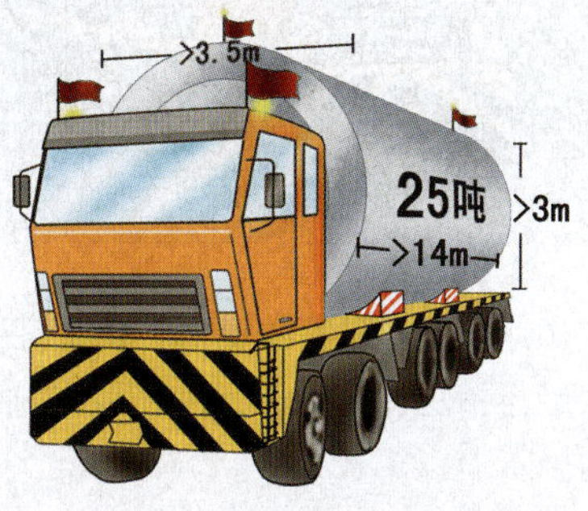

2 大型物件的装卸要求

(1)大型物件运输的装卸作业，由承运人负责的，应根据托运人的要求、货物的特点和装卸操作规程进行作业；由托运人负责的，承运人应按约定的时间将车开到装卸地点，并监装、监卸。

(2)承运人要了解货物的尺寸，货物的实际质量及形状，货物的质心位置，装运中有何特殊要求，可否卧倒装运等。

(3)装卸货物前，应察看装卸场地附近有否电缆、水管、电话线、煤气管道、沟管及其他地下建筑物，车辆能否进入装卸场地，现场

是否适合机械装卸。

(4) 货物装车后，必须用垫木、铁丝或钢丝缆绳固定牢固，以防滑动；货物长度超过车身时，应在后栏板用坚固方木垫高或前低后高状；对于圆柱体及易于滚动的货物，必须使用座架或凹木加固。

(5) 在货物的装卸过程中，由于操作不当或违反操作规程，造成车货损失或第三者损失的，由承担装卸的一方负责赔偿。

3 大型物件的运输要求

(1) 承运人应根据大型物件的外形尺寸和车货质量，在起运前会同托运人勘察作业现场和运行路线，了解沿途道路线形和桥涵通过能力，并制定运输组织方案和应急措施。涉及到其他部门的应事先向有关部门申报并征得同意，方可起运。要随时勘察运行路线是否能通过。

(2) 跨省（自治区、直辖市）行政区域进行超限运输的，由途径公路沿线省级公路管理机构分别负责审批。跨地（市）行政区域进行超限运输的，由省级公路管理机构负责审批。

(3) 运输大型物件，应按有关部门核定的路线行车；运送货物之前，应对承运路线的道路和桥梁的宽度、弯道半径、承载能力以及其他车辆的流通情况，进行充分的调查研究，并请公路及有关部门在沿途和现场作技术指导，必要时还要对桥梁加固，以确保安全运行。

(4) 对于超高、长大、笨重货物，为确保安全通行，运输时需由托运人配备电工，携带应用材料、工具随车护送，必要时还需请有关部门协同在前引道开路，以便排除障碍，顺利通行和提示过往车辆注意。因运输大型物件发生的道路改造、桥涵加固、清障、护送、装卸等费用，一般由托运人负担。

(5) 运输中要悬挂明显的标志，以引起其他车辆和行人的注意；标志要悬挂在货物超限的末端，白天行车时，悬挂标志旗；夜晚行车和停车休息时悬挂、装设标志灯。

(6) 驾驶员要集中精力，谨慎驾驶，密切注意运行情况，利用灯光、喇叭、广播等配合运输。

三 鲜活、易腐货物的运输

鲜活、易腐货物的运输，被运输的货物主要有鲜鱼虾、鲜肉、瓜果、蔬菜、牲畜、家禽、花木秧苗等。

1 鲜活、易腐货物

（1）鲜活货物指在运输过程中，需采取保鲜活措施，并需在限定运输期限内运抵的货物。

（2）易腐货物是指在运输过程中，必须保持一定低温，以防止腐坏、变质的货物。

2 鲜活、易腐货物运输的特点

（1）需有人随车押运照料。如运输兽、畜、蜜蜂、鱼、虾以及鱼苗、鳗苗等活动物，需有人在运输途中添加饲料、上水、换水、注氧气等。可用一般敞式货车(装运耕牛或生猪时，不能使用全铁底板车厢的货车)或经适当改装的专用车、高栏板车等运输。

（2）温度的要求不同。运送肉类的温度要低，蛋类温度要适中，水果、蔬菜或鲜花均怕热又怕冷；对于要保持0℃以上温度的货物，可采取加盖保温材料或采用封闭车厢车辆运输，运输此类货物适宜使用冷藏车、保温车。

（3）季节性强、货流波动幅度大。水果、海洋水产、鲜蛋、蔬菜等受季节影响很大，由于各地自然条件不同和气候变化不一样，往往需要长途运输来满足市场需求，使货流产生波动。

3 鲜活、易腐货物的装载要求

（1）装载水果、蔬菜、鲜活动物等，各货件之间应留有一定的间隙，使空气能在货件间充分流动。车厢底板最好有底格，装货时应使货件与车壁留有适当空隙，以便使经由车壁和底板传入车内的热量，可以由空气吸收而不至直接影响货物。

（2）装载易腐货物，除冷冻货物应采用紧密堆码不留空隙(使货物本身积蓄的冷量不易散失)，对本身不发热的某些冷冻货物(如冷冻鱼虾)，应防止过分紧压，以免损伤物体，影响质量。

（3）装载活口动物，如牛、马需用绳索拴牢在高栏板内，禽、兽及其他小动物须用集装笼或专用工具，固定在车厢内，保持平稳、妥当。

4 鲜活、易腐货物的运输要求

（1）承运鲜活货物，应请托运人提供最长运输期限及途中管理、照料事宜的说明书，提供有关部门的动植物检疫证明和准运手续，运输途中需要饲养和照料的动、植物，请托运人派人押运。

(2) 承运易腐需冷藏保温的货物，请托运人提供货物的冷藏温度和在一定时间的保持温度。

(3) 鲜活、易腐货物原则上用专车专运，不得与其他货物混装。

(4) 运送鲜活货物应及时，行车中不得随便紧急制动，并配合押运人定时停车照料。

(5) 易腐货物要快速运输，压缩货物途中运输时间，以保障货物质量。

四 贵重货物运输

贵重货物指在运输过程中承运人需承担较大经济责任的货物。

1 贵重货物的特点

货物本身价格昂贵，如货币及有价证券、贵重金属、精密仪器、高档电器、珍贵艺术品等，在运输、装卸、保管中要特别注意安全，做好防范工作，谨防货损货差。

2 贵重货物的运输要求

(1) 受理托运贵重货物时，托运人应按货物实际价值，选择保险或保价的一种，在运单上准确填写投保货物的声明价格。

(2) 贵重货物包装必须完好、牢固，一张运单托运的件货，凡不具备同品名、同规格、同包装的，应提交物品的清单。

(3) 对国家或地方政府规定禁运、限运以及需办理准运证明的，托运人应随同运单提交有关部门的文件或证明，方能受理。

(4) 为确保贵重货物运输安全，托运人应对物品属性以及运输、装卸、保管注意事项和运抵时间期限等提出特约要求，以利承运人重视。

(5) 整批量大的贵重货物，原则上受理后实行整车运送，安排适宜货物载运的、性能良好的货车或专用车直达运输；小批量零星贵重货物，拼装零担运输的应在运单上盖有“贵重货物”戳记，便于承运前、到达后的车站稳妥装卸和保管。

(6) 装卸时必须做到轻搬、轻放，大不压小、重不压轻、标志朝外、箭头向上；货物间积载稳妥，不留空隙，质量分布均衡；油布捆扎牢固，谨防湿损，严禁超高、超载。

(7) 运送过程中，为确保货物安全，应尽可能实行快运，超长运距应配备两名驾驶员，日夜兼程；途中应定时检查车厢和油布，运行中应避免紧急制动。

本章主要考点

1. 货物运输的基本知识

(1) 货物运输的分类;
(2) 货运驾驶员安全驾驶行为要求;
(3) 货运应急处置;
(4) 货物运输中的禁止行为。

2. 普通货物运输

(1) 普通货物运输的分类与特点;
(2) 零担货物运输的要求;
(3) 普通货物的装载及保管。

3. 特种货物运输

(1) 限运、禁运、凭证运输的物品;
(2) 大件运输特点及装卸、运输中的要求;
(3) 鲜活、易腐货物运输特点及装卸、运输中的要求;
(4) 贵重货物运输特点及运输要求。

第七章 道路危险货物运输知识

道路危险货物运输，作为一种特殊的运输形式，具有很大的风险性。在运输过程中，防护不当，极易导致泄漏，污染环境，甚至导致严重的火灾，造成人身伤亡和财产损失。因此，从事危险货物运输的驾驶员，应掌握危险货物运输的相关知识，能够采取有效的预防措施并能及时地处理行车中的特殊情况。

第一节 危险货物的基本知识

危险货物运输驾驶员了解危险货物的种类、基本特征及消防知识，可以避免因误运、误驾、误储而造成极为严重的事故。

一 危险货物的分类、分项

1 第1类：爆炸品

包括：

a）爆炸性物质；

b）爆炸性物品；

c）为产生爆炸或烟火实际效果而制造的上述2项中未提及的物质或物品。

第1类分为6项：

（1）第1.1项：有整体爆炸危险的物质和物品。

（2）第1.2项：有迸射危险，但无整体爆炸危险的物质和物品。

（3）第1.3项：有燃烧危险并有局部爆炸危险或局部迸射危险或这两种危险都有，但无整体爆炸危险的物质和物品。

本项包括：

a）可产生大量辐射热的物质和或物品；或

b）相继燃烧产生局部爆炸或迸射效应或两种效应兼而有之的物质和物品。

（4）第1.4项：不呈现重大危险的物质和物品。

本项包括运输中万一点燃或引发时仅出现小危险的物质和物品；其影响主要限于包件本身，并预计射出的碎片不大、射程也不远，外部火烧不会引起包件内全部内装物的瞬间爆炸。

（5）第1.5项：有整体爆炸危险的非常不敏感物质。

本项包括有整体爆炸危险性、但非常不敏感以致在正常运输条件下引发或由燃烧转为爆炸的可能性很小的物质。

(6) 第1.6项：无整体爆炸危险的极端不敏感物品。

本项包括仅含有极端不敏感起爆物质、并且其意外引发爆炸或传播的概率可忽略不计的物品。

注：该项物品的危险仅限于单个物品的爆炸。

2 第2类：气体

本类气体指：

a) 在50℃时，蒸气压力大于300kPa的物质；或

b) 20℃时在101.3kPa的标准压力下完全是气态的物质。

本类包括压缩气体、液化气体、溶解气体和冷冻液化气体、一种或多种气体与一种或多种其他类别物质的蒸气的混合物、充有气体的物品和烟雾剂。

第2类分为3项：

(1) 第2.1项：易燃气体。

本项包括20℃和101.3kPa条件下：

a) 与空气的混合物按体积分数占13%或更少时可点燃的气体；或

b) 不论易燃下限如何，与空气混合，燃烧范围的体积分数至少为12%的气体。

(2) 第2.2项：非易燃无毒气体。

在20℃压力不低于280kPa条件下运输或以冷冻液体状态运输的气体，并且是：

a) 窒息性气体——会稀释或取代通常在空气中的氧气的气体；或

b) 氧化性气体——通过提供氧气比空气更能引起或促进其他燃料燃烧的气体；或

c) 不属于其他项别的气体。

(3) 第2.3项：毒性气体。

本项包括：

a) 已知对人类具有的毒性或腐蚀性强到对健康造成危害的气体；或

b) 半数致死浓度 LD_{50} 值不大于5000mL/m^3，因而推定对人类具有毒性或腐蚀性的气体。

注：具有两个项别以上危险性的气体和气体混合物，其危险性先后顺序为2.3项优先于其他项，2.1项优先于2.2项。

3 第3类：易燃液体

本类包括：

a) 易燃液体：

在其闪点温度（其闭杯试验闪点不高于60.5℃，或其开杯试验闪点不高于50.6℃）时放出易燃蒸气的液体或液体混合物，或是在溶液或悬浮液中含固体的液体；本项还包括：

在温度等于或高于其闪点的条件下提交运输的液体；或以液态在高温条件下运输或提交运输，并在高温等于或低于最高运输温度下放出易燃蒸气的物质。

b）液体退敏爆炸品。

4 第4类：易燃固体、易于自燃的物质、遇水放出易燃气体的物质

第4类分为3项：

（1）第4.1项：易燃固体。

本项包括：

a）容易燃烧或摩擦可能引燃或助燃的固体；

b）可能发生强烈放热反应的自反应物质。

c）不允许稀释可能发生爆炸的固态退敏爆炸品。

（2）第4.2项：易于自燃的物质。

本项包括：

a）发火物质；

b）自热物质。

（3）第4.3项：遇水放出易燃气体的物质。

与水相互作用易变成自燃物质或能放出危险数量的易燃气体的物质。

5 第5类：氧化性物质和有机过氧化物

第5类分为2项。

（1）第5.1项：氧化性物质。

本身不一定可燃，但通常因放出氧或起氧化反应可能引起或促使其他物质燃烧的物质。

（2）第5.2项：有机过氧化物。

分子组成中含有过氧基的有机物质，该物质为热不稳定物质，可能发生放热的自加速分解。该类物质还可能具有以下一种或数种性质：

a）可能发生爆炸性分解；

b）迅速燃烧；

c）对碰撞或摩擦敏感；

d）与其他物质起危险反应；

e）损害眼睛。

6 第6类：毒性物质和感染性物质

第6类分为2项。

（1）第6.1项：毒性物质。

经吞食、吸入或皮肤接触后可能造成死亡或严重受伤或健康损害的物质。

（2）第6.2项：感染性物质。

含有病原体的物质，包括生物制品、诊断样品、基因突变的微生物、生物体和其他媒介，如病毒蛋白等。

7 第7类：放射性物质

含有放射性核素且其放射性活度和总活度分别超过GB11806规定的限值的物质。

8 第8类：腐蚀性物质

通过化学作用使生物组织接触时会造成严重损伤，或在渗漏时会严重损害甚至毁坏其他货物或运载工具的物质。

腐蚀性物质包含与完好皮肤组织接触不超过4h，在14d的观察期中发现引起皮肤全厚度损毁，或在温度55℃时，对S235JR+CR型或类似型号钢或无覆盖层绿的表面均匀年腐蚀率超过6.25mm/a的物质。

9 第9类：杂项危险物质和物品

具有其他类别未包括的危险的物质和物品，如：

a）危险环境物质；

b）高温物质；

c）经过基因修改的微生物或组织。

二 危险货物的特性

危险货物	特性
爆炸品	在外界作用下(如受热、撞击等)，能发生剧烈的化学反应，瞬间产生大量的气体和热量，使周围压力急骤上升，发生爆炸
气体	一旦泄漏、遇明火、高温或光照，即会发生燃烧、爆炸或毒害人畜
易燃液体	一旦包装容器破裂、泄漏，会产生爆炸、燃烧，甚至有的还能产生腐蚀、中毒等后果
易燃固体、易于自燃的物质、遇水放出易燃气体的物质	燃点低，对热、撞击、摩擦敏感，易被外部火源点燃，迅速起火，并可能散发出有毒烟雾或有毒气体(不包括已列入爆炸品的物质)
氧化性物质和有机过氧化物	氧化性物质和有机过氧化物处于高氧化态，具有强氧化性，易分解并放出氧和热量。当其遇酸、受热、受潮或接触有机物、还原剂后，即可分解出原子氧和热量，引起燃烧或爆炸的危险。某些氧化能力较弱，比较稳定的物品，则不属于危险货物
毒性物质和感染性物质	毒性物质和感染性物质，进入肌体后，累积达一定的量，能与体液和组织发生生物化学作用或生物物理变化，扰乱或破坏肌体的正常功能，引起暂时性或持久性的病理状态，甚至危及生命
放射性物质	能够自原子核内部自行发出穿透力很强而人的感觉器官不能察觉的粒子流(射线)。当其放射性比活度大于7.4×10^4Bq/kg(贝可勒尔／千克)时，能使人患放射性病，甚至死亡

危险货物	特性
腐蚀性物质	化学性非常活泼，能与很多金属、非金属及动、植物机体等发生反应或电化学反应。特别要考虑对人体的伤害，与人体接触在24h内可见坏死现象
磁性物质	对导航、通讯设备有一定的影响，能干扰飞机飞行罗盘和车载GPS定位导航系统的准确性，以致影响飞行和运输任务的正确执行
麻醉、毒害等类似物品	能造成飞机机组人员和车辆驾驶员的情绪烦躁或不适，危及飞行和道路运输安全

三 危险货物品名表

《危险货物品名表》是2005年7月6日由中华人民共和国国家质量监督检验检疫总局和中国国家标准化管理委员会发布的国家标准（GB 12268），于2005年11月1日实施。

《危险货物品名表》列入了运输、储存、生产、经营、使用和处置等过程中最常见的危险货物及具有商业重要性的所有危险货物和物品。

1 规定及适用范围

《危险货物品名表》规定了危险货物品名表的一般规定和结构，以及危险货物的编号、名称和说明、英文名称、类别和项别、次要危险性及包装类别等内容。

《危险货物品名表》适用于危险货物运输、储存、生产、经营、使用和处置。

2 品名表结构

《危险货物品名表》（GB 12268—2005）的结构

编号	名称和说明	英文名称	类别和项别	次要危险性	包装类别	备注（CN号）
0004	苦味酸铵，干的，或成的，按重量含水低于10%	AMMONIUM PICRATE dry or wetted with less than 10% water,by mass	1.1D			11059
0005	武器弹药筒，带有爆炸装药	CARTRIDGES FOR WEAPONS with bursting charge	1.1F			11113
⋮	⋮	⋮	⋮	⋮	⋮	⋮
1107	戊基氯	AMYL CHLORIDE	3		II	32034
1108	1-戊烯（正戊烯）	1-PENTENE (n-AMYLENE)	3		I	31006
1109	甲酸戊酯	AMYL FORMATES	3		III	33595

(1) 第1栏“编号”——采用联合国编号。

(2) 第2栏“名称和说明”——危险货物的中文正式名称和附加中文说明。

(3) 第3栏“英文名称”——危险货物的英文正式名称和附加说明。

(4) 第4栏“类别和项别”——危险货物的主要危险性，按GB 6944确定。

(5) 第5栏“次要危险性”——除主要危险性以外的其他危险性，按GB 6944确定。

(6) 第6栏“包装类别”——按照联合国包装类别给危险货物划定的类别号码（Ⅰ、Ⅱ、Ⅲ）。

Ⅰ类包装：具有高度危险性的物质；

Ⅱ类包装：具有中等危险性的物质；

Ⅲ类包装：具有轻度危险性的物质。

(7) 第7栏“备注”——原GB 12268—1990中的编号（CN号）。

3 危险货物品名表及附录

(1) 危险货物品名表——品名表格及所列各项具体内容。

(2) 附录A——爆炸品配装组划分方法和爆炸品危险性项别与配装组的组合。

(3) 附录A.2——爆炸品危险项别与配装组的组合。

(4) 附录B——危险货物危险性的先后顺序。

特别提示

危险品的种类繁多，很多危险化学品驾驶员难以辨认清楚。因此，对运输过程中出现的陌生品名，存有疑虑时，应请示专业技术人员或运政机构专业人员，协助弄清是否属于危险货物，防患于未然。

第二节　道路危险货物运输车辆、设备和标志

一　车辆的技术要求

危险货物运输车辆的安全技术状况应符合GB 7258的要求；车辆技术状况应符合JT/T 198规定的一级车的技术要求。

1 厢式车辆

(1)车厢、底板应平整完好，周围栏板必须牢固，铁质底板装运易燃、易爆货物时应采取衬垫防护措施。

(2)控温厢式货车内应有制冷或加温装置及保温措施，驾驶室应有温度控制系统。恒温或制冷装置在一个箱体内，另外还应有一套或一套以上备用控温装置。

(3) 装运集装箱车辆，必须设置有效的紧固装置。

2 罐(槽)车

(1)装运液化石油气和有毒液化气体的罐（槽）车及其设备，应符合国家有关部门对液化石油气汽车罐（槽）车安全管理的规定。

(2)装运危险货物的罐（槽）应适合所装货物的性能，根据不同货物的需要配备泄压阀、防波板、遮阳物、压力表、液位计、导除静电等相应的安全装置；罐（槽）外部的附件应有可靠的防护设施，必须保证所装货物不发生"跑、冒、滴、漏"，并在阀门口装置集漏器。

(3) 装运大型气瓶、可移动罐（槽）等的车辆，必须设置有效的紧固装置。

3 其他机械

(1) 各种装卸机械、工、属具，应有可靠的安全系数；装卸易燃易爆危险货物的机械及工、属具，应有消除产生火花的措施。

(2) 定期对装有反射性同位素的专用运输车辆、设备、搬运工具、防护用品进行放射性污染程度的检查，当污染量超过规定允许水平时，不得继续使用。

二 设备的使用规定

(1) 根据所装危险货物的性质和包装形式的需要，配备相应的消防器材和捆扎、防水、防散失等工具；消防器材在车上应安装牢靠并便于取用。

(2) 车辆应设有切断总电源和隔离电火花装置，切断总电源装置应安装在驾驶室内。

(3) 运送易燃易爆货物车辆的排气管应安装有效的隔热和熄灭火星的装置，并装配符合JT 230规定的导静电橡胶拖地带装置。

(4) 车辆应配置运行状况记录装置（如行驶记录仪等）和必要的通讯工具。

三 车辆标志的使用规定

道路运输危险货物车辆标志（以下简称车辆标志）是安装在运输危险货物车辆上，为执行道路危险货物运输任务的车辆提供警告、警示的标志。

车辆标志在危险货物运输过程中的主要作用：

(1) 在车辆行驶时，警示超车、会车车辆避让；

(2) 在车辆行驶时，警告周围人群远离；

(3)在出现险情时，对附近车辆、人群，特别是对抢险救灾部门起到了必不可少的特殊指示作用。比如，在事故发生后，施救人员可以根据车辆悬挂的标志牌，可迅速确定所运危险货物的类别、项别，进行正确抢救。

车辆标志包括标志灯和标志牌。

1 标志灯

新标准《道路运输危险货物车辆标志》(GB 13392—2005) 中，对标志灯的结构有明确规定:

标志灯灯体正面为等腰三角形状，由灯罩、安装底板、或磁体 (A 型标志灯)、橡胶衬垫及紧固件构成。

标志灯正、反面中间印有“危险”字样，侧面印有“！”，灯罩正面下沿中间嵌有标志灯编号牌。

不同车型、不同载质量的车辆，安装的标志灯分为 A、B、C 3 种类型，见下表。

标志灯类型

类 型	安装方式	代 号	适用车辆
A 型	磁吸式	A	载质量 1t（含）以下，用于城市配送车辆
B 型	顶檐支撑式	BI	载质量 2t（含）以下
		BII	载质量 2t ~ 15t（含）
		BIII	载质量 15t 以上
C 型	金属托架式（金属托架为可选件，金属托架按底平面与标志灯基准面的夹角 γ 分为 3 种，分别为 30°，45°，60°）	CI	带导流罩，载质量 2t（含）以下
		CII	带导流罩，载质量 2t ~ 15t（含）
		CIII	带导流罩，载质量 15t 以上

标志灯安装于驾驶室顶部外表面中前部（从车辆侧面看）中间（从车辆正面看）位置，以磁吸或顶檐支撑、金属托架方式安装固定。安装位置见以下几幅图。

A 型标志灯

A 型标志灯安装位置

B 型标志灯

B 型标志灯安装位置

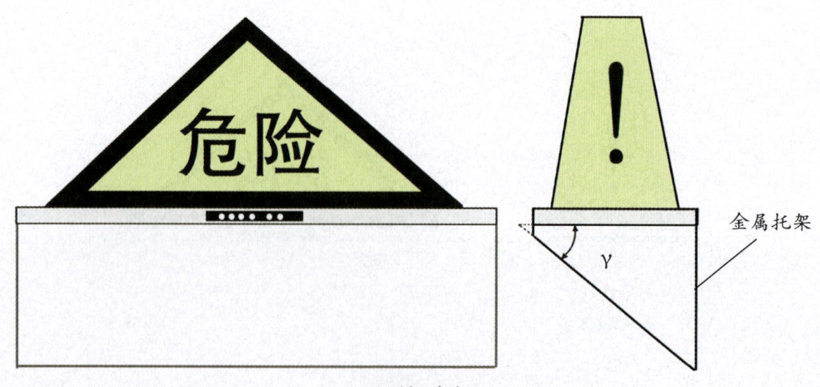

C 型标志灯

C 型标志灯安装位置

2 标志牌

标志牌的材质为金属板材，形状为菱形。标志牌一般悬挂于车辆后厢板或罐体后面的几何中心部位附近，避开车辆放大号；对于低栏板车辆可视情选择适当悬挂位置。悬挂位置的具体规定如下：

(1) 低栏板车辆标志牌悬挂位置，推荐悬挂于栏板上，必要时重新布置放大号。

(2) 厢式车辆标志牌悬挂位置一般在车辆放大号的下方或上方，推荐首选下方；左右尽量居中，集装箱车、集装罐车、高栏板车类同。

(3) 罐式车辆标志牌悬挂位置一般在车辆放大号下方或上方，推荐首选下方；左右尽量居中。

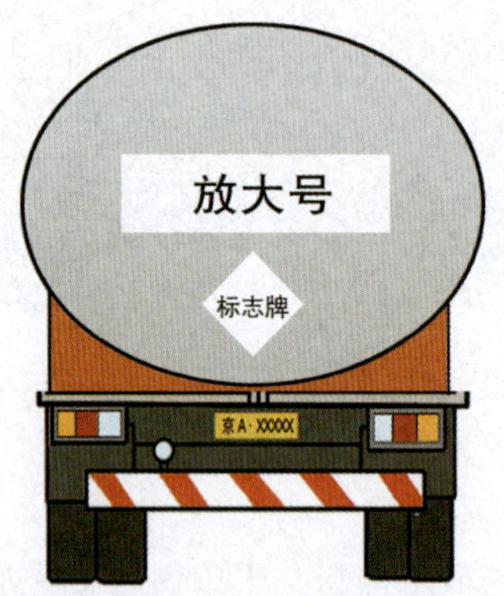

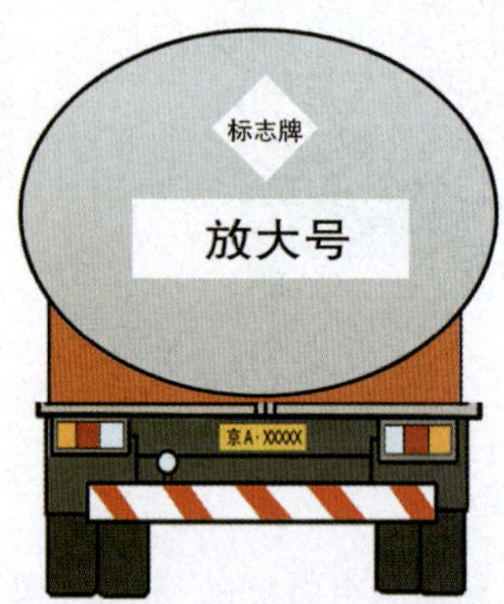

(4) 运输爆炸、剧毒危险货物的车辆，在车辆两侧面厢板各增加悬挂一块标志牌，悬挂位置一般居中。

车辆驾驶人员应对使用中的车辆标志进行经常性的检查和维护，保持车辆标志的清洁和完好。车辆在装、卸载可能导致车辆标志腐蚀、失效的化学危险品后，应及时对车辆标志进行检查，必要时对车辆标志进行清洗和擦拭。标志灯正常使用期限为2年，标志牌正常使用期限为4年。在使用期限内车辆标志发生破损、失效时，应及时更换。

第三节　道路危险货物运输包装标识和要求

一　危险货物运输包装标识

1　危险货物包装标志

危险货物标志，由生产厂家根据国家发布的式样印制，在危险货物出厂前，将标志印在货物内、外包装上。

爆炸品标志　易燃气体标志　不燃气体标志　有毒气体标志　易燃液体标志　易燃固体标志

自燃物品标志　遇湿易燃物品标志　氧化剂标志　有机过氧化物标志　有毒品标志　剧毒品标志

一级放射性物品标志　二级放射性物品标志　三级放射性物品标志　腐蚀品标志

2 包装储运图示标志

这类标志是根据货物对易碎、易残损、易变质、怕热、怕冻等有特殊要求所提出的搬运、储存、保管以及运输安全的注意事项。

我国国家标准 GB 191—2000《包装储运图示标志》有:

(1) 易碎物品: 表示运输包装件内装易碎品, 因此搬运时应小心轻放。

(2) 禁止用手钩: 表示搬运运输包装件时禁用手钩。

(3) 向上: 表示运输包装件的正确位置是竖直向上。

(4) 怕晒: 表示运输包装件不能直接照晒。

(5) 怕辐射: 表示包装物品一旦受辐射便会完全变质或损坏。

(6) 怕雨: 表示包装件怕雨淋。

(7) 重心: 表示一个单元货物的重心。

(8) 禁止翻滚: 表示不能翻滚运输包装件。

(9) 此面禁用手推车: 表示搬运货物时此面禁放手推车。

(10) 禁用叉车: 表示不能用升降叉车搬运包装件。

(11) 由此夹起: 表示装运货物时夹钳放置的位置。

(12) 此处不能卡夹: 表示装运货物时此处不能用夹钳夹持。

(13) 堆码重量极限: 表示该运输包装件所能承受的最大重量极限。

(14) 堆码层数极限: 表示相同包装的最大堆码层数, n 表示层数极限。

(15) 禁止堆码: 表示该包装件不能堆码并且其上也不能放置其他负载。

(16) 由此吊起：表示起吊货物时挂链条的位置。

(17) 温度极限：表示运输包装件应该保持的温度极限。

易碎物品标志　禁用手钩标志　向上标志　怕晒标志

怕辐射标志　怕雨标志　重心点标志　禁止翻滚标志

此面禁用手推标志　禁用叉车标志　由此夹起标志

此处不能卡夹标志　允许堆码极限标志　堆码层数极限标志（图中 n 表示层数）

禁止堆码标志　由此吊起标志　温度极限标志

注：标志颜色为黑色，白底。如果包装的颜色使黑色标志不清晰，可用适当对比色，但不得采用红色、橙色或黄色。

二 道路危险货物运输包装要求

根据危险货物的性质和运送的特点，以及包装应起的作用，危险货物的包装必须具备以下的基本要求：

(1)包装所用的材质和封口应与所装的危险货物的性质相适应，外表应有规定的各种包装标志。标志应由生产单位在货物出厂前标打，出厂后标志的标打，可采用粘贴、钉附及喷涂等方法。标志的位置规定如下：

箱状包装：位于包装端面或侧面的明显处；

袋、捆包装：位于包装明显处；

桶形包装：位于桶身或桶盖；

集装箱、成组货物：粘贴4个侧面。

(2)包装应具有相应的强度，内、外包装之间应适当衬垫，其构造和封闭装置，能经受运输过程中正常的冲撞、振动、挤压、摩擦和一定范围内温度、湿度的变化。

(3)包装的件重、规格和形式应适应运输要求。

第四节 道路危险货物运输安全质量要求

一 道路危险货物运输的注意事项

(1)危险货物运输车辆应按照公安部门核发的道路通行证所指定的时间、路线行驶。

(2)出车前应根据所运危险货物的特性，随车携带遮盖、捆扎、防潮、防火、防毒等工具、属具和应急处理设备、劳动防护用品。

(3)运输危险货物车辆的车厢底板应平坦完好、栏板牢固，对于不同的危险货物，应采取相应的衬垫防护措施（如铺垫木板、胶合板、橡胶板等），并检查随车消防器材是否完好。

(4)运输危险货物的车辆在一般道路上最高时速不得超过60km/h，在高速公路上最高时速不得超过80km/h，并应确认有足够的安全距离。行车中禁止超速和强行超车、会车。

(5)运输危险货物的车辆严禁搭乘无关人员，运行中严禁吸烟，严禁拨打或接听手持电话等分散注意力的活动；车辆中途临时停靠、过夜时不准靠近明火和高温场所，并安排人员看管。

(6)驾驶员一次连续驾驶4h应休息20min以上；24h内实际驾驶车辆时间累计不得超过8h。运输途中，每隔2h检查一次货物。

二 道路危险货物运输、装卸、交接的安全质量要求

1 运输过程中的安全质量要求

(1)运输爆炸物品、易燃易爆化学物品以及剧毒、放射等危险物品，应报经当地公安部

门批准，按照核发的道路通行证所指定的路线、时间、速度行驶。

(2) 运输危险货物应根据货物性质，采取相应的遮阳、控温、防爆、防静电、防火、防振、防水、防冻、防粉尘、防撒漏等措施。

(3) 运输危险货物过程中，应配合押运人员应密切注意车辆所装载的危险货物，根据危险货物性质定时停车检查，发现问题及时采取措施妥善处理；驾驶人员、押运人员不得擅自离岗、脱岗。

(4) 运输易燃液体时不得接近明火、高温场所；运送易燃物品应避开辐射，保持通风良好，防止受潮；雨雪天气运输遇湿易燃物品，应保证防雨雪、防潮湿措施切实有效。

(5) 运输有机氧化物，应加入稳定剂，采取有效的控温措施；途中要定时检查运输组件内的环境温度并记录，及时关注温度变化；环境温度超过控制温度时，应及时采取相应补救措施，超过应急温度，应启动有关应急程序。

(6) 运输散装危险货物罐时，应采取防护措施，防止罐体受到横向、纵向的碰撞及翻倒时导致罐壳及其装卸设备损坏。

(7) 危险货物运输过程中遇有天气、道路路面状况发生变化，应根据所载危险货物的特性，及时采取安全防护措施，确保运送安全。

2 装卸过程中的安全质量要求

(1) 装卸作业现场要远离热源，通风良好；电器设备应符合国家有关规定要求，严禁使用明火灯具照明，照明灯应具有防爆性能；易燃易爆货物的装卸场所要有防静电和避雷装置。

(2) 运输危险货物的车辆应按装卸作业的有关安全规定驶入装卸作业区，停放在容易驶离作业现场的方位上，不准堵塞安全通道；停靠货垛时，应听从作业区业务管理人员的指挥，车辆与货垛之间要留有安全距离；待装卸的车辆与装卸中的车辆应保持足够的安全距离。

(3) 装卸作业前，将车辆发动机熄火，并切断总电源（需从车辆上取得动力的除外）；在有坡度的场地装卸货物时，应采取防止车辆溜坡的有效措施。

(4) 装卸作业前应对照运单，核对危险货

物名称、规格、数量，并认真检查货物包装；货物的安全技术说明书、安全标签、标识、标志等与运单不符或包装破损、包装不符合有关规定的货物应拒绝装车。

(5) 装卸作业时应根据危险货物包装的类型、体积、质量、件数等情况和包装储运图示标志的要求，采取相应的措施，轻装轻卸，谨慎操作。

(6) 装卸过程中需要移动车辆时，应先关上车厢门或栏板。若车厢门或栏板在原地关不上时，应有人监护，在保证安全的前提下才能移动车辆。做到起步要慢，停车要稳。

(7) 危险货物装卸完毕，作业现场应清扫干净；装运过剧毒品和受到危险货物污染的车辆、工具应洗刷和除污；危险货物的撒漏物和污染物应送到当地环保部门指定地点集中处理。

3 交接过程中的安全质量要求

(1) 承运人自接货起至送达交付前，应负保管责任。货物交接时，双方应做到点收、点交，由收货人在运单上签收。发生剧毒、爆炸、放射性物品货损、货差的，应及时向公安部门报告。

(2) 危险货物运送抵卸货地点后，由接货地点的装卸人员卸货入库等候收货人取货；卸货完毕应办理交接手续，运送人的职责已履行，危险货物的保管责任即由接货人承担，并由接货人通知收货人迅速领取货物。

(3) 危险货物运达卸货地点后，因故不能及时卸货的，为确保货物和环境的安全，在待卸期间驾驶员和押运人员应负责看管车辆和所装危险货物，并及时与托运人联系妥善处理；不能及时处理的，承运人应立即报告当地公安部门。

第五节　道路危险货物运输事故的预防和应急措施

一　道路危险货物运输事故的预防措施

(1) 对于不同的危险货物，应采取相应的衬垫防护措施，车厢和罐体内不得有与所装危险货物性质相抵触的残留物。

(2) 危险货物装货完毕后，驾驶员应协助押运人员对货物的堆码、遮盖、捆绑等安全措施及对影响车辆起动的不安全因素进行检查，确认没有不安全的因素后方可起步。

(3) 运输途中，尽量避免紧急制动，转弯时应及时减速；通过隧道、涵洞、立交桥时，要注意限高、限速标志。

二 道路危险货物运输事故的应急措施

(1) 危险货物运输过程中发生事故时，立即向当地公安部门及安全生产管理部门、环境保护部门、质检部门报告，准确地说明所载货物的名称，不要隐瞒事故；应看护好车辆、货物，共同配合采取一切可能的警示、救援措施。

(2) 运送爆炸物品的途中发生火灾时，应尽可能将爆炸品转移到危险最小的区域或进行有效隔离；不能转移、隔离时，应迅速组织人员疏散。

(3) 运输低温液化气体的钢瓶及设备受损、真空度遭破坏时，驾驶员、押运人员应站在上风处操作，打开放空阀泄压，注意防止灼伤。一旦出现紧急情况，应将车转移到距火源较远的地方。

(4) 腐蚀品运输途中发现货物泄漏时，要立即用干沙、干土覆盖吸收；货物大量溢出时，应立即向当地公安、环保部门报告，并采取一切可能的警示和消除危害措施。

事故案例

2005年3月29日18时50分，山东济宁某公司的驾驶员康××、王×驾驶红岩牌货车，装载近30t液氯，从山东省临沂至江苏省南京。在行驶到京沪高速公路江苏淮安段上行103km+300m处，由于左前轮爆胎，转向盘失控后撞毁中央护栏，冲向对方车道，罐车与牵引车脱离，侧翻在下行线行车道内，与迎面驶来的运输空液化气瓶的另一辆山东货车相撞，造成液氯大量泄漏。由于康、王二人未及时准确报告车上所载为何种危险品，延误了疏散抢险时机，造成重大人员伤亡损失。共造成27人死亡，285人住院治疗，近1万名周围群众紧急疏散。

（5）扑救易散发腐蚀性蒸气或有毒气体的火灾时，扑救人员应穿戴防毒面具和相应的防护用品，站在上风处施救；如果被腐蚀物灼伤时，应立即用流动自来水或清水洗创面15～30min之后送医院救治。

（6）液化石油气罐车发生大量泄漏时，应切断一切电源，戴好防护面具与手套；同时应立即采取防火、灭火措施，关闭阀门制止渗漏，并用雾状水保护关闭阀门的人员；设立警戒区，组织人员向逆风方向疏散；一般不得起动车辆。

事故案例

2005年6月15日17时35分，在陕西杨凌火车站陇海线西农路立交桥涵洞，西安某危险品运输有限公司的一辆液化石油气罐车发生液化石油气泄漏，造成陇海线杨凌段中断10h之久，疏散周围1km内的居民12000余人。据调查，这起事故是因为运输液化石油气罐车未经批准，没有按照指定的时间、路线行驶，途经铁路与公路交叉处的涵洞时，罐体顶部安全法被涵洞撞坏，导致大量液化石油气泄漏所致。另外，该车存在严重超载现象。

（7）有机过氧化物、金属过氧化物发生火灾时不能用水和泡沫灭火器扑救，只能用砂土、干粉、二氧化碳灭火器进行扑救；绝大部分氧化性物质都可以用水扑救，粉状物品应用雾状水扑救，在扑救时，要配备适当的防毒面具，以防中毒。

（8）大部分毒性物质在着火、受热或与水、酸接触时，能产生有毒和刺激性气体及烟雾，灭火人员必须根据毒害品的性质采用相应的灭火方法。在扑救火灾时，尽可能站在上风方向，并戴好防毒面具。

毒性物质撒漏后应进行收集，撒漏物不能任意乱丢或排放，以免扩大污染甚至造成不可估量的危害。

（9）剂量率较小的放射性物品外层辅助包装损坏时，应及时修复，不能修复的，应换相同的外包装；放射性矿石、矿砂撒漏时，应将撒漏物收集起来，并调换包装；如果II、III级货包内容器受到破坏，放射性物质扩散到外面，或者外层包装受到严重破坏时，运输人员不得擅自处理，应立即向公安部门和卫生监督机构报告，并在事故地点画出安全区，设置警戒线，悬挂警告标志牌。在划定安全区的同时，要用适当的材料（如铁板、铝板、有机玻璃、砖、岩石等）进行屏蔽。对于粉末状物品，应快速地将货物覆盖，以防粉尘飞扬扩大污染区域。

三 道路危险货物运输行车中特殊情况的处理

在危险货物运输过程中，会遇到各种特殊情况，只有妥善地处理和有效地预防，才能保证货物的安全运输。

1 遇特殊气候、道路条件的处理

（1）危险货物运输过程中遇有天气、道路路面状况发生变化，应根据所载危险货物的特性，及时采取安全防护措施。

（2）遇有雷雨时，应选择安全地点避雨；不得在树下、电线杆、高压线、铁塔、高层建筑及容易遭到雷击和产生火花的地点停车。

（3）运输途中如遇雨天、雪天、雾天等恶劣天气，应及时降低车速，最高车速不得超过20km/h，并打开警示灯，警示后车，防止追尾；运送遇湿易燃物品时，应选择安全的地方停车检查防雨雪、防潮湿情况，确保措施切实有效。

（4）行经泥泞、冰冻、颠簸、狭窄及山崖等路段时，应低速缓慢行驶，防止车辆侧滑、打滑及危险货物剧烈震荡等，确保运输安全。

2 其他特殊情况的处理

（1）危险货物如有丢失、被盗，应当协助押运人员立即报告当地公安部门危险货物的品名、数量等，并采取一切可能的警示措施。

（2）运输途中，车辆发生故障需要修理时，应选择具有相关资质的汽车修理企业进行；禁止在装卸作业区内维修车辆。

（3）运输危险品的车辆因故需要停车住宿或遇到无法正常运输的情况时，应当向当地公安部门报告。

（4）运输压缩气体和液化气体的车辆，发现瓶内气体的温度高于40℃时，应及时采取对瓶体遮阳、冷水喷淋降温等措施。

（5）运输液化气体的车辆途中发现车内气压表显示异常时，应立即停车检查，待排除故障后方可继续运行。

（6）装载危险货物的车辆因故必须在居民聚居点、行人稠密地段、政府机关、名胜古迹、风景游览区等地区进行装卸作业或者临时停车，应当采取安全措施并征得当地公安部门同意。

本章主要考点

1. 危险货物的基本知识

危险货物的分类及特性。

2. 道路危险货物运输车辆、设备和标志

(1)车辆的技术要求;
(2)设备和标志的使用规定。

3. 道路危险货物运输包装标识和要求

(1)道路危险货物运输包装标识的识别;
(2)道路危险货物运输包装要求。

4. 道路危险货物运输安全质量要求

(1)道路危险货物运输的注意事项;
(2)道路危险货物运输、装卸、交接的安全质量要求。

5. 道路危险货物运输事故的预防和应急措施

(1)道路危险货物运输事故的预防措施;
(2)道路危险货物运输事故的应急措施;
(3)道路危险货物运输行车中特殊情况的处理。

第八章 专业知识应用能力

第一节 车辆安全检视

车辆安全检视一览表

部位	检视内容	要求和标准	小型客运车辆	大型客运车辆	普通货运车辆	汽车列车
驾驶室内部	安全带	完好、有效	●	●	●	●
	灯光、喇叭、仪表	齐全、有效	●	●	●	●
	内后视镜	完好、调整得当	●	●	●	●
	刮水器	完好、有效	●	●	●	●
	门锁	齐全、灵活、可靠	●	●	●	●
	转向盘	最大自由转动量不大于30°	●	●	●	●
	制动踏板	自由行程符合车辆生产厂的规定	●	●	●	●
	离合器	自由行程为30~40mm	●	●	●	●
	驻车制动器操纵杆	移动量为3~5齿	●	●	●	●
	发动机有无异响	无异响	●	●	●	●
左中后部	油箱及油箱盖	完好、无渗漏、油量充足	●	●	●	●
	轮胎	气压标准、无夹石、破裂	●	●	●	●
	轮胎螺栓	无松动	●	●	●	●
	半轴螺栓	无松动		●	●	●
	制动鼓及轮毂	温度正常		●	●	●
	制动管路	无漏气		●	●	●
	储气筒	完好、无漏气		●	●	●
	钢板弹簧	无断裂、无错位、挠度正常		●	●	●
	U形螺栓	无松动		●	●	●
	传动轴螺栓	无松动		●	●	●
	侧栏板	完好			●	

部位	检视内容	要求和标准	小型客运车辆	大型客运车辆	普通货运车辆	汽车列车
后部	号牌、灯光	完好、有效、清晰	●	●	●	●
	备胎	齐全、无松动	●	●	●	●
	驱动桥壳	温度正常、无漏油		●	●	
	后栏板	完好、挂钩牢靠			●	●
右中后部	轮胎	气压标准、无夹石、破裂	●	●	●	●
	轮胎螺栓	无松动	●	●	●	●
	半轴螺栓	无松动		●	●	●
	制动鼓及轮毂	温度正常		●	●	●
	制动管路	无漏气		●	●	●
	贮气筒	完好、无漏气		●	●	●
	钢板弹簧	无断裂、无错位、挠度正常		●	●	●
	U形螺栓	无松动		●	●	●
	传动轴螺栓	无松动		●	●	●
	驱动桥壳	无漏油				●
	侧栏板	完好			●	
左前部、右前部	横直拉杆及球头	不松脱、不碰擦		●	●	●
	轮胎	气压标准、无夹石、破裂	●	●	●	●
	轮胎螺栓	无松动	●	●	●	●
	半轴螺栓	无松动	●			
	制动鼓及轮毂	温度正常		●	●	●
	制动管路	无漏气		●	●	●
	储气筒	完好、无漏气		●	●	●
	钢板弹簧	无断裂、无错位、挠度正常		●	●	●
	U形螺栓	无松动		●	●	●
前部及发动机舱	号牌、灯光	完好、有效、清晰	●	●	●	●
	后视镜	完好、调整得当	●	●	●	●
	散热器	无漏水、冷却水量充足	●	●	●	●
	风扇皮带	无起皮、脱壳、破损	●	●	●	●
	润滑油	正常、色清、无杂质	●	●	●	●
	制动液	充足	●	●	●	●
	高压线	无松脱	●	●	●	●
	蓄电池	清洁、无漏液、连接牢靠	●	●	●	●
客车车厢	灭火器	齐全、有效		●		
	应急反光牌	齐全、有效		●		
	车门、应急出口	完好、灵活、有效		●		
	栏杆及扶手	完好、有效		●		
	车内灯	齐全、有效		●		

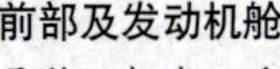

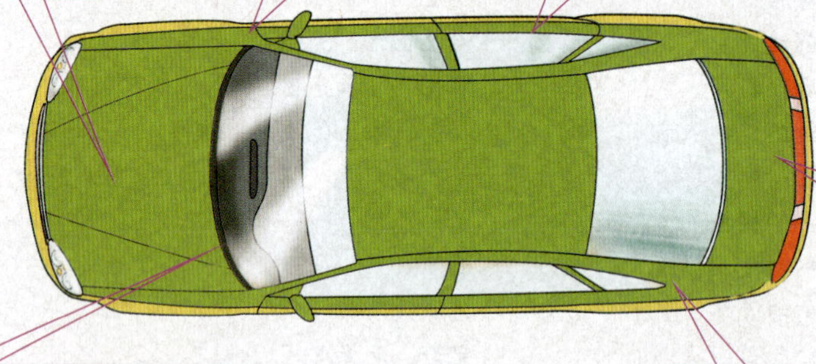

小型客运车辆安全检视示意图

大型客运车辆安全检视示意图

前部及发动机舱

号牌、灯光、后视镜、散热器、风扇皮带、润滑油、制动液、高压线、蓄电池

驾驶室内部

安全带、灯光、喇叭、仪表、内后视镜、刮水器、门锁、转向盘、制动踏板、离合器、驻车制动器操纵杆、发动机有无异响

右中后部

轮胎及轮胎螺栓、半轴螺栓、制动鼓及轮毂、制动管路、储气筒、钢板弹簧、U形螺栓、传动轴螺栓、侧栏板

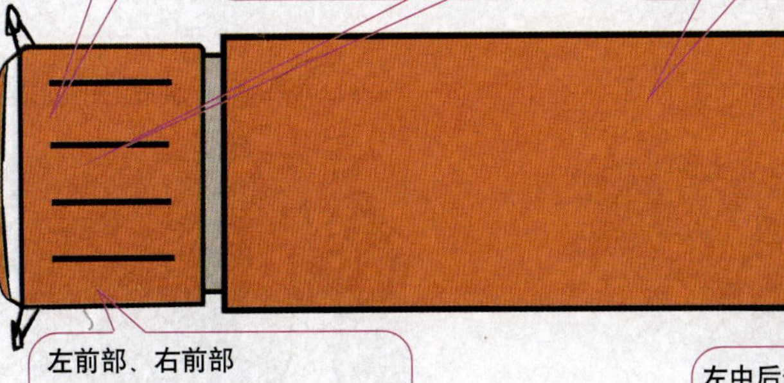

后部

号牌、灯光、备胎、驱动桥壳、后栏板

左前部、右前部

横直拉杆及球头、轮胎及轮胎螺栓、制动鼓及轮毂、制动管路、储气筒、钢板弹簧、U形螺栓

左中后部

油箱及油箱盖、轮胎、轮胎螺栓、半轴螺栓、制动鼓及轮毂、制动管路、储气筒、钢板弹簧、U形螺栓、传动轴螺栓、侧栏板

普通货运车辆安全检视示意图

前部及发动机舱

号牌、灯光、后视镜、散热器、风扇皮带、润滑油、制动液、高压线、蓄电池

驾驶室内部

安全带、灯光、喇叭、仪表、内后视镜、刮水器、门锁、转向盘、制动踏板、离合器、驻车制动器操纵杆、发动机有无异响

右中后部

轮胎及轮胎螺栓、半轴螺栓、制动鼓及轮毂、制动管路、储气筒、钢板弹簧、U形螺栓、传动轴螺栓、驱动桥壳

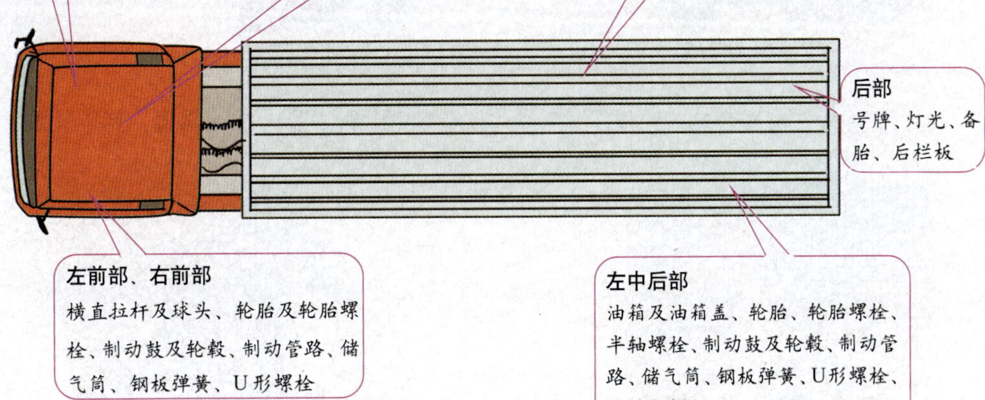

后部

号牌、灯光、备胎、后栏板

左前部、右前部

横直拉杆及球头、轮胎及轮胎螺栓、制动鼓及轮毂、制动管路、储气筒、钢板弹簧、U形螺栓

左中后部

油箱及油箱盖、轮胎、轮胎螺栓、半轴螺栓、制动鼓及轮毂、制动管路、储气筒、钢板弹簧、U形螺栓、传动轴螺栓

汽车列车安全检视示意图

第二节 轮胎更换

一 轮胎更换的步骤

(1) 第一步：检查轮胎气压。

(2) 第二步：在前轮下加止动块。

(3) 第三步：拆卸备胎。

(4) 第四步：旋松后轮胎螺母。

(5) 第五步：用千斤顶顶起后轮。

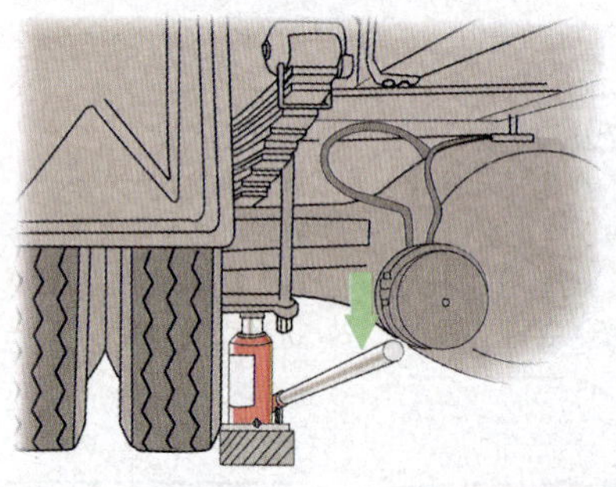

(6) 第六步：松掉螺母，卸下轮胎。

(7) 第七步：安装备胎。

(8) 第八步：按顺序紧固轮胎螺母。

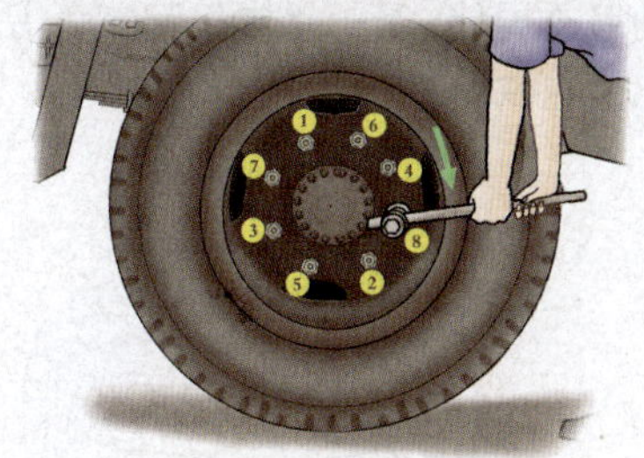

(9)第九步：放下千斤顶，紧固所有螺母。

(10) 第十步：将轮胎固定到备胎架上。

二 轮胎更换的要求

(1) 用气压表检查后轮外侧轮胎气压后，读出气压值。
(2) 在前轮下加止动块。
(3) 使用专用工具卸下备胎，用气压表检查备胎气压后，读出气压值。
(4) 旋松后轮胎螺母。
(5) 用千斤顶顶在后桥规定的位置将后轮支起。
(6) 按顺序将轮胎螺母松掉后，卸下轮胎（操作时可用撬棒进行辅助）。
(7) 安装备胎，两轮轮辋通风口应对准，两胎气门嘴应对称排列，按180° 分开。
(8) 按对角顺序紧固轮胎螺母，使螺母的锥形端面与螺栓孔的锥形端面紧密配合。
(9) 放下千斤顶后，逐一将轮胎螺母再紧固一遍，增加紧固力度。
(10) 将换下的轮胎安装到备胎支架上，将工具放回原位。

第三节 旅客急救

一 心肺复苏抢救法

对伤员协调进行口对口吹气、胸外心脏挤压，是对心脏、呼吸骤停伤员的有效抢救方法。

（1）第一步：将伤员放置于心肺复苏体位，救护人跪于病人的一侧。

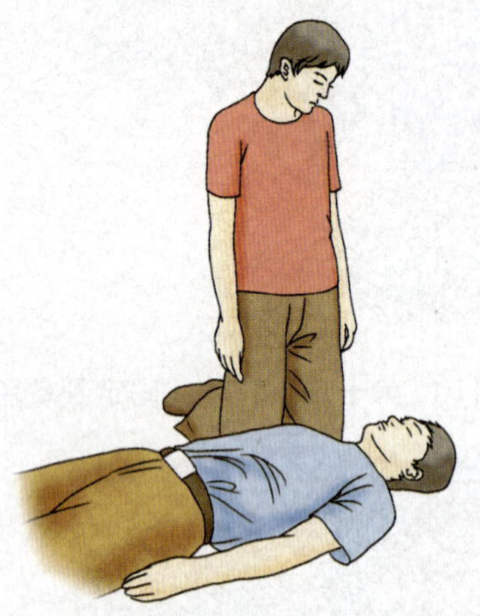

（2）第二步：采用仰头举颏，打开气道，判断呼吸，用5s，看、听、感觉检查呼吸。

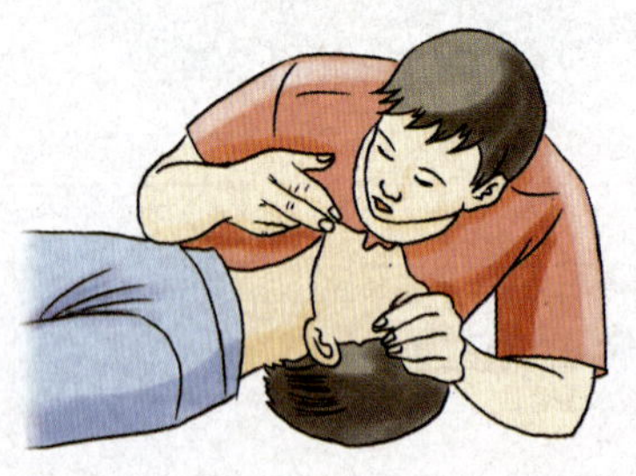

（3）第三步：进行口对口人工呼吸，捏紧鼻翼，包严嘴唇，连续吹气2次，每次2s，同时观察胸部起伏。

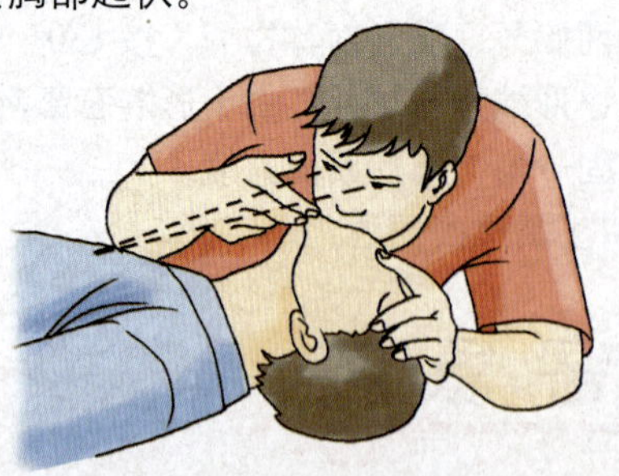

（4）第四步：判断循环，触摸颈动脉，观察有无咳嗽和其他运动，用5～10s判断有无心跳。

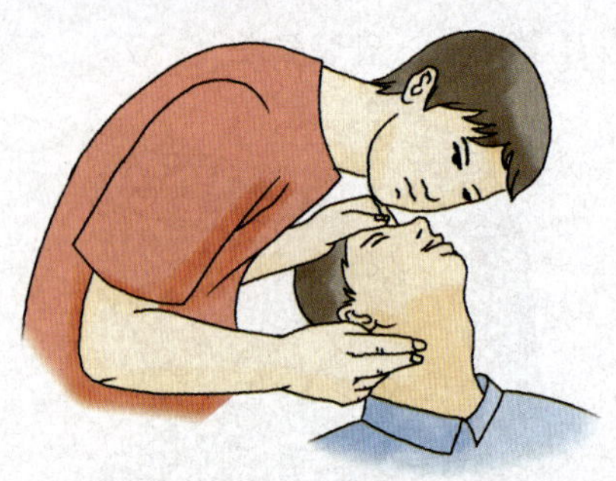

（5）第五步：心脏挤压定位，救护人一手食指、中指并拢，沿伤员一侧肋弓向上滑行至两侧肋弓交界处，另一手掌根紧靠食指放好，按压部位在胸骨下1/2处。

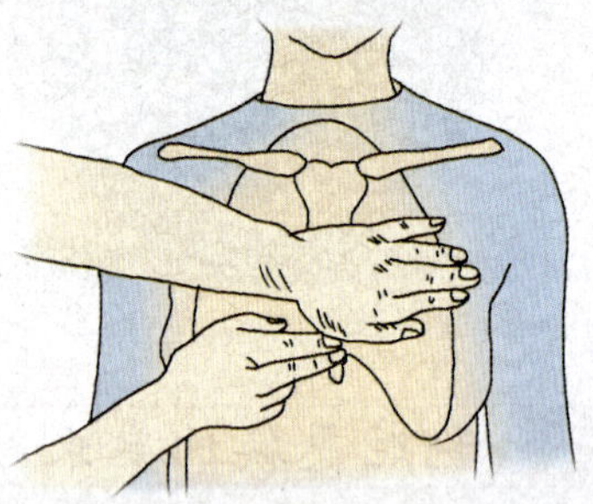

（6）第六步：定位准确，双手掌根垂直向下用力，下压深度4～5cm，连续15次胸外挤压，频率为每分钟100次。

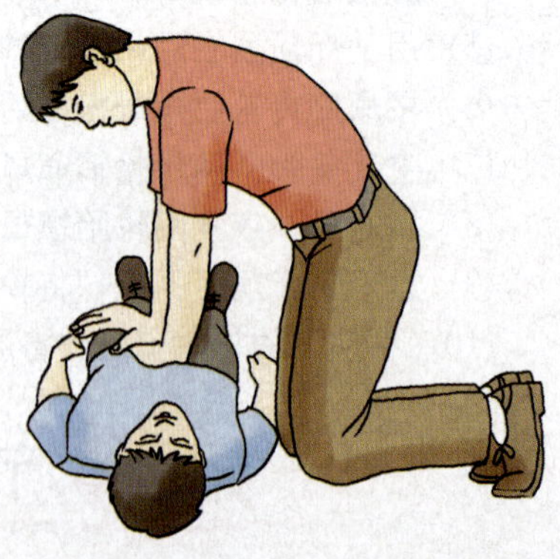

口对口人工吹气与胸外按压操作反复进行，吹起、挤压之比为2∶15，每约3～4min，停止一次操作，检查呼吸与循环。

二 指压止血法

用手指压迫伤口近心端的动脉，阻断动脉血运，有效地达到快速止血的目的。指压止血法用于出血多的伤口。

操作要求:

(1) 指压动脉压迫点准确。

(2) 压迫力度适中，以伤口不出血为准。

(3) 压迫 10 ~ 15min。

(4) 保持伤处肢体抬高。

1 颞浅动脉止血

(1) 压迫位置在同侧耳前，位于耳屏上方 1.5cm 处;

(2) 用拇指压迫颞浅动脉止血。

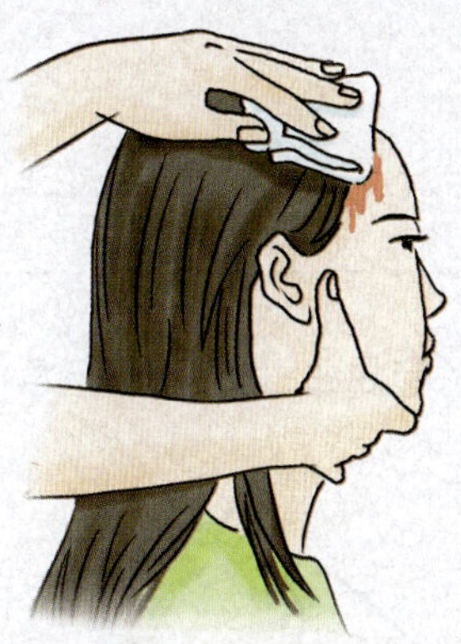

2 肱动脉止血

(1) 压迫点位于上臂中段内侧，位置较深;

(2) 在上臂中段的内侧摸到肱动脉搏动后，用拇指按压止血。

3 股动脉止血

(1) 压迫点在腹沟韧带中点偏内侧下方，能摸到股动脉强大搏动;

(2) 用拇指或掌根向外上压迫，用于下肢大出血时止血。

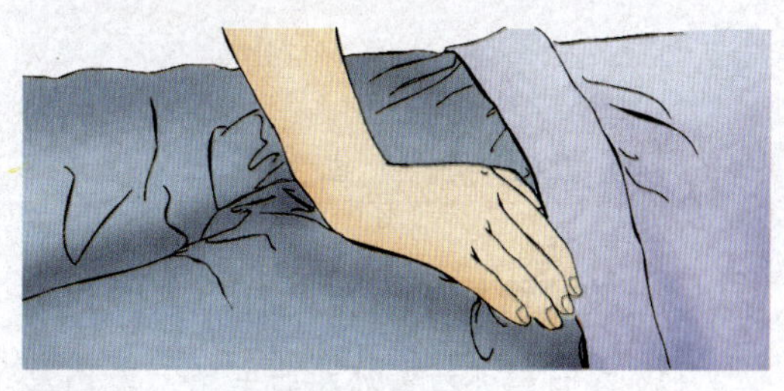

4 桡、尺动脉止血

(1) 压迫点在腕部掌面两侧;

(2) 同时按压桡、尺两条动脉止血。

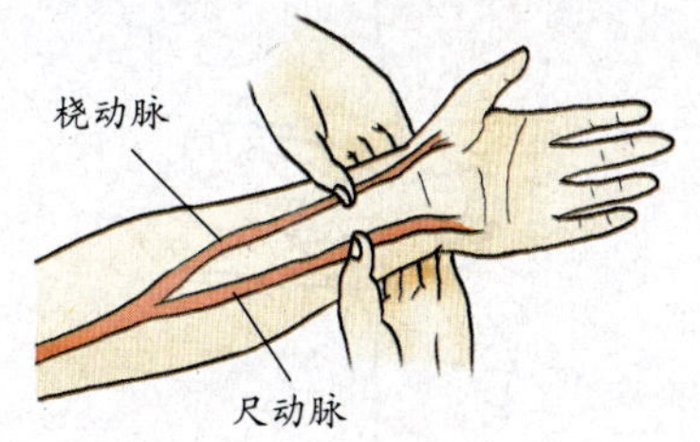

三 加压包扎止血法

用敷料或者其他洁净的毛巾、手绢、三角巾等覆盖伤口，通过加压包扎压迫出血部位进行止血。

操作要点：

(1) 让伤员卧位，抬高上肢，检查伤口有无异物；

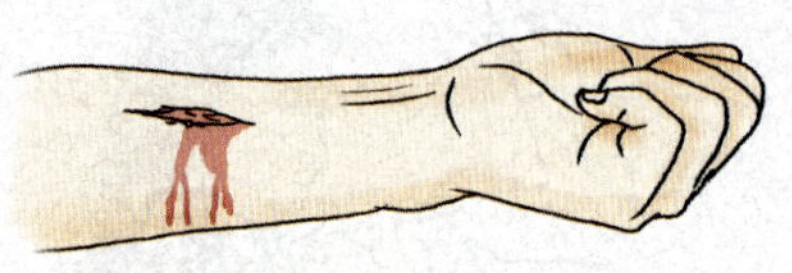

(2) 用敷料覆盖伤口，辅料要超过伤口至少 3cm；

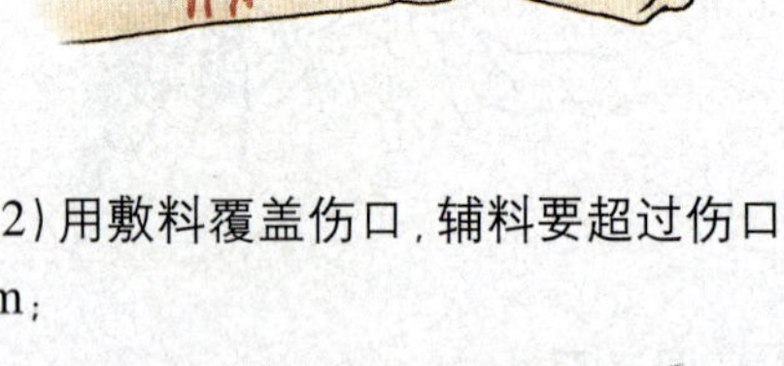

(3) 用手施加压力直接压迫，用绷带、三角巾等包扎。

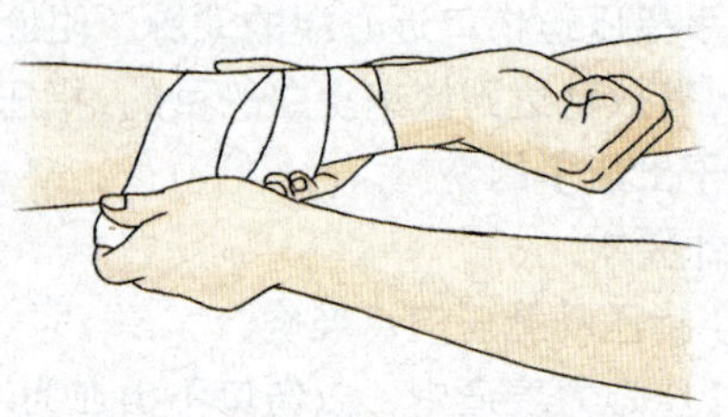

(4) 检查包扎后的血液循环情况。

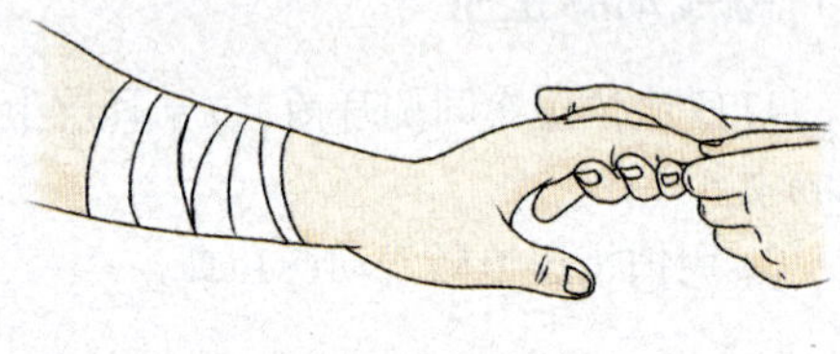

四 加垫屈肢止血

1 上肢前臂加垫屈肢止血

(1) 在肘窝处放置纱布或毛巾、衣物等物；

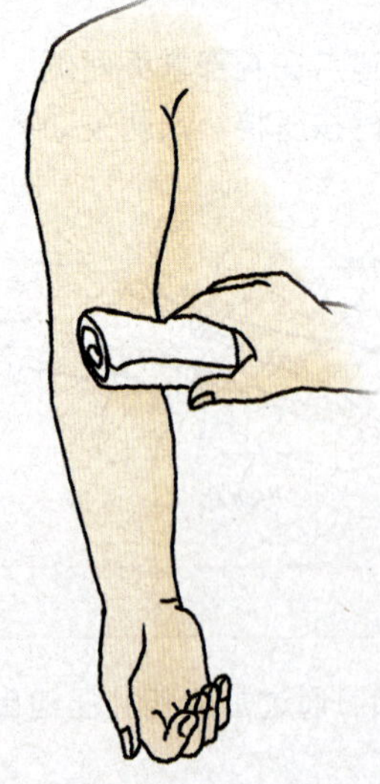

(2) 肘关节屈曲，用绷带或三角巾屈肘固定。

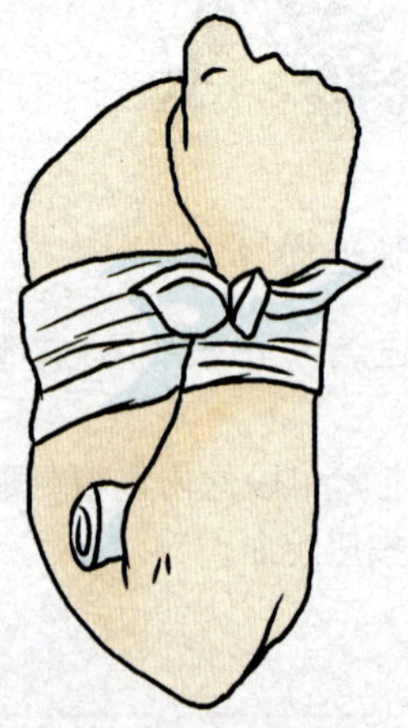

2 上肢上臂加垫屈肢止血

(1) 上臂止血，在腋窝加垫；

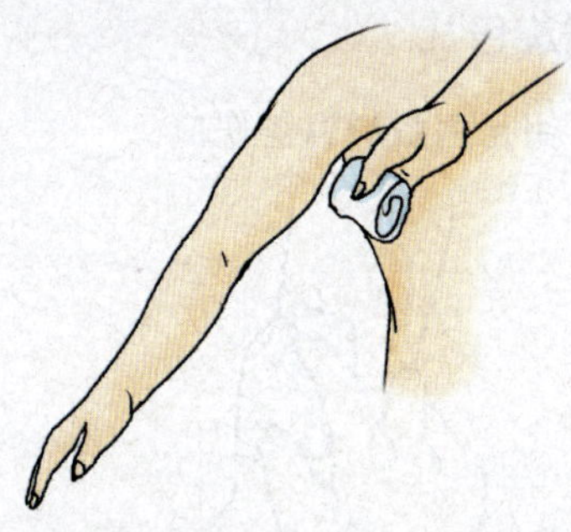

(2)将前臂屈曲于胸前，用绷带或三角巾将上臂固定在胸前。

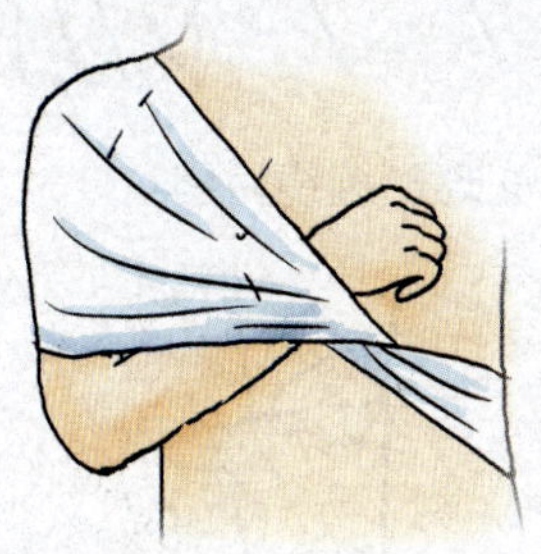

3 下肢小腿加垫屈肢止血

(1) 在腘窝处加垫；

(2) 膝关节屈曲，用绷带屈膝为固定。

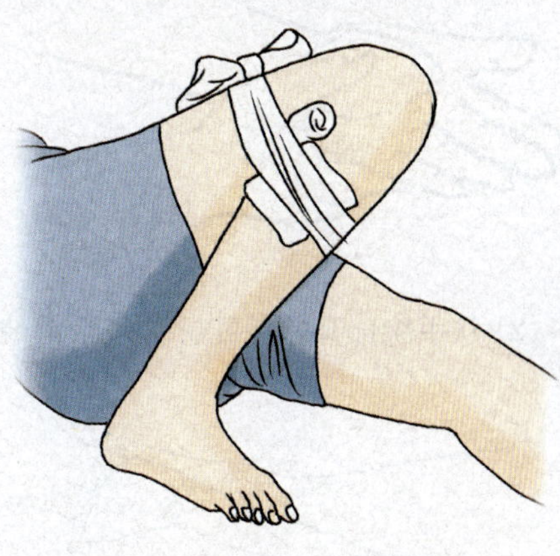

五 绷带包扎法

1 环形法

(1)将伤口用无菌敷料覆盖，用左手将绷带固定在敷料上，右手持绷带卷绕肢体紧密缠绕；

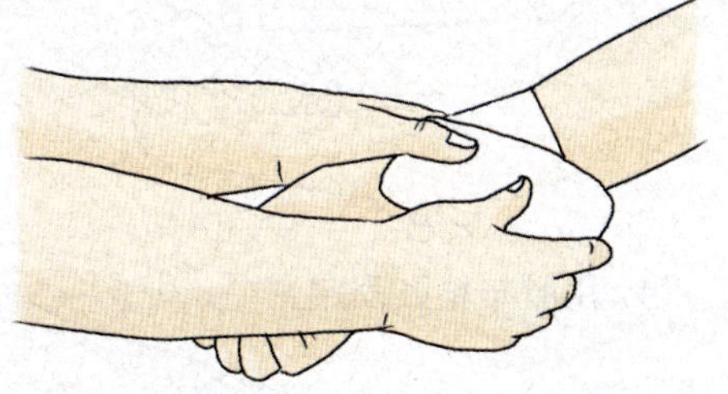

(2) 将绷带打开一端稍作斜状环绕第一圈，将第一圈斜出一角压入环行圈内，环绕第二圈；环形缠绕4～5层，每圈盖住前一圈，绷带缠绕范围要超出敷料边缘。

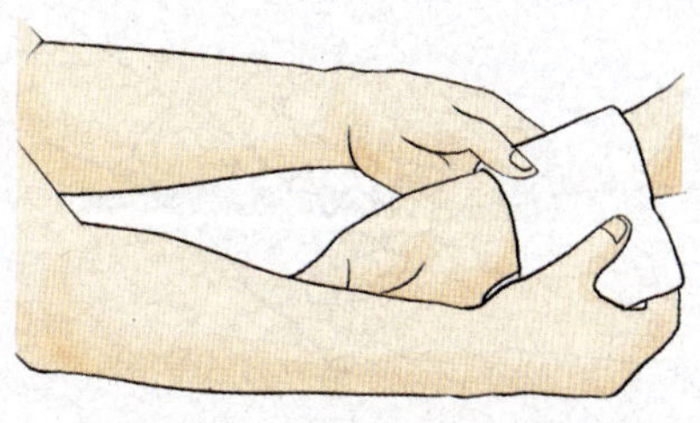

(3)最后用胶布粘帖固定，或将绷带尾从中间纵形剪开形成两个布条，两布条先打一结，然后两布条绕体打结固定。

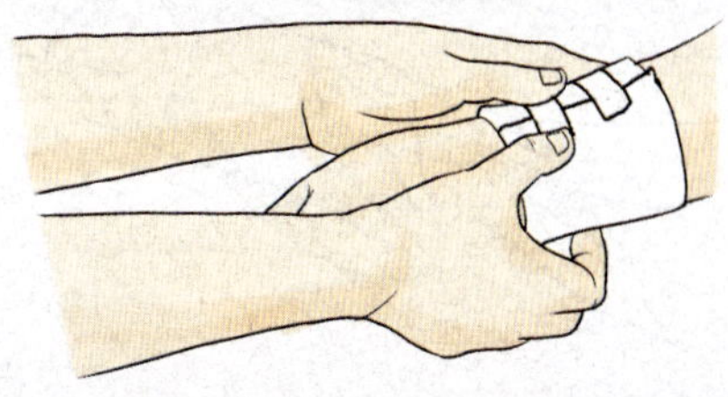

2 手掌“8”字包扎

（1）用无菌敷料覆盖伤口；

（2）从手腕部开始包扎，先环形缠绕两圈；

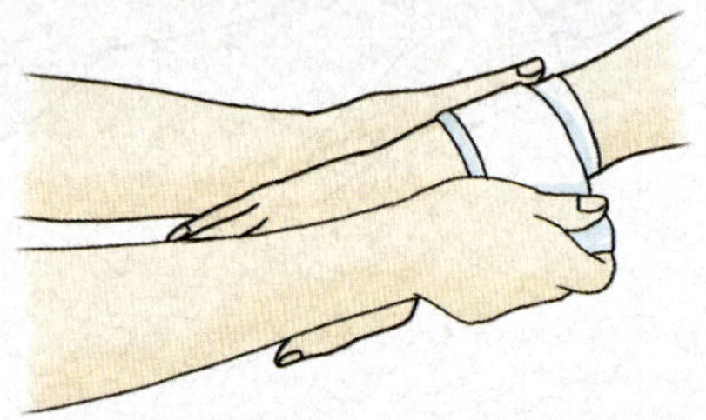

（3）经手和腕进行“8”字形缠绕；

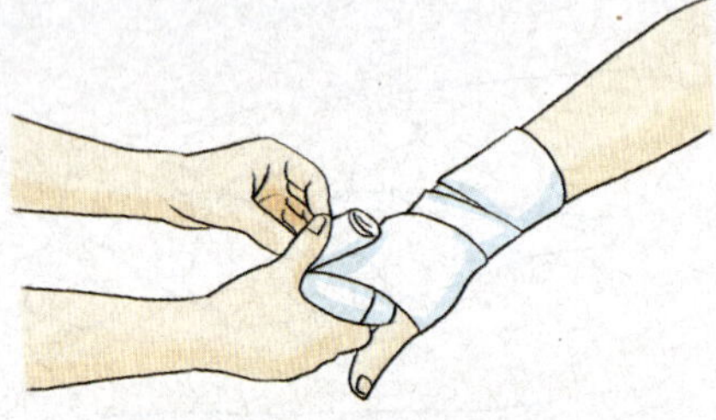

（4）将绷带尾端固定在腕部。

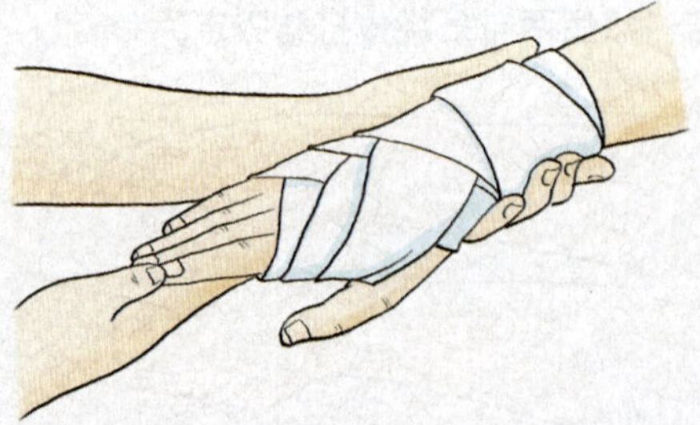

3 螺旋包扎

（1）用无菌敷料覆盖伤口；

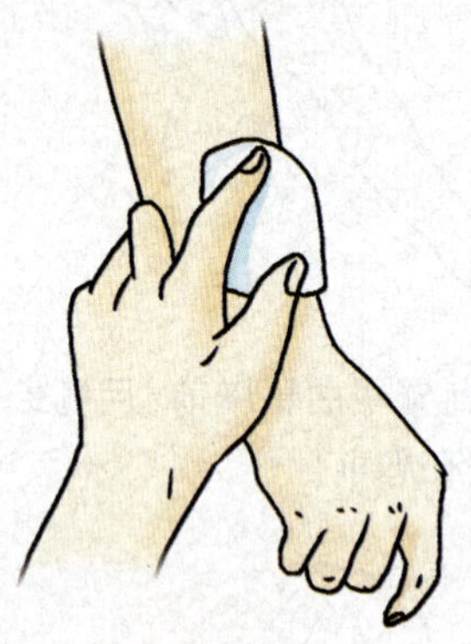

（2）先环形缠绕两圈；

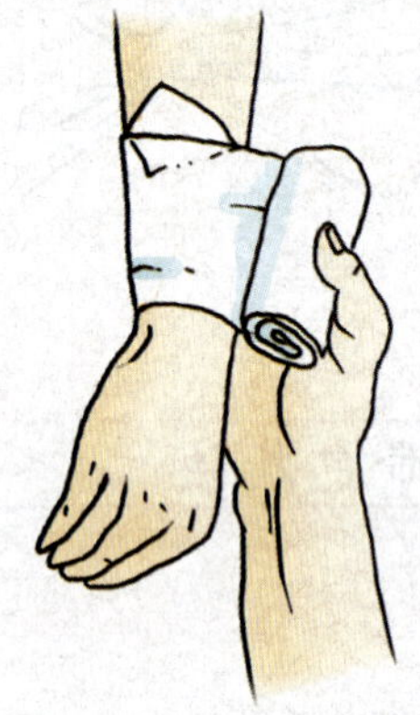

（3）从第三圈开始，环绕时压住上圈的1/2或1/3；

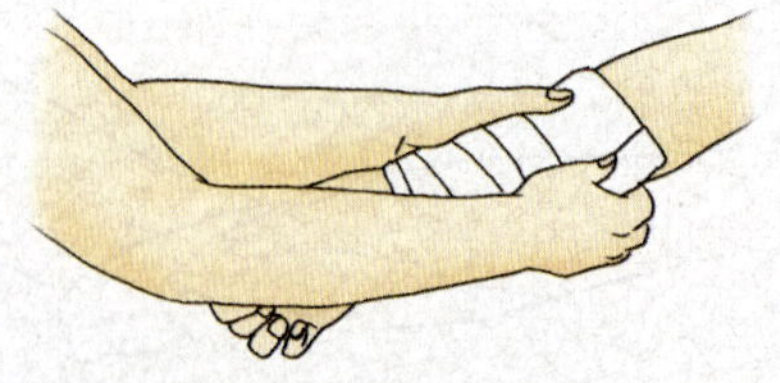

（4）用胶布粘贴固定。

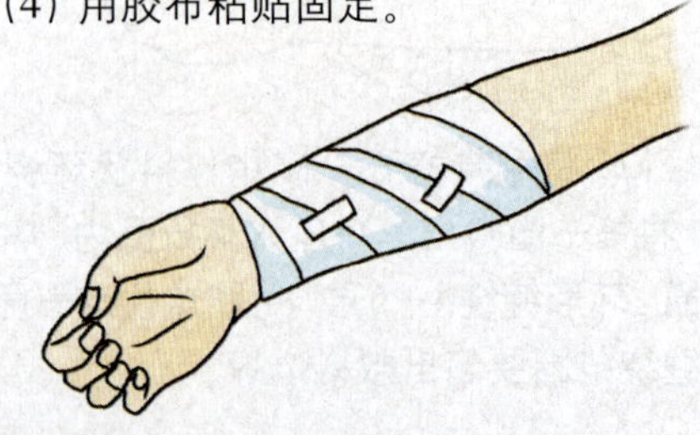

六 三角巾包扎法

1 头顶帽式包扎

(1)将三角巾的底边叠成约两横指宽，边缘置于伤员前额齐眉，顶角向后位于脑后；

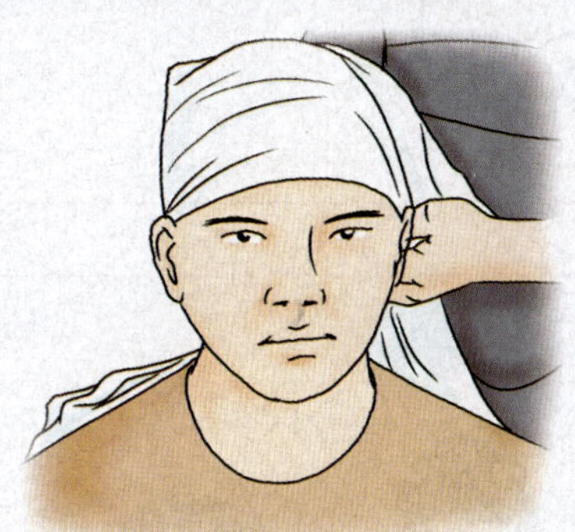

(2)三角巾的两底角经两耳上方拉向头后部交叉并压住顶角，再绕回前额相遇打结；

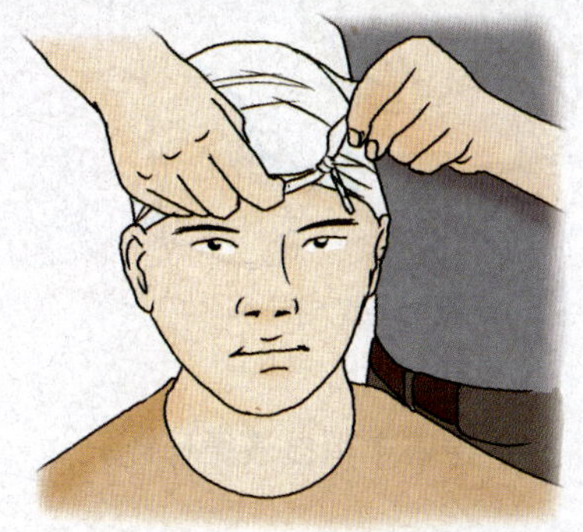

(3)顶角拉近，掖入头后部交叉处内。

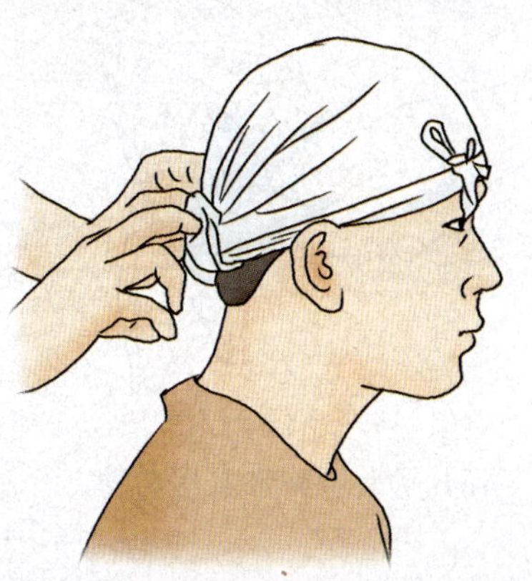

2 肩部包扎

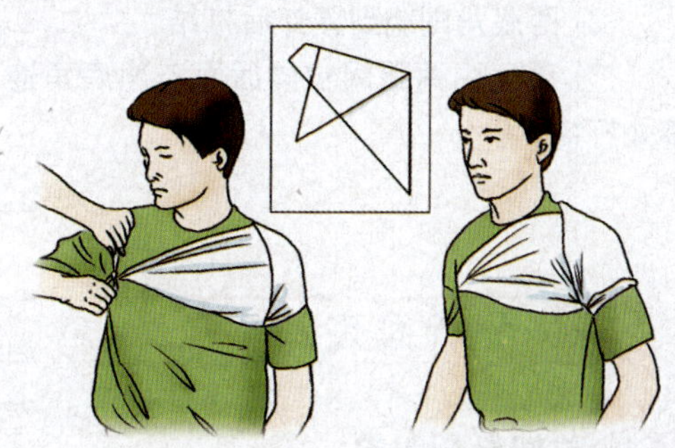

(1)三角巾折叠成燕尾式，燕尾夹角约90°，大片在后压小片，放于肩上；

(2)燕尾夹角对准侧颈部；

(3)燕尾底边两角包绕上肩上部并打结；

(4)拉紧两燕尾角，分别经胸、背部至对侧腋下打结。

3 胸部包扎

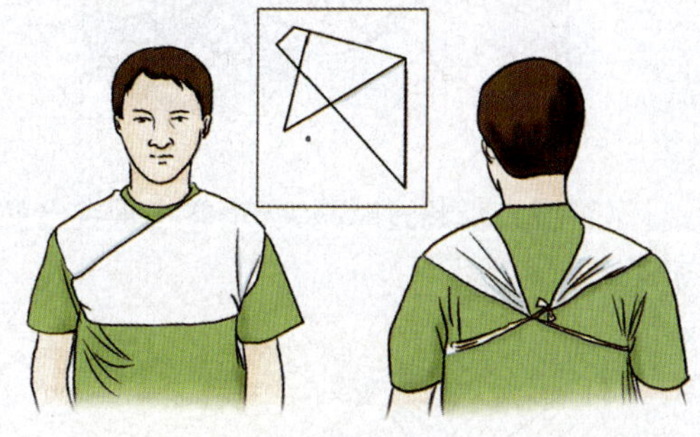

(1)三角巾折叠成燕尾式，燕尾夹角约100°，置于胸前，夹角对准胸骨上凹；

(2)两燕尾角过肩于背后，将燕尾顶角系带，围胸在背后打结；

(3)将一燕尾角系带拉紧绕横带后上提，再与另一燕尾角打结；

(4)背部包扎时，把燕尾巾调到背部即可。

4 腹部包扎

(1)三角巾底边向上，顶角向下横放在腹部；

(2)两底角围绕到腰部后打结；

(3)顶角由两腿间拉向后面与两底角连接处打结。

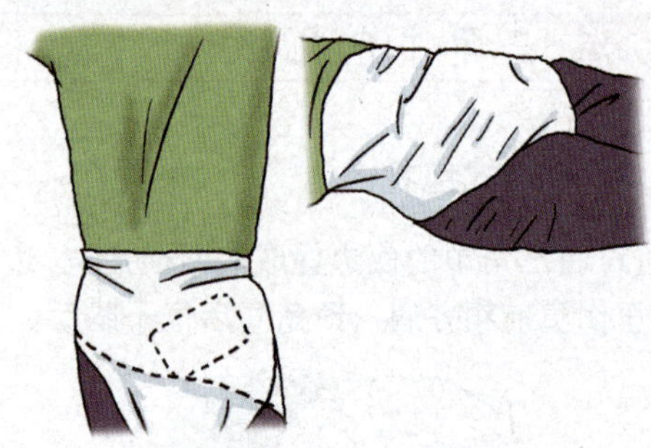

七 骨折固定法

1 前部骨折固定

(1)将上肢轻放于功能位；

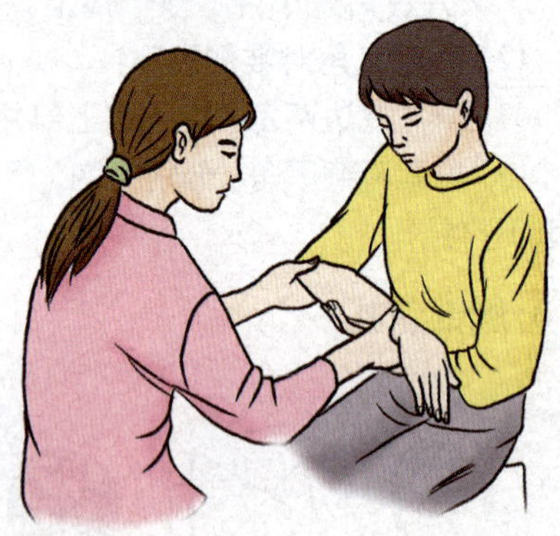

(2)置夹板超过肘腕关节，并在骨突出处加垫；

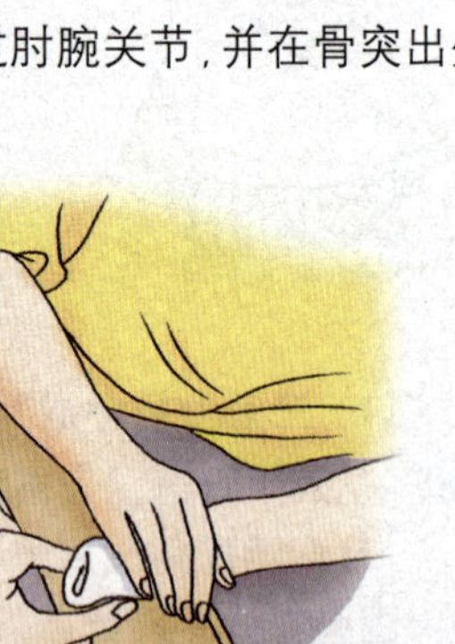

(3)先固定骨折部位上端，再固定骨折下端；

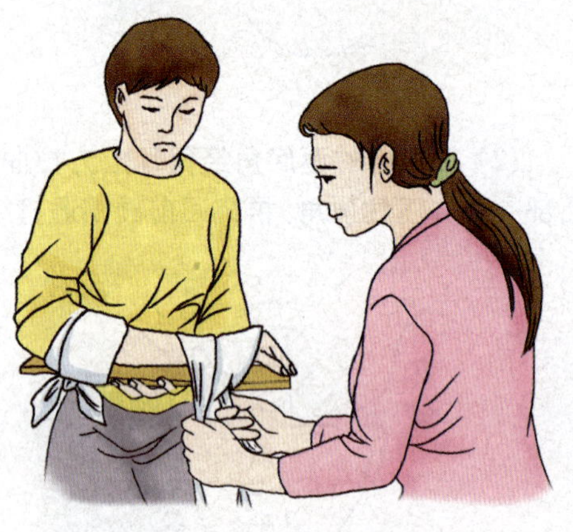

(4)检查末梢血液循环情况；

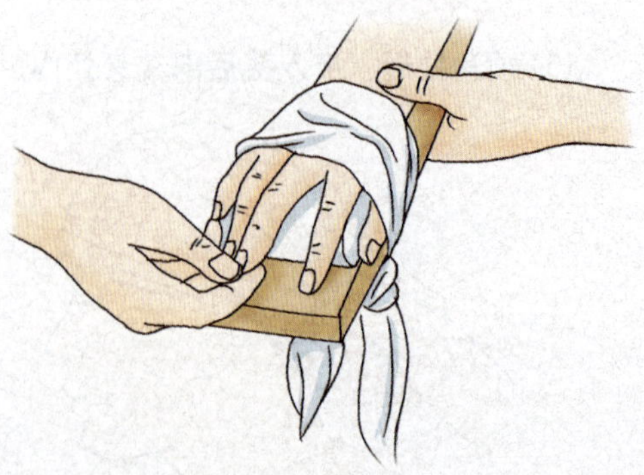

(5)用大悬臂带悬吊前臂。

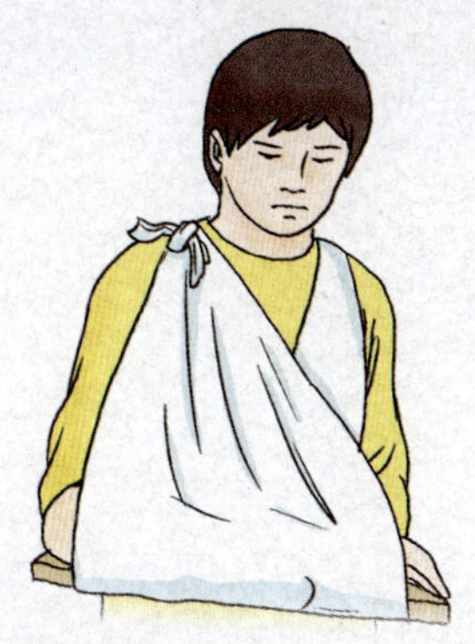

2 下肢骨折固定

(1) 轻轻抬起伤肢与健康肢并拢；

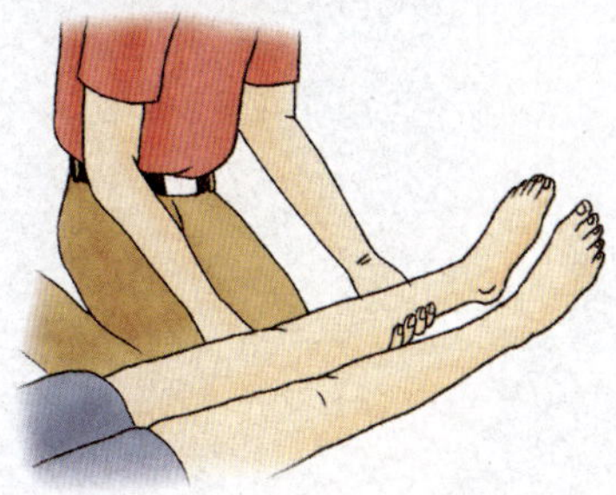

(2) 放好宽布带，双下肢间加厚垫；

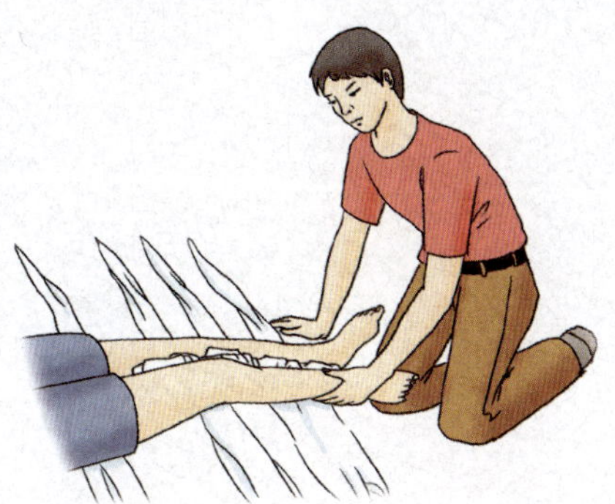

(3) 自上而下打结固定；

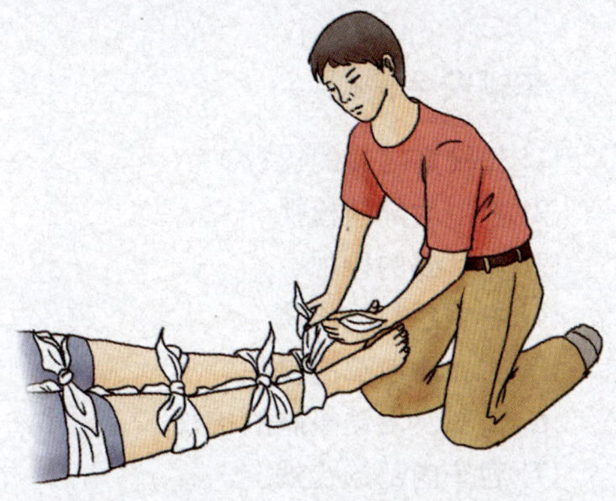

(4) 检查肢体末端血液循环；

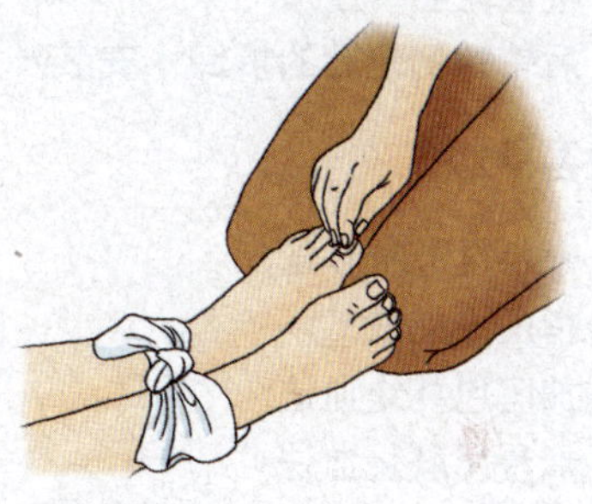

(5) 双踝关节"8"字形固定。

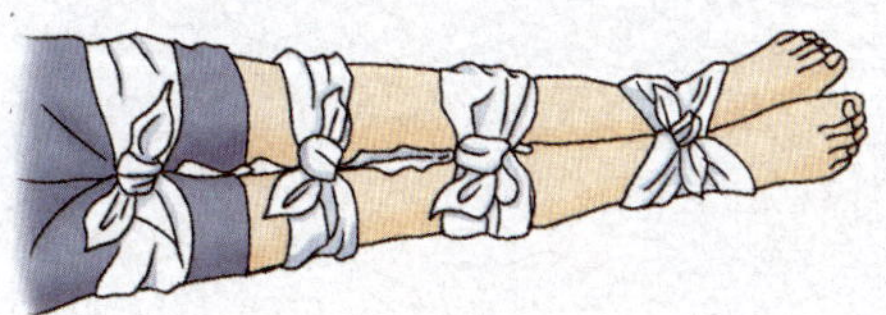

本章主要考点

1. 车辆安全检视

(1) 驾驶室内部的检视;
(2) 左中后部的检视;
(3) 车后部的检视;
(4) 右中后部的检视;
(5) 左、右前部的检视;
(6) 前部及发动机舱的检视;
(7) 客车内部的检视。

2. 轮胎更换

(1) 检查轮胎气压;
(2) 后轮外侧轮胎的拆卸、安装及千斤顶使用。

3. 旅客急救

(1) 心肺复苏抢救法;
(2) 指压止血法;
(3) 加压包扎止血法;
(4) 加垫屈肢止血法;
(5) 绷带包扎法;
(6) 三角巾包扎法;
(7) 骨折固定法。

人民交通出版社相关图书推荐

《中华人民共和国机动车驾驶员培训教学大纲》

【作者】中华人民共和国交通部

【开本】16开

【书号】ISBN 7-114-05404-1

【定价】5元

《安全驾驶从这里开始(适用车型C1 C2 C3 C4)》

【作者】中华人民共和国交通部

【开本】16开

【书号】ISBN 7-114-05421-1

【定价】40元

《安全驾驶从这里开始（适用车型A2 B2)》

【作者】中华人民共和国交通部

【开本】16开

【书号】ISBN 7-114-05523-4

【定价】40元

《安全驾驶从这里开始（适用车型A1 B1 A3)》

【作者】中华人民共和国交通部

【开本】16开

【书号】ISBN 7-114-05556-0

【定价】40元

《安全驾驶从这里开始（适用车型D E F)》

【作者】中华人民共和国交通部

【开本】16开

【书号】ISBN 7-114-05768-7

【定价】28元

《中华人民共和国道路运输条例》（2004 年 7 月 1 日起施行）
【作者】国务院法制办
【开本】32开
【书号】ISBN 7-114-05048-8
【定价】5 元

《机动车驾驶员培训管理规定》（2006 年 4 月 1 日起施行）
【作者】中华人民共和国交通部
【开本】32开
【书号】15114 · 0918
【定价】5 元

《道路运输从业人员管理规定》（2007 年 3 月 1 日起施行）
【作者】中华人民共和国交通部
【开本】32开
【书号】15114 · 1016
【定价】5 元

《道路货物运输及站场管理规定》（2005 年 8 月 1 日起施行）
【作者】中华人民共和国交通部
【开本】32开
【书号】15114 · 0873
【定价】5 元

《道路旅客运输及客运站管理规定》（2005 年 8 月 1 日起施行）
【作者】中华人民共和国交通部
【开本】32开
【书号】15114 · 0880
【定价】5 元

《道路危险货物运输管理规定》（2005 年 8 月 1 日起施行）
【作者】中华人民共和国交通部
【开本】32开
【书号】15114 · 0879
【定价】5 元

《国际道路运输管理规定》（2005 年 6 月 1 日起施行）
【作者】中华人民共和国交通部
【开本】32开
【书号】15114 · 0843
【定价】5 元